1.聚落文化遗产数字化技术与应用"湖南省重点实验室 2013-2014年度开放基金立项项目（项目编号：JL14K02）

2.湖南省普通高校"十三五"旅游管理专业综合改革试点项目（湘教通[2016]276号）

| 光明社科文库 |

南岳旅游文化

刘国武　申秀英◎编著

光明日报出版社

图书在版编目（CIP）数据

南岳旅游文化 / 刘国武，申秀英编著 . -- 北京：
光明日报出版社，2018.12
ISBN 978 - 7 - 5194 - 4790 - 8

Ⅰ.①南… Ⅱ.①刘…②申… Ⅲ.①衡山—旅游文化
Ⅳ.①K928.3

中国版本图书馆 CIP 数据核字（2018）第 274592 号

南岳旅游文化
NANYUE LVYOU WENHUA

编　　著：刘国武　申秀英

责任编辑：陆希宇　　　　　　　　　责任校对：赵鸣鸣
封面设计：中联学林　　　　　　　　责任印制：曹　净

出版发行：光明日报出版社
地　　址：北京市西城区永安路 106 号，100050
电　　话：63131930（邮购）
传　　真：010 - 67078227，67078255
网　　址：http：//book. gmw. cn
E - mail：luxiyu@ gmw. cn
法律顾问：北京德恒律师事务所龚柳方律师

印　　刷：三河市华东印刷有限公司
装　　订：三河市华东印刷有限公司
本书如有破损、缺页、装订错误，请与本社联系调换，电话：010-67019571

开　　本：170mm×240mm
字　　数：284 千字　　　　　　　　印　张：16
版　　次：2019 年 1 月第 1 版　　　印　次：2019 年 1 月第 1 次印刷
书　　号：ISBN 978 - 7 - 5194 - 4790 - 8
定　　价：85.00 元

前　　言

　　巍巍南岳,峰峦起伏,气势磅礴,自南向北逶迤800余里,与滔滔湘水相伴而行,向北没入浩瀚的洞庭湖,其势吞荆楚。地形似朱雀,犹如巡视南方山河之像。

　　南岳衡山自古就是五岳之一,被称为"五岳独秀",风光绮丽,景色迷人。这里深山老林,曲径通幽;松涛阵阵,云海翻腾;日出磅礴,夕照初月;晨钟暮鼓,响彻云霄。祝融峰之高,方广寺之深,水帘洞之奇,藏经殿之秀,被誉为南岳"四绝"。在这里春赏奇花、夏观云海、秋望日出、冬赏雪景,令人流连忘返,不失为四季旅游胜地。同时,由于古代封建帝王把南岳视为震慑南方的山神,是封建国家在南方统治权力的象征,使得这座名山又涂上了一层神秘的色彩,让人们更加心旷神怡。自古至今,帝王巡游与遣使祭祀南岳,李白、杜甫、韩愈、柳宗元、刘禹锡、欧阳修、黄庭坚、朱熹、胡安国、张栻、张居正、徐霞客、王船山、曾国藩、彭玉麟、魏源、谭嗣同、蒋介石、周恩来、叶剑英、郭沫若、田汉、陶铸、胡耀邦等历代众多的思想家、政治家、军事家和文化名人寄情南岳山水,登临赋诗,或建馆兴学,著书立说,或共商国是。同时,僧道的云游、世俗的旅游和络绎不绝的商客纷至沓来,这些促成了南岳旅游的发展和众多景观的形成。

　　南岳不仅自然景观独秀天下,而且也是一座精神之山,文化名山,被誉为"文明奥区",从而形成了南岳丰富多彩的旅游文化。

　　南岳在几千年历史发展的长河中,形成了火文化、寿文化、宗教文化、建筑文化、民俗文化和抗战文化等,蕴藏着丰富的文化底蕴。

传说时期炎帝、祝融在此栖息，唐尧、虞舜于此巡疆狩猎祭祀社稷，祝融氏在南岳教会人们取火用火，改变了人们的生活方式，在人类进化史上起到了至关重要的作用。夏禹杀白马祭天地求治水方法，并留下了千年未解之谜——神禹碑。南岳又称寿岳或寿山，自宋代以后正式成为中国人信奉的长寿圣山——南山，这种信仰贯穿于衡山祭祀活动和文化活动的始终。

同时，这座文化名山反映了中国几千年来思想文化的脉络，它以正宗的儒学思想为主干，以佛道思想为两翼，搏击在中国思想界中。首先，南岳是宗教活动的理想境地，形成佛道共存一山、共荣一庙的局面，堪称世界名山一绝。佛教在西晋初年传入南岳以后，至南北朝时期迅速中国化。在中国佛教八大宗中，南岳拥有天台宗、禅宗、净土宗、律宗、华严宗共五宗，涌现了天台三祖慧思以及南岳怀让、石头希迁、马祖道一等著名禅师，并分灯续焰，由南岳、青原两系繁衍出"五叶七宗"。南岳福严寺被称为"天下法院"，南台寺被称为"天下法源"，并传入日本和朝鲜，至今传习不衰。北宋时期，衡州府花光寺住持仲仁成为我国水墨画梅的开创者。

其次，南岳衡山，自古为道教洞天福地，道教文化源远流长，也是湖湘道教的发源地，拥有道教第三洞天朱陵太虚洞天和第22至26福地。道教"神谱"降游南岳众多，名道辈出，道观林立，对道教思想和祖国医学贡献突出。著名的女道姑魏华存在南岳撰写和修炼《黄庭经》，成为上清派的开山祖师。唐代名道司马承祯在南岳修炼和著述十余载，徐灵府等人从南岳来到浙江天台山，开创了上清派南岳天台系，而谭峭所著的《化书》是道教文化中的重要著作之一。唐代宰相李泌事三君，先后在南岳隐居12年之久，研习道教。

再次，南岳的书院文化历史悠久，书院数量多，影响巨大，是湖湘文化的传播阵地。曾国藩曾在《重修文定书院记》中说："天下书院，楚为盛，楚之书院，衡之盛。"宋代天下四大著名书院，南岳占了一半，即岳麓书院和石鼓书院，足见南岳执全国书院文化之牛耳。涌现出著名思想家、教育家朱熹、胡安国、胡宏、张栻、王闿运等,为国家培养了一大批栋梁之材。

到了近代,南岳文化随着中国历史的发展又赋予了新的文化内涵,其中抗战文化闻名海内外。在1938年10月,武汉、广州沦陷后,南岳一度成为全国抗战的指挥中心,蒋介石先后在这里召开了四次南岳军事会议,指导全国的抗战。国共两党合作在这里举办了南岳游击干部训练班,在香炉峰上建有一处抗日烈士陵园——南岳忠烈祠,1944年的衡阳保卫战在中华民族反对外敌入侵的历史上写下了光辉一页,并在衡阳建有全国唯一的一座抗战纪念城——衡阳抗战纪念城。战时南岳还一度成为大后方的文化重镇。学校众多,其中"国立长沙临时大学"("西南联合大学"的前身)文学院则迁至南岳圣经学校办学,吴俊升、叶公超、钱穆、吴宓、汤用彤、贺麟、罗常培、冯友兰、闻一多、朱自清、金岳霖、陈梦家等一批蜚声中外的学术大师云集衡岳。

此外,南岳的民俗文化独具一格,如春节朝圣,"朝寿佛"与"赶二月八","八月香火"与"赶八月",其中南岳庙会历史悠久,在江南享有盛誉。南岳大庙始建于唐代初年,是我国南方最大的宫殿式古建筑群。同时,历代一些皇帝为南岳御笔赐额,或赐物藏之名山。如隋文帝杨坚下令送舍利子到衡岳,宋仁宗赐额"石鼓书院",宋徽宗则亲笔题写"寿岳"二字,明太祖朱元璋颁《大藏经》一部于南岳藏经殿,清代康熙等六位帝王也遥颁七块匾额墨宝,这些都为名山增添了光彩,如此等等。

总之,八百里南岳山川秀丽,其地理环境、自然景观、人文环境达到了和谐的统一,可谓纳天地之真气,吸日月之精华。其灵秀之气,滋育了一代代的儒佛道精英,孕育了中华民族多姿多彩的文化和坚忍不拔、不屈不挠的民族精神。在今天改革开放的新时代,衡岳人们正以敢为人先的精神,立足潮头,进一步丰富和深化南岳旅游文化的内涵。

目　录
CONTENTS

第一章　沿革　名峰　景观 ……………………………………………… 1

　第一节　名山的文化内涵 ………………………………………………… 1

　　一、南岳山脉起源 ………………………………………………………… 1

　　二、中国古代的山岳、山神崇拜 ………………………………………… 3

　第二节　山址沿革与山徽 ………………………………………………… 5

　　一、山址沿革 ……………………………………………………………… 5

　　二、山徽 …………………………………………………………………… 10

　第三节　七十二名峰 ……………………………………………………… 13

　　一、名峰简介 ……………………………………………………………… 13

　　二、峰名索源 ……………………………………………………………… 34

　第四节　景观 ……………………………………………………………… 35

　　一、古代南岳旅游概况 …………………………………………………… 35

　　二、景区与景点简介 ……………………………………………………… 36

第二章　"文明奥区" …………………………………………………… 40

　第一节　火文化 …………………………………………………………… 40

　　一、火在人类文明进程中的作用 ………………………………………… 40

　　二、南岳火文化源远流长 ………………………………………………… 41

　第二节　寿文化 …………………………………………………………… 43

　　一、厚重的寿文化历史积淀 ……………………………………………… 43

　　二、南岳寿文化的光大 …………………………………………………… 47

第三节　精神净土　佛道共荣 ……………………………………… 48

　　一、南岳佛教与寺庙 …………………………………………… 50

　　二、南岳道教与宫观 …………………………………………… 82

第四节　书院文化 …………………………………………………… 109

　　一、南岳书院的历史地位 ……………………………………… 110

　　二、历代主要书院简介 ………………………………………… 114

第五节　民俗文化 …………………………………………………… 124

　　一、"春节朝圣" ………………………………………………… 124

　　二、"八月香火"与"赶八月" …………………………………… 126

　　三、南岳庙会 …………………………………………………… 127

　　四、"朝寿佛"与"赶二月八" …………………………………… 130

　　五、南岳民俗文化的特点 ……………………………………… 131

第三章　祠庙与祭祀 ……………………………………………… 133

第一节　南岳大庙 …………………………………………………… 133

　　一、庙史 ………………………………………………………… 134

　　二、大庙结构 …………………………………………………… 136

　　三、祭祀南岳神 ………………………………………………… 140

　　四、祭祀岳庙祝文与民间朝香歌 ……………………………… 146

第二节　古祠与祭祀贤哲 ………………………………………… 152

　　一、祭韩文公 …………………………………………………… 153

　　二、祭李邺侯 …………………………………………………… 154

　　三、祭忠靖王 …………………………………………………… 155

　　四、祭胡文定公 ………………………………………………… 156

　　五、祭朱、张二贤 ……………………………………………… 157

　　六、祭白沙先生、甘泉先生 …………………………………… 158

　　七、祭宋代 110 位南岳庙监 …………………………………… 158

　　八、祭辖神 ……………………………………………………… 158

　　九、祭关圣帝 …………………………………………………… 159

　　十、祭诸葛武侯 ………………………………………………… 159

　　十一、祭李芾、尹谷 …………………………………………… 160

十二、祭王船山 ························· 160

第三节　其他民间祭祀 ····················· 160

一、祭祀城隍 ·························· 161

二、祀天符大帝 ······················· 162

三、黑沙潭祷雨 ······················· 162

第四节　忠列祠与祭奠阵亡抗日将士 ············· 163

一、忠列祠简介 ······················· 163

二、祭奠抗日阵亡将士 ··················· 166

第四章　石刻　诗文 ······················· 173

第一节　石刻 ························· 173

一、碑刻 ··························· 174

二、摩岩石刻 ························· 181

第二节　历代诗文选 ····················· 202

一、诗词 ··························· 203

二、赋 ···························· 232

三、游记 ··························· 235

四、佛学文选 ························· 238

参考书目 ····························· 241

后记 ······························· 244

第一章

沿革　名峰　景观

第一节　名山的文化内涵

一、南岳山脉起源

要研究南岳旅游文化,首先就应该弄清楚南岳山脉是怎样形成的。关于她的起源,古代的堪舆学家、古代及当代地理学家都有不同的看法。

位于青藏高原南巅边缘的喜马拉雅山是世界上最高大的山脉,成为东亚大陆与南亚次大陆的天然分界山。在喜马拉雅山以北,则分布着气势磅礴的昆仑山。古代堪舆学家认为:若从地球整体的角度来看,昆仑山是地球上所有龙脉的太祖山。昆仑山分为南北两大干,并以此为中心向四面八方扩张,北脉向俄罗斯延伸,西脉向欧洲绵延,南脉进入印度,东脉则向中国东部地区扩展,形成了堪舆学家所说的中国的三大龙。《平砂玉尺经》云:"万山一贯,走自昆仑。"因此,中国的山脉皆出自昆仑山南麓的分支。

中国的三大山脉(或说"三大龙")以长江、黄河、鸭绿江为界,长江以南的干脉叫"南龙",长江和黄河夹送的叫"中龙",黄河以北与鸭绿江夹送的叫"北龙"。

北部干脉("北龙")的走向为昆仑山——祁连山——贺兰山——阴山——大兴安岭——小兴安岭——长白山,再延伸到朝鲜入海,最后连接日本列岛。在中国境内,又分为四支:即第一支从黄河壶口到东岳泰山,第二支为太行山,第三支为北岳恒山,第四支为燕山。

中部干脉的走向为秦岭——大别山,再转到江浙一带入海。沿途主要山脉有大散关、西岳华山、中岳嵩山、太岳山,另有一支到达登州、莱州,再有一支进入河北沧州和天津。

南部山脉("南龙")经云南、广西、贵州、湖南、江西、广东、福建、浙江、江苏南部及台湾等地。发于昆仑山南支可可西里山,入云南形成横断山和伯舒拉岭,二山往南形成高黎贡山,往北分为二支:一支为沧山、宁静山、怒山、无量山、哀牢山,五山合入老挝,然后折回入广西、广东,最后入福建、浙江形成武夷山,云山、仙霞岭、括苍山、南雁荡山等。

横断山和伯舒拉岭所生的另一支为哈巴雪山和玉龙雪山,过凉山后形成跨越云贵两省的乌蒙山,乌蒙山延伸出湖北、湖南境内的巫山、龙山、武陵山、雪峰山,这四脉交织而生南岳衡山。衡山之脉进入江西又生武功山和罗霄山,然后延伸到江西、安徽、浙江、上海,最后汇于上海吴淞口和杭州湾。以上是堪舆学家关于南岳衡山山脉的由来的解释。

古代的地理学家对南岳山脉的起源也有记载。《尚书·禹贡》说:"岷山之阳,至于衡山。"是说南岳衡山发源于四川岷山,其山脉走势为:从岷山南下,经湘西的雪峰山,再接湘桂两省交界的五岭,进入湖南永州、邵阳、衡阳而到南岳衡山。后来,历代学者大多沿用此说,如明代中期地理学家王士性说:"记衡(山)所自起,谓自岷、峨、滇、贵,历广右(今广西贺州境内)、象郡(今广西西部)之北,桂林之西,经武冈、宝庆(今邵阳市),又自南趋北……至衡阳渐起,岣嵝诸峰,峙为岳顶,然后散而为湖南诸郡国以止于洞庭。"[①]明代杰出的地理学家徐霞客也认为:南岳衡山是出自岷山山脉,沿雪峰山至武冈、邵阳,然后向东,至南岳莲花峰附近与南岳接脉,然后分为两支:一支北上,一支南下,形成南岳72峰。[②]

随着科学技术的发展,现代地理学家认为,南岳衡山与岷山、雪峰山不是同一地质构成,也不是在同一时代生成。从地质时代中至侏罗纪燕山运动奠定了湖南地貌轮廓和骨架,由于燕山运动,导致中国东南部地区受多字型构造控制,形成了北北东或北东向的隆起和拗陷。衡山处于幕阜山、衡阳、都庞岭复式背斜中的浏阳——南岳隆起带,造成南岳衡山一带冷家溪、板家溪群及此后地质的广泛出露,再加上岩浆侵入和火山活动,大规模的中酸性花岗岩侵入影响,前后形成燕山期南岳二长花岗岩体和白云峰二云母花岗岩体的入侵,使白垩纪末期以前地层大受挠乱,地同隆起,形成穹隆山地,称为衡山地穹。到新生代第三纪喜马拉雅山运动时期,衡阳运动使南岳与红色岩系同时升起。此时衡山花岗岩体发生了很多断

---

① (明)王士性.五岳游草广志绎[M].北京:中华书局,2006:41.
② (明)徐霞客.徐霞客游记·游衡山日记[M].武汉:崇文书局,2007:147.

层,经过几次间歇上升,逐渐形成今日的衡山。第四纪以来,衡山山体仍在不断上升,使其山势更为雄伟。[①]

断层作用造成南岳山体之后,地壳运动以间歇升降为主体。从地貌上看,南岳山脉以各主峰山脊线为主体,中间高,四周低,峰岭和山谷交错,湘江像一条丝带蜿蜒漂过,山水紧依有情。

根据现代科学观点界定,作为自然综合体的南岳衡山,其范围北起衡山县福田铺,南至衡阳县的樟木市,长约 38 公里,西起衡阳县的界牌镇,东止于南岳镇,宽 17 公里,总面积 640 平方公里。

但是在历史上,南岳更是以一个整体出现在人们的面前,其历史文化也自然成为一体,她受行政区划的影响较现代要少得多。因此,本书关于南岳衡山的范围界定,不局限于南岳中心区,而是一个大南岳的概念,即南起衡阳市的回雁峰,北止于岳麓山,是一个广义上的南岳概念。

二、中国古代的山岳、山神崇拜

在中国的远古时代,人们敬畏自然界中各种神奇的力量和变幻莫测的怪异现象,于是产生了自然信仰。所谓自然信仰,是人们对自然现象的崇拜,即对自然物和自然力的崇拜。日、月、星辰、土地、河流、高山、野兽等都成了人们崇拜的对象。其中,在中国民间自然崇拜的形成过程中,古代人们对于山和山神的崇拜占有相当重要的位置,这在古代流传下来的各类典籍中随处可见。因为中华民族的发祥地——黄河中下游地区,山脉绵延,大河蜿蜒曲折,大山的雄伟、险峻给予人们十分丰富的神秘想象力,人们逐渐形成了对山岳崇拜的共同心理。古人认为,大自然处处绵延不断、形态各异的险峻高山,其山巅与苍穹非常接近,它是通往上天的途径。天是万物的主宰,人们在敬畏上天的同时,也敬仰高山。又由于山林之中栖息着各种各样的动物,自然生长出各种各样的花草树木,为远古时期人们的狩猎与采集提供了众多的猎物和果实。于是人们坚信,这些山一定有神灵主宰着,并恩赐给人们生存所需的东西。人们开始对山及山神顶礼膜拜,并形成了许多敬畏大山及山神的信条与禁令。此后,随着历史的发展而不断赋予其新的文化内涵,形成了中国丰富多彩的名山文化。当中国历史进入文明时期之后,中国人山神崇拜的仪礼也就正式形成了,王室有了祭山封山大典,天子五年一巡狩,祭五

---

① 湖南省地方志编纂委员会编. 南岳志[M]. 长沙:湖南出版社,1996:29.

岳,礼牲齐备,祭祀仪式隆重。

先民崇敬山岳,与中国古代弱势的农业经济有密切的关系,风调雨顺是生产力水平极为低下的原始农业生产的首要条件,是人们生存的第一件大事。古人认为:高昂、陡峻的大山是通往上天的道路,高山幽谷中涌出滚滚的白云,被人们视为神灵在兴云作雨,于是把高山作为祈求风调雨顺的对象来崇拜,即便到了后来的锄耕农业和犁耕农业时代也是如此。

从政治层面上讲,中国的名山文化与古代"大一统"的观念密切相关。远古时代,中国就由部落联盟逐渐走向大一统,中央政府除了委派官吏,利用军队加强对全国的控制外,还利用祭祀名山保持着对地方的震慑力。统治者宣称:他们是上天的儿子,即天子,代表上天来管理人们,山岳是他们上天入地的通道,《山海经·山经》把天下山脉分为五大区,中山是天下的中心,四周是东山、南山、西山、北山。五大区内的山都以脉状分布,每个山脉都有一个领头的大山,这就是五岳。名山成为天、地、人、神活动的重要地方,因而它就成为国家祭祀活动的场所。《礼记·王制》记载:"天子祭天下名山大川,五岳视三公,四渎视诸侯。诸侯祭名山大川之在其地者。"《史记·封禅书》说:"自古受命帝王,曷尝不封禅。"所谓"封禅",就是历代帝王为答谢天地之恩而举行的祭祀活动。从此,祭祀名山就成为统治者政治生活中的一件大事,成为一个神圣庄严的制度。这种祭祀,它不仅仅是一种谢天的仪式,而是天子和帝王权威的象征和延伸,具有稳定社会秩序,维护"大一统"的特殊作用。因此,在人们的宇宙观中,山岳逐渐成为保持宇宙的秩序与永久性的象征,是人间统治地位、权力、领土和征服的象征。

名山文化与中国儒、佛、道等宗教文化息息相关。汉武帝时,推行"罢黜百家,独尊儒术"的思想,儒家思想成为中国封建社会的统治思想。汉武帝把五岳祭祀与儒家崇礼的思想结合起来,首开为祭祀山岳神而建庙的先河。魏晋南北朝以后,文化名流的游山活动日益兴盛起来,寄情山水,探索山水美的内蕴,成为他们精神生活的一个重要部分,尤其是唐宋以后,受崇山理念和孔子"仁者乐山"观念的影响,古代士人多隐逸山林,他们经营山居,在名山广建书院,收徒讲学,促成了地方学派的形成,如著名理学家胡安国、胡宏父子在南岳创办书院,使衡山成为湖湘学派的发源地。书院的政治特色是宣扬国家的"大一统"思想,提倡积极入世。同时为了抵消寺观的影响,为科举考试输送人才。这时候,人们对山岳的认识又发生了变化,文化名流淡化了名山是求仙通神或纯粹游乐的自然风光之观念,而是把名山作为审美对象,将自然美和对生活的向往结合起来,吟诗作画,形成了独具特色的山水文学、山水画，从而使得每一处名山风景区都蕴藏着丰富的文化内涵。

　　道教认为神仙飘忽于太空，栖息于高山，山不仅可以为帝王联系天神服务，而且还可以为修道求仙的民众提供交通神界的条件。道教赋予了山岳一种神秘的、有灵的、通神的色彩。佛教经典中记述了许多古代印度的圣山，僧侣们仿效佛祖，纷纷到深山中去寻求幽静清寂的修持场所。僧、道们筚路蓝缕，把宗教的出世情感与世俗的审美要求结合起来，在一些名山建立寺、观。魏晋南北朝时期，佛道互相尊崇，寺观并存。到了唐代以后，由于两教所依靠的政治背景和社会势力不同，彼此之间互相争斗，出现了一种宗教独居一山的局面，形成了一些佛教中心和道教中心。如佛教的"四大名山""八小名山"等；道教则把仙人或真人仙居之地称为洞天佛地，主要有十大洞天，三十六小洞天和七十二福地。

　　中国的名山离不开深厚的文化内涵。从远古时期的自然崇拜、弱势的农业经济和政治上的大一统观念，到后来儒、佛、道在名山的频繁活动与经营，寺观的宗教场所与建筑文化，络绎不绝的香客，书院的兴起和发展，文化名人和社会名流纵情山水，使得各大名山成为源远流长、博大精深的中华文化的一个载体，也构成了中国名山独特的旅游文化。

第二节　山址沿革与山徽

一、山址沿革

　　中华文明源远流长，其文明的重要标志之一——文字产生甚早，但纸的发明和印刷技术的成熟相对滞后，使得人们对远古时期一些历史记载繁简不一，易导致讹传和误解，如对古代五岳的定位及变迁的记载就是其中一个突出的例子。

　　中华文明是一个强势文明，它有极强的包容性和吸纳性。中华民族是以黄河中下游为中心向四周拓展而形成的，犹如一个雪球一样越滚越大。随着中国疆域的扩大，五岳的定位也有一个历史发展的过程。统治者为了自身的需要，从当时的疆域和定都的位置出发，利用阴阳五行学说来进行阐释，以此来确定五岳的地理位置。

　　"岳"是嶽的简写，初见于大篆，是指高大的山。《诗经·大雅·崧高》说："崧高维岳"。朱熹注曰："山大而高曰崧，山之尊者曰岳"。所谓"山之尊者"，一是指山体高大、雄伟；二是"有灵"，为人们所崇敬的山。

一些古文献认为舜时即有四岳，西周已有五岳之说，有的认为五岳起源于战国时期的"五德始终论"。

五岳之中，只有东岳泰山在历史上没有争议。中岳、西岳随历代王朝定都不同而不断变化，北岳自古以来就有两种不同的说法：一是指今天河北曲阳县之大茂山；另一个是指今天山西浑源县的恒山。南岳衡山的地理位置在古代争论激烈，一些学者认为历史上有两个南岳，江南、江北各一处。其争论以安徽说和湖南说为典型。

皖派学者姚治中在《南岳考实》一文中认为：最早被尊为南岳的是天柱山，天柱山又被统称为霍山，随着华夏统一多民族国家的发展，隋文帝移南岳于湖南衡山。① 程小镇在《古南岳天柱山始封于汉武帝说辩证》一文中说："安庆天柱山早在汉武帝之前就被封为南岳，与其他四岳齐名。"②但汉武帝所祭祀的南岳具体位置在哪里？安徽人又发生了争执，"霍山者认为是霍山，潜山者认为是天柱山"。对此，有皖派学者认为："汉武帝所祀之南岳应是今天霍山县南五里的南岳山，即霍山，绝非潜山的天柱山。潜山县天柱山古时只称皖山或潜山，天柱峰只是皖山中的一峰。"③

认为古代南岳在安徽天柱山或霍山的主要依据有：

《战国策·魏策一》说："昔者三苗之居，左有彭蠡之波，右有洞庭之水，文山在其南，而衡山在其北。"皖派学者认为夏商时期的三苗即生活在大别山区，因此衡山自然是属于大别山的天柱山。

又《史记·秦始皇本纪》载：公元前 219 年，秦始皇封禅于泰山后，"始皇还，过彭城，斋戒祷祠，欲出周鼎泗水。……乃西而南渡淮水，之衡山，南郡。浮江，至湘山祠。"由此说明，当时衡山在江淮之间。

再如《汉书·郊祀志》述："（汉武）帝巡南郡，至江陵而东。登礼潜之天柱山，号曰南岳。"这就是说汉武帝把天柱山称为南岳。

皖派学者依据一些史籍记载否定了隋唐以来历代学者对南岳的普遍认同：即南岳在西周时就确认为湖南衡山，汉武帝时将它迁到江北的衡山（即天柱山或霍

---

① 姚治中. 南岳考实[J]. 皖西学院学报,2002(1):57.
② 程小镇. 古南岳天柱山始封于汉武帝说辩证[J]. 安庆师范学院学报(社科版),2005(4):19.
③ 崔思棣. 汉武帝所祀南岳考[J]. 安徽史学,1995(4):7-8.

山），隋文帝时又将其迁回江南衡山。江南衡与江北衡自古都有衡山、霍山两个名称。

胡健生在《南岳旅游文化概论》中说：南岳一词始出于春秋战国时期，在先秦时期南岳与衡山是两个不同的地名，书中引用汉文帝命博士诸生编成的《王制》加以证实，即："五月南巡，至于南岳"，"自江至于衡山，千里而遥"，"西不尽流沙，南不尽衡山"，认为约于秦汉之际，衡山与南岳就联系在一起了。[①] 书中还列举西汉初年成书的《尔雅》所载的"河南华，河西岳，河东岱，河北恒，江南衡"为证，说明这是我国史书中对南岳所指之山的最早记载。

首先，在上古的三代时期，关于三皇五帝与南岳的传说和记载也是相当多的，也可印证此时的南岳系湖南衡山。黄帝有熊氏，又称轩辕氏。在位百年，分九州，奠五岳、四渎、四镇。徐灵期在《衡山记》中说：昔黄帝受戒位于衡山金简峰，另黄帝之妻叫雷祖，《史记》中称为嫘祖，西陵氏之女，她同样是华夏文明的奠基人之一。她叫民养蚕、丝织、制衣，被祀为"先蚕"，民间祀为"蚕神"。清李元度在《南岳志》说："（黄）帝周游时，元妃嫘祖死于道。《衡湘稽古》：雷祖从帝南游，死于衡山，遂葬之。今岣嵝有雷祖峰，上有雷祖之墓，谓之先蚕冢。其峰下曰西陵路。盖西陵氏始蚕，后人视之为先蚕也。"又唐开元（713～741）年间四川盐亭人、李白的老师赵蕤撰写了《修葺嫘轩宫碑序》中说："黄帝元妃嫘祖，生于本邑嫘祖山，殁于衡阳道，尊嘱葬于青龙之首，碑碣犹存。生前首创种桑养蚕之法，抽丝编绢之术。谏诤黄帝，旨定农桑，法制衣裳。兴嫁娶，尚礼仪，架官室，奠国基，统一中原，弼政之功，殁世不忘，是以尊为先蚕。"

关于传说时期尧、舜、禹等巡狩衡岳大地，《尚书·尧典》载："岁二月，（舜）东巡守，至于岱宗，柴。望秩于山川……五月南巡守，至于南岳，如岱礼。"又清李元度的《南岳志》载："高辛氏时，丹邱之国献玛瑙瓮以盛甘露。帝德所洽，被于殊方，故露充于厨也。至尧时，甘露犹存其中，盈而不竭，以颁群臣。舜时，露已渐减。舜迁宝瓮于衡山上，故衡岳有宝露坛。舜于坛下起月馆以望夕月。每南巡至衡山，百辟群后，皆得露泉之赐。"并说："安上峰有舜庙、舜溪、舜井、舜洞。相传舜曾巡狩驻跸于此。"以上史料说明，舜曾不止一次地驻足南岳，在这里会盟部落首领，并祭祀南岳。

大禹治水时，在南岳也进行了一系列的活动。《吴越春秋》载："赤帝左阙，禹

---

① 胡健生. 南岳旅游文化概论[M]. 长沙：岳麓书社，1999：14.

伤父功不成,乃处衡山,血马以祭天,夕梦一人,自称元夷苍水使者,谓禹曰:'欲得我神书者,斋焉!'禹乃退斋。一日遂获金简玉字之书。"这里所说的"金简玉字之书",即传说中的《金简玉书》。《水经注》也有同样的记载。说禹得此书之后完成了父业,治好了泛滥的洪水。清李元度的《南岳志》载:"在(衡山)县西三里许巾紫峰紫金台。台径三丈。禹南巡登此望九疑以祭舜。又禹作清冷宫以祀舜,在胜业寺基旁有禹柏庵。"又云:"在白马峰,禹巡狩至此,血白马祭天,峰因是名。"再云:"在金简峰,黄庭观右为金简台,为禹藏书处。"从这些传说中可以看出,禹在南岳的足迹比舜更广。此外,禹在这里还留下了今人至今未能解读的《神禹碑》,这在后面将详细论述。

其次,汉武帝之前史籍有关南岳或衡山的记载虽不多,但无可争辩的是,"江南衡"即指湖南衡山。

《尚书·禹贡》说:"荆及衡阳惟荆州。"又说:"岷山之阳,至于衡山,过九江,至于敷浅原。"这是说"禹别九州,随山睿川"。即禹是以山川来划定九州之间的界线,言荆州北据荆山,南及衡山之南;且认定南岳衡山发源于四川岷山,其山峰走向为:由岷山南下,经湘西雪峰山,远接湘桂交界之五岭,再到衡山。

《周礼·夏官·职方氏》曰:"正南曰荆州,其山镇曰衡山。"并提出了九州九镇,即扬州之会稽,荆州之衡山,豫州之华山,青州之沂山,兖州之岱山(泰山),雍州之岳山,幽州之医无闾,冀州之霍山,并州之恒山。

《周礼·春官·大司乐》明确有五岳四镇之说,即在前述九州九镇中选定五镇为五岳。东汉郑玄注释说:五岳乃兖州之岱、荆之衡、豫之华、雍之岳、并之恒;其余的为四镇。

《逸周书·职方解》记载:"正南荆州,其山镇曰衡山。"这与《周礼·夏官·职方氏》的记述是一样的。

《尚书·尧典》云:"(舜)五月南巡守(狩),至于南岳,如岱礼。"

同时,对上述典籍作注的历代名家也把南岳注释为湖南衡山。如孔安国《尚书传》、郑玄的《三礼注》、贾公彦的《周礼注疏》等即如此。

从以上的各处历史记载来看,作者认为:汉武帝以前成书的史籍所载的南岳或衡山均是指今天的湖南衡山。但到汉武帝时,改安徽的天柱山为南岳。据史书记载,汉武帝迷信鬼神,在五岳遍行封禅之礼。《史记·封禅书》记载:汉武帝于元封五年(公元前106年),南巡封禅,由于路途遥远,鞍马劳顿,只到了江陵,即萌生退意,"登礼潜山之天柱山,号曰南岳。"皇帝说话一言九鼎,于是此后汉代史书根据汉武帝的旨意,改南岳衡山为今安徽的天柱山,并把天柱山叫霍山。从此之后,古籍中关于南岳名称与地理位置的记载出现了混乱,如《尔雅》中有两个南岳的记载,一是篇首的《释山》曰:"河南华,河西岳,河东岱,河北恒,江南衡。"这里明确指出"江南衡"是今天南岳衡山。而在该篇末又云:"泰山为东岳,华山为西岳,霍山为南岳,恒山为北岳,嵩山为中岳。"西汉末刘向的《说苑·辨物》也称"霍山为南岳";东汉应劭《风俗通》等书则说:衡山一名霍山,汉武帝登礼天柱山,将衡山之神祠于此,故天柱山被称为霍山,同时也将天柱山封为南岳。这里需要说明的是,《尔雅·释山》篇首是原文,篇末是汉代人根据汉武帝改天柱山为南岳的旨意加进去的,这是不难理解的。但是,天柱山究竟是不是霍山,历代的争议颇大。

据考证,"五岳"制度的提出始于汉武帝。到汉宣帝时确定以河南嵩山为中岳,山东泰山为东岳,安徽天柱山为南岳,陕西华山为西岳,河北恒山为北岳。《汉书·郊祀志》载:"自是五岳、四渎者皆有常礼。东岳泰山于博,中岳泰室于嵩高,南岳潜山于潜,西岳华山于华阴,北岳常山(即恒山)于上曲阳……皆使者持节侍祠。"这里说的潜山就是指天柱山,因为天柱山旁有潜水,所处地方为潜县。

汉武帝钦定天柱山为南岳后,衡山失去了岳名,又被降为山镇,史书中称之为"衡镇"。但到东汉末年之后,中国进入了长达400多年的动乱时期,封建国家祭祀名山的活动受到较大干扰和限制,天柱山的影响力在不断下降。而南岳衡山很早闻名于世,风光旖旎,气势磅礴,绵亘数州县,这是天柱山难以抗衡的。因而从这之后,人们又逐渐恢复以前的传统称谓,即称江南衡山为南岳的史籍居多,但两个南岳的称呼仍存在,甚至同一本书中都有类似的说法。

晋代罗含撰写的《湘中记》记载:"衡山、九疑皆有舜庙,太守至官,常遣户曹致敬修祀,则如有弦歌之声。"这说明在此之前,地方官员对南岳衡山的祭祀并未间断。

南朝刘宋时徐灵期撰写的《衡山记》及南齐宗测的《衡山记》,这是两本专门记述南岳衡山的专著。徐灵期的《衡山记》曰:"衡山,五岳之南岳也。"刘宋时期盛弘之的《荆州记》曰:"衡山有三峰极秀,一峰为芙蓉峰,最为竦桀,自非清霁素朝,不可望见,峰上有泉飞流,如一幅绢,分映青林,直注山下。"

至于在同一本书中出现两个南岳的记载,则以北魏郦道元的《水经注》为代表。《水经注》卷三十八中说:"湘水又北迳衡山县东,山在西南,有三峰:一名紫盖,一名石囷,一名芙蓉。芙蓉峰最为竦杰,自远望之,苍苍隐天。故罗含云:望若阵云,非清霁素朝,不见其峰。丹水涌其左,澧泉流其右。《山经》谓之岣嵝,为南岳也。"这里讲的是湖南衡山。但《水经注》卷四十又云:"霍山为南岳,在庐江潜县西南。"下注云:"天柱山也。"①上述两段文字出现了两个南岳,但郦道元并没有解释为何有两个南岳。

据《宋书》卷六之"孝武本纪"载:南朝时宋孝武帝于大明七年(463)二月对巡狩事宜颁布诏书曰:"礼横四海,威震八荒。方巡三湘而奠衡岳,次九河而检云、岱。""奠衡岳"是指孝武帝正式下令祭祀南岳衡山。这应该说是自西汉确立五岳祭祀制度以来,皇帝首次正式诏令祭祀南岳衡山。当然,刘宋政权还不是一个全国性的统一政权,不及汉武帝改天柱山为南岳的影响力,但可以说到魏晋南北朝时期,衡山的影响力已超过了天柱山。

公元589年(隋开皇九年),隋文帝杨坚在统一全国后,正式诏令今湖南衡山为南岳。《元和郡县图志》载:"衡岳庙,在县西三十里。《南岳记》曰:南宫四面皆绝,人兽莫至,周迥天险,无得履者。汉武帝移于江北置庙,隋文帝复移于今所。"《元和郡县图志》的作者是唐朝宰相李吉甫,相距隋代较近,其记载是可信的。从此,南岳衡山的地位被固定下来。后来,从明代开始,则以山西浑源县的恒山为北岳,清代就在这里祭祖,直至今天五岳的名称再未发生变化。

二、山徽

古代中国的五岳、五镇是华夏封禅史上的十颗名珠,也是镇祀一方的神岳、神山。它所镇祀的地理方位是由始封岳、镇的帝王(传说中的黄帝)派堪舆官吏在中华版图上丈量推算出来的,是按东西南北中的顺序排列的。由此代表东西南北中的五岳、五镇真形图也在各大岳、镇中相继出现。真形图也叫山徽,其图形象征什么?奥秘何在?成为自古以来文人墨客、专家学者的未解之谜。

五岳真形图出现于西汉武帝时,至今已有两千多年的历史。也有人认为它出现于魏晋南北朝时期。对于其含义,主要有以下几种说法:一是认为五岳真形图是"四象"(四灵)和土神的象征表示。东岳图绘的象形是青龙,西岳是白虎,南岳是朱雀(鸟),北岳是玄武(龟蛇),中岳土屋内住的是土神;二是认为它是由古代阴阳五行演化而来的代表方位及五种物化。西岳图表示"金",东岳图为"木",北岳图表示"水",南岳图表示"火",中岳图表示"土";三是认为它是道家根据五行说绘制而成的表示五岳的符箓,用以驱邪镇岳。有学者认为:"《五岳真形图》相传

---

① 陈桥驿. 水经注全译(下册)[M]. 贵阳:贵州人民出版社,1996:1305,1381.

是三天太上所绘出,《五岳真形图·序》云'昔上皇清虚元年,三天太上道君下观六合,瞻河海短长,察丘山高卑,乃因山源之规矩,河岳之盘曲,陵回阜转,山高陇长,周旋委蛇,形似书字。是故因象制名,定名实之号,画形于玄台而出为灵真之信'。①因此,它只不过是山川的简易画本,但道教则把山泽神仙的权势附于图中,增加了灵性神权,这是古代对山川崇拜的反映。晋葛洪《抱朴子》载:"书之重者,莫过于三皇文,五岳真形图也。古人仙官至人尊秘此道,非有仙名者不可授也。……其经曰:家有三皇文辟邪,恶鬼、瘟疫、气横殃飞祸,若有困病垂死,其信道心至者以此书与持之,必不死也,其乳妇难艰绝气者,持之儿即生矣,道士欲求长生,持此书如山,辟虎狼山精,五毒百邪皆不敢近。"因此,《五岳真形图》成为最重要的符箓,民间更将其奉为至宝,成为避兵、消灾、免祸致福的护身符,广为使用;四是认为它是表示五岳的形状特征的。其图像表示"泰山如坐""华山如立""恒山如行""南岳如飞""嵩山如卧"。上述说法,都能自圆其说,作者比较认同第一种观点。

《礼记·典礼上》曰:"行前朱雀而后玄武,左青龙而右白虎。""朱雀"又名"朱鸟",在上古有两个意思,一是指星宿名,如唐代孔颖达对上文的注疏云:"朱鸟、玄武、青龙、白虎,四方宿名也"。我国古代天文学家先后选择了黄道与赤道附近的二十八个星宿作为坐标来观测日月五星(即金木水火土)称为二十八宿。即东方苍龙七宿:角亢氐房心尾箕;北方玄武七宿:斗牛女虚危室壁;西方白虎七宿:奎娄胃昴毕觜参;南方朱雀七宿:井鬼柳星张翼轸。古人把每一方的七宿联系起来想象成为四种动物形象,称为四象。其中南方的朱雀以井宿到轸宿被看成为一只鸟,柳为鸟嘴,星为鸟颈,张为嗉,翼为羽翮;二是朱雀指一种神鸟。从汉代出土的砖像中看出:东方苍龙(东方青色),南方朱雀(南方赤色或红色),西方白虎(西方白色),北方玄武(北方黑色)。古代帝王把四方神兽、各方颜色与阴阳五行结合起来,以中岳嵩山代表中央政权和天子(黄色),形成了五岳真形图(即山徽)。

南岳衡山的山徽是朱雀。它耸立在南岳风景区的入口处,有一座参天牌坊,上书"南岳衡山"四字,临牌坊的南边就是107国道。牌坊始建于1988年,是一座四柱三门冲天式中山歇山琉璃顶的牌坊,坊高20.4米,宽21.7米,花岗石砌体,四大直柱坊前后各有一对石狮蹲立雄观,坊上端两面均嵌有白色大理石额各一方。面内一方云"文明奥区",由吴作人书。面外一方曰"天下南岳",最初的牌额是宋

---

① 黄钊. 道家思想史纲[M]. 长沙:湖南师范大学出版社,1991:384.

徽宗题写,现由著名书法家刘海粟题。坊檐下另有一块大型汉白玉横额,额内无字,两边镂云纹,中间是一幅图形。其图甚为怪异,形似一面配有镂空架的镜子,又好像一条腹长有巨鳍的怪鱼。这不是祝融峰形图,也不是衡山云气图,而是南岳的真形图,即山徽朱雀图。它的轮廓有些像鸟,右上方似鸟头,有喙,中间一块椭圆形如鸟的身躯,左下伸出部分似羽尾,腹下几小块似鸟的翼和腿。

朱雀是我国上古先民想象和虚构之物。它是传说中的一种神鸟,可以震慑一方。后来道教把它尊奉为南方的神,如《唐六典》云:"传符之制,南方曰朱雀符,北方为玄武符。"南岳现在采用的真形图朱雀,据说是从北京白云观(道教全真派在华北著名的道观)得来的。

五岳山徽图

(清·李元度《南岳志》卷首)

南岳山徽包含着深厚的文化内涵。首先,它是中国名山的重要标志。山有徽者,必为名山。从古到今,只有五岳、五镇的山徽广为流传。它告诉人们,此山不仅群峰耸立,气势磅礴,风景如画,素有"五岳独秀"的美誉,而且蕴藏着数千年来所积淀的丰富的文化底蕴;其次,表示南岳衡山为宗教圣地。南岳山徽被道教尊奉为南方的神,事实也是如此,魏晋以来,南岳就是中国南方道教活动的重要地方,是湖南的道教中心。到南北朝时,佛教也在这里建寺传经,唐宋以后,书院又在这里兴起,形成了儒佛道三教共荣一山的局面;再次,预示了南岳山景的特点,站在南岳的最高峰祝融峰上,往下俯瞰,南方犹如一只巨鸟翱翔在云天。清代魏源曾在《衡岳吟》中说:"唯有南岳独如飞,朱鸟展翅重云天。"

第三节 七十二名峰

一、名峰简介

清李元度在《南岳志》中云:南岳"盘绕八百里……高四千一十丈,山有七十二峰,回雁为首,岳麓为足,东南临湘川,遥望如阵云,沿湘千里,九向九背"。其实,72峰并不是南岳诸峰的准确数字,而且"七十二峰非连峰也,八百里非尽高山巨崖也"。① 南岳有峰名,始于三国。时孙权和刘备定都南方,为了与北方的曹魏政权相抗衡,吴国大力发展南方的经济和文化,促进了南方的开发,并在衡阳正式设郡。人们对南岳的认识进一步加深,峰名也随之逐渐形成。到南北朝刘宋时期,道士徐灵期在《衡山记》中第一次提出了72峰之数和首足峰之名,"衡山盘绕八百里,上如车盖及衡轭之形,高四千一百丈。山有七十二峰,回雁为首,岳麓为足。"②这样衡山从南到北,方圆800里的丘陵地带,都是南岳衡山的范围。同时他第一次确定了72峰之数。其实,当时南岳并没有72峰,他也数不出72峰的峰名,之所以这样,是取中国古代极阳之数"九"和极阴之数"八"相乘之积所得,意谓峰多。后来,由于广为流传,视为实数。

南岳72峰峰名形成的具体时期已无法考证。从现存资料看,南宋道士陈田夫是历史上第一个列出南岳72峰峰名的人物。陈氏居南岳近30年,作《南岳总胜集》。但72峰峰名是随着人们对其认识的加深而不断变化的,南宋时所列72峰峰名,到元、明时,有的已找不到峰名,有的被别的峰所取代,有的则易名了。到了清代,南岳72峰已有多种说法。现存南岳72峰峰名,以清代李祀柳的《七十二峰歌》为据,歌谣如下:

"天台天柱耸天堂,回雁云居最喜阳。双石白云蒸碧岫,瑰霄惠日放祥光。烟霞安上香炉表,屏障永参石廪旁。岳麓日华亭秀丽,石囷云密岁丰穰。莲花一朵观音坐,金简双持赤帝庄。会善好游灵药径,降真酣醉晓霞浆。仙岩崿屴文殊刹,朝日芙蓉九女妆。轸宿永和明月皎,红花瑞应碧萝香。快驰

---

① (明)王士性. 五岳游草/广志绎[M]. 北京:中华书局,2006:39.

② 湖南省地方志编纂委员会. 南岳志[M]. 长沙:湖南出版社,1996:9.

白马追狮子,须识灵禽即凤凰。雷祖采霞白石䍐,耆阇掷钵碧云乡。朱明华盖遮巾紫,灵应弥陀驾鹤黄。岣嵝碑边潜圣迹,紫云院里集贤良。云龙吐雾青岑失,翠鹫栖真紫盖张。绝妙高峰云隐隐,会仙捷步祝融冈。"①

巍巍南岳,峰峦起伏,自南向北逶迤800余里,雄踞湘中丘陵地带,南起衡阳的白露坳,经株洲、湘潭、长沙,向北没入浩瀚的洞庭湖,与湘江相伴而行,其势吞荆楚。72峰纵横排列,错落有致,气势磅礴,恰似一只正在展翅飞翔的朱雀。主峰祝融峰,海拔1290米,正像巨鸟的头;东边的吐雾、巾紫诸峰是鸟冠;前面的芙蓉、天柱等16峰依次展开,像朱雀的巨大身躯;南面的石廪峰到回雁峰等20峰和北面的紫盖峰至岳麓山等22峰,是神鸟朱雀的双翼。

1. 回雁峰

在衡阳市雁峰区,南岳衡山之首峰,亦称烟雨山,海拔98米。相传北雁南飞越冬,至此驻留,不再南飞,或曰峰形如雁回旋,故名。《南岳总胜集》云:"按《图经》云:是南岳之首。雁到此而止,不过南矣,过春复回北……杜荀鹤有《泛潇湘》诗中一联云:'猿到夜深啼岳麓,雁知春近别衡阳'。"《括地志》云:衡山一峰极高,雁不能过,遇春北归,故名回雁。或云峰势如雁之回,故名。清同治《衡阳县志》载:"自唐以前,皆云南雁飞宿,不度衡阳,故峰受此号。"清李元度的《南岳志》引古代方志云:"回雁峰旁有华灵峰,东汉华佗尝筑台于其上,以修道辟谷,其下有朱紫塘,相传北雁归时群浴于此。"唐宋文化名人王勃、杜甫、柳宗元、高适、范仲淹、文天祥等都留下了脍炙人口的诗词。如"初唐四杰"之一的王勃在《滕王阁序》中有"雁阵惊寒,声断衡阳之浦"的佳句;柳宗元的《过衡山寄舍第》云:"故国名园久别离,今朝楚树发南枝。晴天归去好相逐,正是峰前回雁时。"峰上有古刹雁峰寺。1944年衡阳会战中,回雁峰是中国守军第10军的炮兵阵地之一。

1982年,衡阳市人民政府在这里辟建了雁峰公园。园前有3800平方米的广场,中心建有高10.5米的群雁雕塑,是为衡阳城标。广场南面耸立着一座雕梁画栋的仿古门厅,上有原中国佛教协会会长赵朴初手书的"南岳第一峰"泥金横额,厅后是一排造型自然、气势壮观的塑山石,上刻唐天际将军手书的"回雁峰"三个苍劲大字,下为清澈见底的烟雨池。山上的景点有雁峰寺、晴江亭、望岳台、雨花厅、观天池、此君轩等建筑,依山傍坡建有雁廊、回雁亭。

①　胡健生.南岳旅游文化概论[M].长沙:岳麓书社,1999:30-32.

2. 岣嵝峰

主峰在衡阳县境内,山体延伸至衡山县。峰名早见于上古时期的《山海经》。古称衡山主峰,故衡山亦有岣嵝之名,海拔 951.5 米。晋代郭璞在注释《山海经》中说:"今衡山在衡阳湘南县,南岳也。俗谓之岣嵝山。"其峰名来源有两说:据清同治《衡阳县志》载:"嫘祖峰稍西,一峰亚之,望若府背,故名佝偻。"后来人们认为"佝偻"两字意义不佳,故将"佝偻"改称为"岣嵝";另一说认为,该峰俗称"勾头峰",传山峰如人低头。相传大禹治水受挫,登此峰访仙求神,遇一仙翁,得金简玉牒之书。大禹治水功成,感动了仙翁,仙翁鸣掌一击,岣嵝峰不但再不上长了,而且从此勾了头。后来人们把"勾头峰"称为"岣嵝峰"。同时,相传大禹还在此立碑,勒石记事,即后人所说神禹碑,但文字形似蝌蚪,即蝌蚪文,这是南岳最古老的石刻。《南岳总胜集》云:"峰南下有法轮寺,后有仙王殿、雷洞、妙喜洞、道人亭、韩愈咏禹碑。"但今已不存。岣嵝峰的人文景观和自然景观交相辉映,令人神往。现存有禹王碑、禹王殿、禹泉、镇龟洞、嫘祖殿遗址、嫘祖坟、八仙聚会、仙人棋、雨师崖、回音崖、盆景园等古迹。岣嵝峰还是湖南的佛教圣地,山上寺庙林立,明清时有岣嵝寺、培元寺、西林寺、南林寺、西极庵、南天门、华严林等,素有"四十八座茅庵"之称。山上还有岣嵝书堂、驳阁岩两所书院。历史上,岣嵝峰就是一个旅游胜地,人文荟萃。韩愈、刘禹锡、谌若水、王船山、魏源、彭玉麟等名流来此寻古览胜,或访友讲学,或重修庙宇,留下许多题咏。

岣嵝峰四周群峰竞秀,万壑鸣泉,是游览和休憩的理想场所。盛夏气温比山下低 6~8 度,空气新鲜,气候凉爽;寒冬一派北国风光,银装素裹;春季万紫千红,争妍斗艳;秋时红叶满山,层林尽染。清晨临峰远眺,红日滚金球,霞光万道闪,湘江飘玉带,回旋九曲。现辟为国家森林公园,面积 2 067 公顷,森林覆盖率达95%,有植物 300 多种,珍稀动植物 40 多种。

3. 嫘祖峰

位于衡阳县境内,与岣嵝峰连体,海拔 951 米。又名雷祖峰,因当地方言"嫘"与"雷"同音。相传西陵氏嫘祖为黄帝之妃,随黄帝南巡至岣嵝峰,在这里亲手教民植桑养蚕、缫丝缝衣。后卒于南巡途中,葬于此峰上,其墓坑至今犹存。后人为纪念她,把此峰取名为嫘祖峰,并建有嫘祖殿。一说峰有雷池,能兴云布雨,故名雷祖。

4. 白石峰

主峰在衡阳县境内,海拔 1 101 米。山体延至衡山县,因山上白石遍布,故名白石峰。明《一统志》载:"白石峰,山多白石。"峰上有白石岩、国清寺遗址。清光绪《南岳志》引旧志云:"上有白石岩,与应相峰相近。相传有龙栖其后洞,水流而不涸。唐朝有冯处士结庐于此,曹唐曾有诗送之。"清人邹章周《登白石峰》诗云:"白石翻悬黛影重,青天斜倚彩云封。寻常轻说穷千嶂,三十今才历一峰。雨浸苔纹题绝壁,泉飞笙响答孤松。山灵长许分幽赏,碎踏花阴入露浓。"

5. 会善峰

原名毛女峰,在衡阳县境内。《南岳总胜集》载:"古曰毛女峰,下有会善寺,乃十八高僧相会处,最为禅悦讲习之所,因更其名。"明《一统志》亦载:"会善峰古名毛女峰。"一云女善峰,但现已无对应之峰。

6. 栖真峰

在衡阳县境内,清李元度《南岳志》说在岳庙左下。《南岳总胜集》载:"(峰)下产云母、金浆、银液。"又传山上有神奇长生之草。康熙《衡州府志》载:"昔武阳洞人于此遇异人,披发,草衣,身毫长寸余,见之而走。异人曰:'吾地仙,非山鬼,素服苍耳,二百余岁矣。知汝至孝,吾教汝服之。'乃指示此草,忽失所在。其人寿果百岁。"

7. 惠日峰

在衡阳县境内。清康熙《衡州府志》和清李元度《南岳志》载:此峰"在岳庙东"。《南岳总胜集》载:"昔高僧初憩于此,后隋帝诏赴慧日道场。又唐高僧久居弥勒庵,谈论经教……自撰十八高僧传,后赴诏,称旨赐号惠日。古曰秦人峰,门弟子(指惠日弟子)更今峰名。"即惠日弟子更其名。山上有惠日寺遗址。

8. 石廪峰

俗称雷钵岭,坐落于衡阳县界牌镇,山体延伸至衡山县马迹一带,海拔1 189米。其山崖上凸显出两个长圆的巨石,好像开启的两扇门,从下仰视,两石浑然一体,又似大门紧闭。《方舆记》云:"形如仓廪,有二户,一开一合。"《湘中记》说:闭则岁丰,开则岁俭。故名石廪峰。朱熹赋《石廪峰》诗云:"七十二峰都插天,峰名石廪旧名传。家家有廪高如许,大好人间快活年。"峰顶有一清泉,名石雷池。峰北有一石洞,深不见底。山中有承天寺、黄龙寺、西灵观、洞门观、将军庙、神仙洞、风穴、雷池、诵经坛、望夫楼、七星潭、陈真人炼丹台等遗址或胜迹。

9. 祝融峰

坐落于南岳古镇的北面,为南岳主峰,海拔1289.8米,与天柱、紫盖、芙蓉、石廪并称为南岳五峰。故古人说:"自岳庙后,拔地而起二万丈,前后两叠,左右中三支,环抱而下者为正岳,为古今游观秩祀之地。"①传说古代祝融君在这里游息,因而得名。《南岳总胜集》云:"祝融峰者,昔炎黄之世,祝融君游息之所,因而名焉,故《广记》云,祝融栖息于衡卓者是也,融顶形似朱雀头。"《名胜》云:祝融峰乃七十二峰最高者,位值离宫(指南方),以应火德,为祝融君游息之所,故名。西有青玉坛,方五丈,道教第二十一福地。南有光天坛,第二十二福地。登上祝融峰,可谓"一览众山小",上有接天之感,下有穷景之趣。湘江宛如银链,脚下峰峦起伏,千山翠黛,万壑晴岚,大地阡陌纵横,峰上云雾弥漫,四周群峰、楼台、寺院、树木和各种景物时隐时现,人间胜景,尽收眼底。因此,祝融峰之高为"南岳四绝"之首。祝融峰上,四季有云海,秋季好观日出。当红色的火球从地平线上跃出,渐渐射出万道霞光时,山川大地金碧辉煌,更显得雄伟、秀丽。在峰顶的南面山上有观日台,系元世祖至元十三年(1276)所建,现设有气象台。冬天一派北国风光,到处是银装素裹。历代墨客骚人到此,纷纷吟诗填词,盛赞这一人间仙境。如三国时期的铁脚道人杜巽才在祝融上观日出后感叹:"云海荡吾心胸矣!"唐宋八大家的韩愈云:"万丈祝融拔地起,欲见不见轻烟里。山翁爱山不肯归,爱山醉眠山根底。""诗圣"杜甫说:"祝融五峰尊,峰峰次低昂。"朱熹的《登祝融峰》诗云:"我来万里驾长风,绝壑层云许荡胸。浊酒三杯豪气发,朗吟飞下祝融峰。"

峰上的人文景观也颇多,如祝融殿、会仙桥、洞真观遗址、上封寺、太阳泉、雷池等。祝融殿是为祭祀古代祝融君所建。隋以前就有建筑,据唐李冲昭《南岳小录》载,该建筑为司天霍王庙,后庙迁山下,为南岳大庙前身。此处原名老圣殿,亦称天尺庵,是建在祝融峰绝顶上一块巨大岩石上的一座宫殿。隋炀帝赐封上封寺后,为了纪念祝融氏和南岳开山祖师慧思,祝融峰老圣殿供奉这两位的圣像。因其地势险要,庙屡建屡毁,后废。明万历二年(1574),巡按湖广按察使李栻又在此处建开元祠,后又废。清乾隆(1736~1795)年间在其废址上重建,匾额曰"祝融殿"。1932年,何键从五台山将德高望重的宝生和尚请来南岳,任上封寺住持,此时祝融殿为上封寺的一个殿堂,并捐资重修。

祝融火神在宋代被封为南岳司天昭圣帝,民间称其为南岳圣帝。历朝历代许多帝王将相都来这里祭拜,祈求"以为社稷,而福生灵"。

---

① (明)王士性.五岳游草/广志绎[M].北京:中华书局,2006:39.

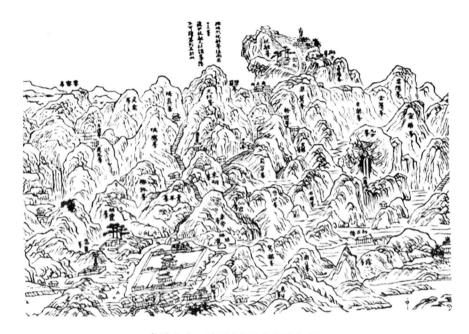

南岳七十二峰图（南岳中心区部分）

图片来自清·李元度《南岳志》卷首

10.紫盖峰

位于南岳区，在祝融峰以东，水帘洞的上方。亦称华盖峰、雁来峰、上回雁峰，海拔1 029米。《南岳总胜集》载："高五千四百余丈，有紫霞华笼之状，其形如盖，亦谓之华盖峰，又云小紫盖者，华盖峰也，诸峰并朝祝融如拱揖之状，独此峰面南，乃朱陵洞天之源向南故也。"《地舆志》曰："南方极燠暖，而此峰极高，雁望此峰积雪，难以飞逾，因此飞回，故名回雁。"宋代朱熹称为"雁来峰"，明代谌甘泉则称为"上回雁峰"，以别于南岳首峰回雁峰。祝融峰四周，群峰簇拥，都有朝觐之状，唯独紫盖峰掉头东向，故杜甫《望岳》诗云："祝融五峰尊，峰峰次低昂。紫盖独不朝，争长𡵙相望。"

《图经》说：舜帝南巡时，曾登上此峰。并在峰顶建宝露坛，将帝喾（高辛氏）时丹邱国进献的一只装满甘露的玛瑙瓮放在这里。唐代名道杜光庭在《洞天记》中说，紫盖峰，周延八十里，是道家第三十三洞天，称"紫元洞照之天"。右下方的水帘洞为"朱陵太虚小有之天"。紫盖峰是水帘洞的源头，洗心源、洞真源两条溪流从山峰的左右而下，至峰腰合为一股激流，形成水帘洞瀑布。"水帘洞之奇"为"南岳四绝"之一。清代湖南巡抚吴锦章撰《紫盖峰》诗云："紫盖郁岩峣，连山独东去。岂与祝融争,朝宗导前驱。堂堂趋洞庭,沅湘共流处。"

峰顶有洞灵岩,相传为晋代道士邓郁之修道处。峰下有五代诗人廖融故宅。宋代陈田夫筑老圃庵于峰下,隐居数十载,著有《南岳总胜集》。峰顶右侧有多处冒出地面的巨石,平整如台,俗称朝天台或讲经台。峰下,东有南岳观、九仙观,西有弥陀寺。南岳观是晋太康八年(287年)时道士徐灵期、邓郁之所建,但早已倒塌。现有新修建的朱陵宫。

11. 天柱峰

位于南岳区祝融峰之南,海拔1 061米。《南岳总胜集》云:"天柱峰高四千八十余丈,其形如双柱,两头端耸百丈九。《九域志》云:名山三百六十中有八柱,此其六也。"清李元度《南岳志》云:"两峰端耸,其形似柱,故名天柱。"下有魏夫人石坛。《潜确类书》云:西北有香冈,出香白芷。《南岳总胜集》载:晋魏夫人植香白芷于此山,若人以菖蒲制而服之,可以寿同天地。山西北有石室,相传为三国时吴国李洞叟居之。峰顶有一座八角垂檐的亭阁,全部用花岗岩石砌成,古朴,亭前后均有数十级石磴,可纵览前山风光。亭下向北面为巨大的石壁,上该"南天柱石"四字,每字直径4.8米,为国民政府时期湖南省主席何键于1936年所镌,这是南岳最大的一块石刻。其东西两侧有石阶游道,西为西岭,西北通藏经殿,东通南天门、磨镜台等景点。

12. 芙蓉峰

在祝融峰前面,左为金简峰,右与碧萝峰毗连,古称容峰,因峰上盛长木芙蓉,夏末秋初,红花满峰,故名芙蓉峰。一说峰形秀丽如"芙蓉花"而得名。海拔1 114米。《荆州记》载:"衡山有三峰极秀,芙蓉峰最为竦杰,上有泉水飞流,如一幅绢掩映青林。"峰侧为一狭长山脊,人称南天门。东面的登山公路通过南天门达祝融峰,山下有一条石板路至观景台,登上此台,前山百里风光尽收眼底。峰上有讲经台,上刻有"天下太平"四字。峰下有般若寺、常在庵,般若寺前巨石上,有清代石刻"芙蓉峰"三个字,字径0.7米,为南岳72峰中唯一的一处峰名石刻。峰下有始建于宋代的宝胜寺,"文革"中被毁。此峰有不少传说,如《南岳总胜集》载:"《帝纪》云,昔赤精子授颛顼帝《微言经》于此,今有传经坛。咸和(326~334年)中,山南见数童子与群白鹤游翔其上。"《水经注》云:"芙蓉峰最为竦杰,自远望之,苍苍隐天。"2000年10月6日,阿迪力在此无保险条件下走过了长达1 400米的高空钢丝,创吉尼斯世界纪录。

13. 云密峰

位于祝融峰以东,海拔 1 020 米,因山高云密而得名。明代以前,为南岳五峰之一。唐代道士李冲昭撰的《南岳小录》和杜甫的《望岳》诗中所说的"五峰"中,就有此峰。明嘉靖《衡州府志》云:衡山"峰之最大者五,曰祝融、紫盖、芙蓉、石廪、天柱。"五峰中以芙蓉峰取代云密峰,以后人们沿袭此说。它与紫盖峰走脉连接白云峰。峰下有隐真坪(当地人叫隐真垅),是一个开阔的山中盆地,人居密集。盆地中原有始建于唐初,历代有兴废、且规模较大的隐真寺,毁于"文革"时期红卫兵的"破四旧"运动。此外,峰上及附近还有云峰寺、石室、会仙坛、衡岳观、新安寺、九仙观等胜迹或遗址。

沿峰下隐真坪溪流上溯,有个叫明皇冲的小山村,岩洞甚多,因游人不多,旧志多不载。从明皇冲横过山头接近紫盖峰边缘的阳坡上,有一块长 10 余丈,宽七八丈的大石头,横中断裂,裂处有泉溢出。俯身于石上可听到潺潺泉水声,人称"断石源"。《南岳总胜集》和清李元度编的《南岳志》有如下相似的记载:"断石源有石高数丈,其石中断,水从断石中流出,石上刻有玉砂之水,如乳甘香,人得一啜,地久天长。"相传峰东仙灶岩、流丹岩上生珊瑚芝,阴晦之夜,灵光出现,俗称圣灯。西有桃花源,相传游僧惠光曾访此,见桃花灿烂,摘数枝而出,人皆惊奇,引友再访,了无所有。又传峰半有禹碑,《南岳总胜集》载:"峰半有禹碑……皆蝌蚪之书。"今岳麓碑为宋人何致由此拓出。

14. 石廪峰

在祝融峰前,紫盖峰与金简峰之间,海拔 904 米,《荆州记》称之为"小石廪峰"。《南岳总胜集》和清李元度的《南岳志》称之为石廪峰。据载,峰有"二石,形圆",如圆形谷仓,故名。《南岳总胜集》载:"石廪峰高四千五百余丈,《湘中记》云其峰耸峙,远望如仓廪之形,有石像立门两旁,或暴风雷雨,山下居人闻闭石门之声,传云是朱陵洞天之便门。"峰前为雷钵古岭、拖木坳山沟、弥陀峰、金刚台(洞),峰后为毗卢洞。峰上森林茂密,人烟稀少,是野猪等野生动物栖息繁衍之处。峰左有陡峻异常的一座山,俗称"猫弓岭"。唐代诗人刘长卿贬谪南方,途经衡阳时曾游南岳。旧志载其有《石廪峰》诗云:"前山带秋色,独往秋江晚。叠嶂入云多,孤峰去人远。夤缘不可到,苍翠空在眼。渡口问渔家,桃花路深浅?"

15. 翠鹭峰

在祝融峰后,海拔 1 041 米。清李元度《南岳志》云"形如鹭鸟",故名。《南岳总胜集》所列 72 峰,无翠鹫而有碧鹫。书中关于"碧鹫峰"的记载说:"唐末有王先生亦不知其所修,卜庵于峰南。因览五峰形势殊异,清烟瑞气蔽于山岩,茅卉仙葩映于溪谷。"令山童采五峰灵草于此炼丹。因此,翠鹫峰应是《南岳总胜集》中所说的碧鹫峰。

16. 喜阳峰

在祝融峰之左,海拔 1 266 米,为南岳 72 峰中的第二高峰。峰东西向阳,空旷,每天朝日初升,此峰最先得到阳光照射,故名。峰顶有望日台,是夏秋两季游人凌晨观日出的好地方。日出前,繁星点点,长、株、潭、衡四城灯光隐约可见。台壁上嵌有一块汉白玉石碑,中镂"观日出处"四个大字。峰南有一片原始次森林,树种上百种,枝干拳曲臃肿,树身青苔斑驳,其树龄高达数百或上千岁,但身高只有数尺。冬季,冰雪凝缀,柯枝下垂,犹如苍龙、白凤。峰西有隋炀帝赐号的上封寺,殿宇宏大,雕梁画栋。寺旁有老女枧,从太阳泉引水至寺厨,这条石枧长数百丈,全由手工凿成。峰上题刻遍布,现存的主要有"敲冰破冻,千古奇游""衡岳云开""望日台"等。峰上原有舍利塔,为明代李腾芳建。塔畔有禹碑亭,《湖南通志》云"亭内原藏有明万历中翻拓的禹碑七七字",现均已不存。1985 年在望日台畔曾出土禹碑残片 40 余字的蝌蚪文和碑。峰上建有气象站、电视调频台和宾馆等,其中电视转播塔高 124 米,直刺云天。但随着人们景观意识的加强,这些现代建筑都将全部拆除搬迁。峰东侧有石磴直下毗卢洞,著名的南岳云雾茶基地数十亩环山带茶园就在毗卢洞的出口处。

17. 会仙峰

在祝融峰下罗汉洞对面,海拔 1 250 米。《南岳总胜集》载:"昔薛幽栖注灵宝经……隐映见赤君乘空而过。"旧《岳志》载:"相传曾有神仙会此,故名。"此峰与祝融峰相连似断,中间用一块独石搭桥相通,传说过桥就可以会到神仙,故名会仙桥,又名试心桥。石顶上刻有"会仙桥"三字。立于桥上,云烟渺渺,下临深壑,令人心惊肉跳。过桥后有石台,道教称之为青玉坛福地,即"第二十四福地"。明代邹崇嗣的《会仙桥》诗云:"削壁千寻翠欲流,石桥弧出控金牛。月明夜静云璈响,长见飞仙此处游。"由会仙桥回头看北面石峰上有两块巨石,形状酷似乌龟。其中一龟头向下,龟身蠕动爬行;一龟身向上,昂头翘望祝融峰顶,栩栩如生,人称"神龟朝圣"。

18. 金简峰

在祝融峰前,南天门东侧。东与石囷峰毗连,西与芙蓉峰相接,海拔 1 104 米。

《吴越春秋》载:大禹治水不成,愁然沉思,东巡衡岳,夜梦见赤绣衣男子,自称元夷苍水使者,告之以金简玉书。于是登山发石,果得其书,尽知天下山川地形和治水要旨,终使百川归海,水患永除。峰以此而得名。峰下有大禹岩,传说大禹曾致斋之处。峰下的黄帝岩,又名讲经台,传说黄帝轩辕氏曾在此受《戒经》。《南岳总胜集》载:"昔黄帝受《戒经》于此,今有受经坛、黄帝岩。"岩上石刻甚多,如岩前壁刻有"黄帝岩"三个大字,又如"寿岳"二字,字径大五尺,相传为北宋皇帝宋徽宗所书。岩下有一大洞,可容数十人憩息。峰下还有龙门洞、圣灯岩、玉沙泉等胜景,游客络绎不绝。峰侧原有"飞来船",是山体风化后留下的一块裸露于地表的大石头,其形似船,故云。明末为雷震所毁,现残缺不全,石上所刻的"蓑云钓月"四字仍清晰可辨。明末清初,与王船山一同抗清的破门和尚曾居峰下石浪庵,其墓塔在峰麓。

19.碧萝峰

有的称之为碧螺峰。在南天门右侧,左接芙蓉峰,右接烟霞峰,海拔1 148米。岩石满峰,石上藤萝漫山遍布,故名碧萝峰。《南岳总胜集》载:"下瞰大明寺,当游山大路。观音岩、育王塔皆列其下,府视岳庙,极目千里。"峰下有湘南寺,位于东线登山公路旁,传说是唐代天然和尚的道场。寺畔有贯道泉、文殊洞、卓尔岩、大悲洞。

20.烟霞峰

在南天门右侧,与碧萝峰毗邻,海拔1 120米。在晴朗的天气中,峰上烟霞缭绕,故名。《湖南通志》云:"烟霞远望,浮动可爱。"仿佛耸立在南天门前的烟霞、碧萝、轸宿、祥光、芙蓉、金简诸峰中,惟烟霞峰秀挺于诸峰之上。云烟弥漫时,诸峰顿失,只有此峰峰尖在云海中浮动。当云烟消散时,此峰犹如群峰的塔尖。峰后的半山腰有懒残岩,峰前半山中有小平原近百亩,其中原有大明、衡岳、竹林、兜率等古寺和秋花亭。竹林旁亦有懒残岩,传说此处为唐代邺侯李泌听名僧懒残和尚诵经之地,并赠李泌半个煨山芋头,李泌后来做了十年宰相。岩额上嵌有"懒残岩"三字。岩周围有众多明代石刻,其中有"福""寿"两块石刻,字径大一丈。兜率寺侧有李泌隐居读书的"端居室",屋宇现已变成了稻田。峰上有懒残泉,水面不大,但流水潺潺,为半山亭一带居民饮水和灌溉水源。

21.轸宿峰

在祝融峰南,与烟霞峰相接,西南连天柱、祥光两峰,海拔1 190米。康熙《衡州府志》云："(峰)上当轸宿"，故名。古人以星宿定位，轸宿为二十八宿之一。《南岳总胜集》说："峰之北隐密处多生地不容草，采取汁，同雄黄末调服之，大解蛇伤。"若将其调成粉末，敷在被蛇咬伤的伤口上，即便最毒的蛇伤，也能痊愈。

22. 香炉峰

位于半山亭东，忠烈祠北，海拔 750 米。峰形似香炉，故名。峰是由花岗岩巨石构成，造型千奇百怪。松树从石缝中挤出来，虬枝苍劲，生命力旺盛。山脊上长有一片黑森林，是 20 世纪 40 年代从日本引进的树种，入林口竖有一块高数尺的石碑，上刻"蒋介石先生纪念林。"相连的还有一片柳杉林。两处林地约 300 亩，都是 20 世纪三四十年代营造的，是理想的风景林。峰腰有一块悬空巨石，飞架于两块竖立的大石之上，高达 7 米，人称"飞来石"。1985 年南岳管理局利用这里奇异的自然环境，依山穿洞，洞洞相通，修建一条长约 1 公里的石板游道，穿连各石洞，并在游道旁的石壁上刻有唐代以来古人吟咏南岳的诗词 40 多首，名曰"穿岩诗林。"

1996 年编撰的《南岳志》云："历来旧志及前人诗文都说：香炉峰在紫盖峰下水帘洞上。此处峰不高，山顶巨石，浑如香炉。但自 1942 年南岳忠烈祠建成后，勘测者称忠列祠坐落在香炉峰下，习而不察，遂改香炉峰于此，本志因之。"

23. 青岑峰

在南岳大庙后，海拔 340 米。峰小而锐，树木青翠，故名。《南岳总胜集》、康熙《衡州府志》、清李元度《南岳志》载：峰下有西林、东林两寺，现已废弃。民国时期，曾在此辟有"南岳实验药圃"，后更名为"药用植物园"，现已不存。

24. 驾鹤峰

在华严湖东畔，原名紫霄峰，海拔 320 米。峰上有铨德观、绍尹庵、驾鹤亭，现均不存。相传南朝道士尹真人于此驾鹤飞升，故名。旧志云：尹真人冲升之日，有白云蒙蔽山谷，三日不散。后门人在铨德观内建白云堂。由烟霞峰下泻的山溪奔流到此形成急流，汇成络丝潭，后因上游溪水被华严湖水库拦蓄，络丝潭干涸，但仍有涓涓细流。溪上有驾鹤桥，桥侧耸立垂檐飞翘的八角亭。真是小桥流水人家，碧瓦红墙，青林掩映，环境幽雅别致。清末南岳僧人寄昙有《驾鹤峰》诗云："石蹬随云转，来登驾鹤峰。峰高鹤已杳，石叠云犹重。只见峰间寺，飞来树杪钟。西风一飘忽，犹记旧时踪。"

25. 仙岩峰

坐落在紫盖峰下侧，海拔 594 米。峰下有九真洞、九真观、集仙观、丹霞庵遗址。《南岳总胜集》载:"仙岩峰下有石岩、高敞,容一二百人。昔刘根先生于此炼神朝斗修帝一之道。东有醮坛、灯具、祭炉,就石而成。又有风穴、长生池、悬泉滴沥岩间,冷冷然音韵如琴……泉下有仙泓、灵草、风洞,南有大洞,是朱陵之东门。"《湖广通志》和康熙《衡州府志》也说此洞是道家朱陵洞天之东门。集仙观、丹霞庵就建在下面。晋太康中(280~289),新野先生在此峰下寿宁观故址上建九真观。唐代曹道冲有联云:"长生门户分明启;大洞烟霞咫尺连。"

26. 朱明峰

紧连南岳大庙后面,海拔321米。《南岳总胜集》中无此峰。其峰名由传说而来。明代管大勋著文说:元朝人认为此峰有王气,将出帝王,元王朝命人于岳庙后挖一条人工溪涧,引络丝潭水流经庙后,以切断朱明峰的龙脉。但"王气""龙脉"终没斩断,后来朱明王朝取代了元朝,峰因而得名。管氏时任衡州副使,他于朱明峰麓与岳庙之间的溪涧上架了一座拱桥,命曰"接龙桥",以"填接后龙",现已桥毁涧塞。峰上还有朱明洞,燃灯寺等遗址。康熙《衡州府志》载:"昔有邝仙修真于此,一日偶游罗浮,骑牛入朱明洞,不复出。云此南岳前洞。"峰上是否有其洞,缺乏考证。

27. 赤帝峰

在岳庙后,朱明峰上方,海拔198米。传说祝融君葬峰上,祝融为赤帝,故名赤帝峰。《南岳总胜集》云:"古曰炼玉峰。上有车惠子尸解处,东有赵涧石棋盘,后有石刻诗,识字者不得见。"1996年编撰出版的《南岳志》说:有的把现在的祥光峰也称为赤帝峰。

28. 朝阳峰

宋代称之为朝日峰,清李元度在《南岳志》中亦称该峰为朝日峰,又名朝阳峰。在驾鹤峰前,海拔200米。《南岳总胜集》云:"昔殷先生诵经负暄朝日之所,因而名焉。"峰下为南岳园艺场柑橘园。

29. 掷钵峰

在天柱峰侧,福严寺后上方,海拔810米。《南岳总胜集》载:"(峰)上有定心石,下有隐身岩,虎跑、卓锡二泉,观音、马祖二庵,八功德水、三生藏、岳心亭、兜率桥皆列于前后左右,隶福严寺。传云,昔思大和尚(即慧思)掷钵,乘之赴陈主之诏,因而名之。"康熙《衡州府志》亦载:"昔(慧)思大和尚掷钵于此,赴陈主之召,因名。"另说因峰形似倒覆的钵盂而得名。整座山由花岗岩构成,上有定心石、岳心亭(早废)和"天子万年"的石刻;下有极高明台、罗汉洞、隐身岩。附近有灵芝泉、怀让墓、祖源、传法院、一生岩、三生塔、麻姑仙境、虎跑泉、卓锡泉等胜迹,还有享有"天下法院"之称的名刹福严寺(古名般若寺),为慧思和尚开辟的道场,香火旺盛。峰麓为磨镜台,森林繁茂。这些地方既是南岳自然景观和人文景观荟萃的地方,也是游人休闲避暑的胜地。清代吴锦章的《掷钵峰》诗云:"宛然紫金钵,供养天柱侧。谁置云霄间,无乃迦叶力。中有神龙藏,霖雨遍南国。"

30. 瑞应峰

在掷钵峰下,海拔 605 米。峰上有一古木,状若龟龙,人们认为祥瑞,故名。康熙《衡州府志》载:"昔有大木枝柯,臃肿窿然而起,如龟龙状。"峰下有被佛教界称为"天下法源"的南台寺,峰尖有 20 世纪 90 年代重建的慧思大师三生墓塔。慧思禅师为我国佛教天台宗二祖,南岳南台寺的创建人。其墓柱有联云:"南岳尚存知己在;天台应有故人来。"1997 年在南台寺侧兴建了一座高 48 米,九层八角金刚舍利塔,高耸于峰峦之中。

31. 云居峰

在瑞应峰下,南台寺前,海拔 500 米。峰下原有云居寺,峰以寺名,但寺早废。又有凝碧亭(早废)、金牛迹、退道坡(即百步云梯)等胜迹。康熙《衡州府志》载:"下有金牛迹、退道坡、云居寺,有唐梵经太宗御书五十卷。"但"御书五十卷"已不见了。退道坡是福严寺、南台寺过去通往山下古镇的捷径,由人工在天生岩石上开凿出一条蹬道。梯侧石崖上留有"云梯""天下名山""试看来人""直上南天"等石刻,现此路人迹稀少。

32. 紫云峰

在瑞应峰左侧,岳庙后面,海拔 350 米。峰上松木葱翠,祥烟瑞雾常绕,故名。《南岳总胜集》未列此峰。峰下昔有文定书院、甘泉精舍,现为岳云中学校址。峰麓旧有衡岳寺、长寿庵等古寺,现已不存。峰下为狭长谷地,有一溪流经古镇,与寿涧水汇合而出。

33. 集贤峰

在云居峰右侧,岳庙右后,海拔 250 米。南宋时期已有其峰名。《南岳总胜集》云:"下有南岳书院,李泌、张九龄常谈论于此,故得其名。南下有衡岳寺。"康熙《衡州府志》云:"唐贤张九龄、李泌旧游地。"峰下有集贤书院,民国时改为图书馆。峰麓有晋时魏华存结庵之处——黄庭观,观畔为 1946 年从湖南溆浦县迁来的国立师范学院(今湖南师范大学的前身)旧址。

34. 安上峰

在岳庙西,白龙潭右上,海拔768米。传说舜帝曾南巡至此,故在峰麓建有舜庙、舜洞、舜井、舜溪以表纪念。现仅有舜溪尚存,经止观桥注入湘江。这在《南岳总胜集》中有记载:"(峰)西南有止观寺、摄受寺、安乐寺、灵岩故基、赵季西书斋墨治皆在前后。有舜庙、舜溪、舜洞。昔舜因陟方九疑过此。"但前述寺庙今已不存。峰麓多巉岩,俗称"灵岩"。石上多旧刻,大多磨灭,惟"蟾石""笔墟""琴台"尚能依稀辨认。清李元度的《南岳志》说:蟾石上原刻有诗:"月宫曾折桂,遗影玉蟾边。人既收善籍,岩应系洞天。有名终不古,无物胜长年。妙得琴中趣,此声非指传。"明代李珣《安上峰》诗云:"安上峰名岂浪垂,舜皇巡狩此栖迟。龙舆从幸山川重,凤彩于今草木知。采药不关当日事,祈灵争觅旧时祠。重华去后湘君往,沅水疑山尽可悲。"

35. 永和峰

在岳庙右,海拔648米。上有永和台,故名。康熙《衡州府志》载:"四时融合如春暖,故名。"古传有寺、观二基,今已不存。

36. 云龙峰

在南岳大庙右侧,海拔813米。清李元度的《南岳志》载:"下有栖真观,为西晋青城道士王谷神、皮元曜修真之所,后唐董奉先继之。"今诵经石与石像犹存。

37. 瑰霄峰

在岳庙左侧,驾鹤峰之后,海拔771米。《南岳总胜集》载:南朝齐时张司空曾登此峰,"遥观大江之南,祥烟瑞雾缭绕,高插云汉。"故名。昔传峰西生有"长发草",细长如丝,折之燎为末,以清油涂头上,可长长发。又有"金露盘"奇草,相当灵验,很难遇见。

38. 祥光峰

古名鹤鸣峰,在南天门西,天柱峰北,海拔1145米。康熙《衡州府志》载:"即鹤鸣峰,在岳庙西北。有灵田,常有光如飞烛状。"故名。峰腹有"南岳四绝"之一——藏经殿之秀,峰麓有一片古森林叫无碍林,为明代无碍和尚所开辟。林中的连理枝、同根生等珍贵树种即产此林区。丛林中还有梳妆台、钓鱼台、美容池、允春亭、古华居等胜迹,殿后有株近500年的白玉兰。祥光秀色和幽静的环境,是南岳旅游度假休闲的理想之地。

39. 文殊峰

俗称文殊岭,在祥光峰右侧,海拔 920 米,峰名来自神话传说。《南岳总胜集》载:"昔唐宣宗太子慕道,自霍之衡,巡礼古迹道场,至峻坡西望,见金色瑞相见(现)半空,敬礼,启白云七佛祖师,后问弥勒和尚,曰文殊菩萨。因名之。"康熙《衡州府志》也有相同的记载:"昔唐宣宗太子慕道,自霍之衡至峻坡西望,见金色瑞相弥陀僧,以为文殊现。"故名。

40. 崱屴峰

与祥光峰相连,海拔 1 095 米。该峰西侧有一块峻削的石壁,光滑照人,长约 200 米,高约 100 米,形状像一把侧着的刀。明嘉靖《衡州府志》载:巨石"如刀侧在山西",故又名侧刀峰。峰下原有金莲寺,明代净上宗僧人法祥居此念佛。据传法祥化了黄豆 48 石(古容量单位,120 斤为一石),以豆为珠,念一句佛,撒一颗黄豆在地上,地上长出了豆芽菜。因此人称法祥为豆儿佛。明长沙吉王赐法祥联云:"侧刀砍就菩提树,琢杵敲成般若针。"清李元度的《南岳志》也有上述记载。于是崱屴、侧刀两峰名并传。《南岳总胜集》载:"(峰)东有石室,慧车子修行处","又有薛幽栖礼斗坛,坛周回生尺鳞草,一名玉登台。其叶层层间叠,根紫乳红,似杏叶而软,采之不见,火,忌铁器,为末,人服之不阙,忌五辛血腥之类,三年而通神,延生不老。"峰后山腰有名刹水月寺,为唐代高僧天然和尚道场。寺前有龙池,每年惊蛰前后有大量石蛙汇集于此,人称"群蛙朝圣"。寺门前有两颗古树,一为银杏,一为香榧,树龄均在千年以上。寺左有天然和尚墓塔。寺侧有泉,清凉甘甜,水源充足,下流成溪,堪称"南岳第一泉",但历代古志未载。清代吴锦章作《崱屴峰》诗云:"山形如侧刀,锋刃摩天扬。其南开莲华,华叶相扶将。方广吾未到,矫首怀朱张。"

41. 降真峰

在崱屴峰西侧,海拔 1 025 米。清李元度的《南岳志》说,此峰又名降元峰。《南岳总胜集》和康熙《衡州府志》载:《仙录》云,昔炎帝之女致斋于此,感元君降,传道后数年易形,炼骨同飞升,故名。

42. 华盖峰

位于前后山的过山通道西岭右侧,海拔 971 米。清李元度《南岳志》云:"地产灵芝,一名灵芝峰。"康熙《衡州府志》载:"(华盖峰)即灵芝峰……乃华盖君双子修真处。"但《南岳总胜集》认为华盖峰与灵芝峰是两座不同的山峰,但没有说出两峰的具体位置。《南岳总胜集》又说："隋大业（605～618）中,高僧于此修行,休粮诵咒,服黄菁,人问之,不言。后入莲花峰而隐,南有华盖峰,乃华盖君双子辨修行处。又谭峭丹成后于孙登坛尸解。山北多生长生草,收之,虽久干甚略。以汤沃之,则青翠如初生。孕妇临产,煎汤服饮之,随即便下,故又名催生草。"此峰森林蔽日,过去有华南虎出没,人迹罕至。

43. 观音峰

在华盖峰南,南与潜圣峰相连,海拔1 052米,为莲花八峰之一。峰上原有观音庵,庵前有罗汉台（台为一巨石）,又名罗汉石或讲经台。传说观音菩萨从天台去南海,途经南岳,在此讲台点拨众僧,峰因此得名。此峰进入南岳72峰年代较晚,《南岳总胜集》和嘉靖《衡州府志》所列峰名中,均无此峰。康熙《衡州府志》已有此峰名,因此,在明末清初之时,此峰才列入72峰之中。峰下有金竹坪、方广寺、石涧潭、狮子林等胜迹。

44. 潜圣峰

紧贴观音峰,俗称泉水峰,海拔1 024米。《南岳总胜集》载："昔高僧希遁游南岳,遍寻方广寺,访慧海尊者,经年,了无踪迹。忽一日见精舍,号方广寺,遇尊者,诘之来迟。一宿,送出。人屋并寺了无所有,因以名之。"康熙《衡州府志》也有同样的记载："昔高僧希遁游南岳,寻方广寺访惠海尊者,了无踪迹。一日,忽见精庐号方广。遇尊者,与语止,宿之,送出,返顾人宅,俱无。"故峰以潜圣命名。

45. 莲花峰

在潜圣峰之右,海拔1 048米。《南岳总胜集》载："下有方广寺,八山四水周回环匝。昔人题诗云:寺在莲花里,群峰附花叶。又范寅亮一联云:寺藏螺髻顶,人在藕花心。"康熙《衡州府志》载："下有方广寺,八山四水周匝环绕,宛如莲花拥出。"清李元度的《南岳志》云："峰状如莲花,其下即方广寺,寺如在莲花心。"故名。方广寺为南岳著名古刹之一,创于南朝梁天监二年（503）。传说有宋徽宗书的"天下名山"四字。宋张栻《赋莲花峰》诗云："玉井峰头十丈莲,天寒日暮更清妍。不须重咏洛神赋,便可同赓云锦篇。"明末清初著名思想家王夫之撰写的《莲峰志》,是我国最早的一部峰志。其中说："凡入莲峰,四山向拱之,天台揖之,两坳奔之,观音翼之,前旷后窈,知形之自来也。"方广寺附近有众多石刻和黑龙潭、续梦庵、灵辙源、灵源塔、芭蕉庵、车辙迹等胜迹。芭蕉庵乃宋代高僧丙宗修行之处,车辙迹为石上存有如有车轮滚过的沟痕,昔传罗汉居方广寺,鬼神之运粮在石头上留下的车辙。

46.妙高峰

在方广寺之右,与潜圣峰相邻,海拔 801 米。《南岳总胜集》、明嘉靖《衡州府志》中未列此峰,清康熙《衡州府志》和李元度的《南岳志》均列有此峰。其中李氏《南岳志》载:"中有平坦一区,传为梁惠海尊者诵经处,尊者每诵经,有五白衣长者听之,尊者询之,长者自称非人,乃龙王也。愿献寺基,一夕,拥沙为坪,遂建方广寺。"康熙《衡州府志》也有类似记载。

47.天堂峰

在莲花峰东北,与潜圣峰相连,海拔 1 041 米。《南岳总胜集》载:"(峰)东有石室、殷景童、礼斗石、定志龛,自种柴葫胜出于处,又草衣和尚曰定名,后迁妙高峰结为衣,因而呼之。"又云:"(岩内)草茎两两相缠如绦,有垂头,名曰罗汉绦。自天堂、潜圣岩窦中多生,昔传待仙尝采之以结朱汞,作丹头,因曰'仙人绦'。故《丹房录》中诗一联云:'岩前收绿索,火内伏丹砂',是也。"明嘉靖《衡州府志》也有同样的记载。

48.天台峰

在方广寺西,海拔 883 米。峰上原有天台寺,寺旁有拜经台,传说是隋代高僧智颛禅师拜习《楞严经》处。寺早废,但拜经石犹存。智颛禅师是天台宗的创始人,寺以宗名,峰以寺名。《南岳总胜集》、明嘉靖《衡州府志》未载此峰;清康熙《衡州府志》、李元度的《南岳志》均将此峰列入 72 峰之一。

49.狮子峰

位于方广寺所在山谷出口处,距寺约 5~6 公里,海拔 554 米。峰由潜圣峰发脉,几经起伏,峰形犹如一只蹲着的狮子,故名。1996 年出版的《南岳志》说:在今南岳区境内有 4 个狮子峰。除此之外,还有高台寺下的狮子岩也叫狮子峰,方广寺侧的狮形山亦俗称狮子峰,掷钵峰亦名狮子峰。此峰山体为花岗岩、砂砾岩组成。峰腰有一岩洞,名曰千蝠洞,狭长昏暗,成群蝙蝠聚集洞中,俗称蝙蝠洞。

50.九女峰

在紫盖峰下,与仙岩峰相连,海拔 580 米。峰名有两说:《南岳总胜集》载:"旧有九女庙",峰因此而得名,庙在南宋时废弃。另一说认为:峰西北有九子岩,故名。峰下有丰收水库。

51.灵药峰

位于紫盖峰左侧,海拔 553 米。《南岳总胜集》载:"(峰)东北有石室萧灵护洞。《真集》云:修丹之士,欲采灵药异草以制炼丹石者,此山中外五七里,大约十数。本皆仙品上药,他山虽旷,迥岩壑幽深,较之灵草,不及此山。昔新野先生丹材渐备,所患一、二难讨,与徐君周游三湘,因复南山此峰采药。后丹成,因而名之。"康熙《衡州府志》亦载:"昔新野先生与徐君周游三湘,入衡山采药于此。"故名。传古有石室,今已不存。

52. 巾紫峰

位于衡山县城西南,海拔 268 米。康熙《衡州府志》载:"其山无林木,多杜鹃花,状若紫巾。"故名。又云:"上有紫金台,昔大禹南巡至此,望九疑而祭舜。"过去有镇安寺、静居寺、写洪亭等,现均已不存。1987 年辟为巾紫森林公园,峰麓有观湘亭、毛泽东的堂妹毛泽建烈士墓。历代游人对此峰赋诗较多。1938 年,田汉来到南岳,登此峰,查看日军飞机轰炸衡山县城的惨状,不禁义愤填膺,作诗云:"巾紫峰前一振衣,松涛如吼白云飞。衡山万户人民在,忍见名城毁敌机。"揭露了日本侵略者的罪行。

53. 吐雾峰

在衡山县境内,俗名土木岑,与巾紫峰相连,海拔 305 米。因此峰"山雾升腾",故名。康熙《衡州府志》载:吐雾峰"云气升腾,虽晴亦雨,雾开则晴,邑人观之,以定晴雨。"昔云峰下有白龙洞,峰上有庵宇,现已不存。

54. 白马峰

位于衡山县城,俗名马鞍山,海拔 195 米。《南岳总胜集》云:"按《山海经》云,昔夏禹于此白马祭天,仰大呈啸,梦绣衣童子,自称苍水女夷使者,授金简玉文,因而名焉。"康熙《衡州府志》亦载:"《山海经》云:'昔大禹巡狩至此,杀白马祭天'。"峰因而得名。峰上有仰天台,传说是大禹祭天之处。昔传峰下有神龙庙,现已不存。

55. 耆阇峰

位于衡山县境内,海拔不足 200 米。《南岳总胜集》载:"谓山形象与天竺耆阇(印度老头,作者注)无异,故名之。"康熙《衡州府志》与李元度的《南岳志》亦云:"形似天竺耆阇。"《南岳总胜集》又载:"西北有庵岩基址尚存。旧记云:昔有善女,不知何氏? 人问之,但敛袂而悦称善,因呼善女。或曰:善女常诵《黄庭经》,自云琴碁寓乐。"其址早废。

56. 云隐峰

在耆阇峰侧,位于衡山县境内,海拔在 200 米以下。因此峰"常为云隐",故名。《南岳总胜集》称此峰为灵隐峰。说唐朝时有野人张白醪夜居岩中,有虎守岩前,无敢近者。张往来衡阳,昼卧石鼓洞,夜归岩中。清李元度的《南岳志》载:"下有伏虎岩。"

57. 碧云峰

位于衡山县境内,海拔在 200 米以下。康熙《衡州府志》载,"上有紫金台,云气如黛。"故名。旧传峰有鹤鸣台,今已不存。又白石峰西侧亦有碧云峰,海拔 1 050 米,在衡阳县境内,相传唐代懒残和尚到此采药,故又名采药峰。

58. 双石峰

位于衡山县境内,海拔在 200 米以下。峰上有一对巨石,故名。《南岳总胜集》载:"下有双峰、能仁二寺,北有瀑布、玉虹亭、楚安寺、拾惠岩。"清李元度的《南岳志》云:"又有拾穗岩。相传华林禅师拾余穗,令二虎为侍者,负之入岩。"

59. 红花峰

位于衡山县和衡阳县交界处,海拔不足 200 米。嘉靖《衡州府志》云:此峰"状如石榴",又山上盛开石榴花,故又名石榴峰。峰南有洞门观遗址、夕阳溪、夕阳岩等胜迹。

60. 永参峰

在莲花峰后,位于衡山县境内,海拔不足 200 米。《南岳总胜集》称之为"永泰峰"。又说:"古曰朝真峰,东有古观基,南有古寺基,龙洞洞上有殷先生朝斗基址,石恪隐室。"现已不存。

61. 仙顶峰

在永参峰右,位于衡山县境内,海拔在 200 米以下。《南岳总胜集》、嘉靖《衡州府志》和清李元度的《南岳志》均称之为弥陀峰,或称仙上峰。旧志云:有高僧居岩不食,念弥陀佛号,朝廷召之不去,后得道,因号弥陀。峰下有弥陀寺,峰东北有一岩室,前坪仅数步宽,为古木老藤遮蔽。又水帘洞上侧也有弥陀峰,俗名雷钵岭,为石囷峰向东的支脉。

62. 白云峰

位于衡山县境内,海拔 408 米。嘉靖《衡州府志》载,"山多白云",故名。又云:"西有白云寺,下有白云洞。"其中"白云洞为朱陵洞天之东便门",下有龙潭。传说龙潭有神龙出入,灵应有验,食荤者不敢接近。

63. 明月峰

坐落于衡山县境内,临衡阳县界,海拔不足 200 米。康熙《衡州府志》载:此峰

"四时如月明状",故名。《南岳总胜集》云:"在双石(峰)东北,有承天、楚云二寺。"但寺早废。嘉靖《衡州府志》未列此峰。

64.灵禽峰

位于衡山县境内,海拔不足200米。清李元度的《南岳志》引《潜确类书》云:峰上有朝斗坛,唐薛幽栖于此祈真,感动神人,忽有灵鸟群飞,羽毛异色,红碧相间,声如笙簧,栖于峰上,故名。峰上现无名胜。

65.凤凰峰

坐落在衡东县境内,海拔600米。《南岳总胜集》载:"昔祝融君登南岳,谒元君,感碧鸡凤凰集于此峰。"故名。嘉靖《衡州府志》云:"昔传有凤凰飞至而得名。"康熙《衡州府志》作"凤皇峰",云:"旧传说祝融君登南岳谒玄君,感碧鸡凤皇(凰)来集,记云:'上有峻坡,生梧桐,朱鸟荐瑞,故来仪焉?'马融赋云:'惟梧桐之所生兮?在衡山之峻坡。'是也。"峰西有东岳庙,20世纪70年代废。另有濂溪书院遗址。

66.彩霞峰

即应相峰,坐落于衡东县境内,海拔100米。《南岳总胜集》载:"古应相峰也。齐楮伯玉(即褚伯玉,作者注),字元璩,隐南山十余年,妙该术,解采炼吐纳,夜有神人告齐高祖曰:南岳有异人与陛下祈福,因采访,诏之,不起。后端午夜梦见炼丹,帝曰:此先伯也。先君曾诏不赴,因诏吴、会二郡以礼资遣,敕建太平观,迁瀑布山下,门人王僧镇名曰应相。"康熙《衡州府志》也载:"齐褚白玉,字元璩,隐南山十余年,采霞而食,因名。"相传南朝齐高帝敕建太平观于此峰,后废。峰附近有中华人民共和国十大元帅之一的罗荣桓故居。

67.晓霞峰

位于衡东县境内,海拔698米。清李元度的《南岳志》引《潜确类书》说:"日出衔山,丹霞掩映,故名。"旧传峰顶有海月寺,下有紫金台,现均不存。

68.碧岫峰

位于湘潭县境内。下有岫峰寺,西北有西台观基,又名太初观,但无文可据。

69.屏障峰

康熙《衡州府志》载:"屏障峰,即峡峙峰,在湘潭县界。"《南岳总胜集》和嘉靖《衡州府志》也称峡峙峰。因形如三峡,故名。峰址现不明。

70.日华峰

清李元度的《南岳志》中称之为日盖峰。在湘潭县境内,海拔327米。康熙《衡州府志》载:“在岳庙东,左瞰圣寿,右眄南台、天柱。”有十八峰,此峰竹木繁茂。

71. 灵应峰

在湘潭县境内。《南岳总胜集》载:“昔邓郁之,字元达,南阳新野人。有祛邪首或毒治病之符印,救无不愈。”康熙《衡州府志》载:“邓郁之子元达曾修真于此。”传说有炼丹石穴。

72. 岳麓峰

又名岳麓山,古曰云麓峰或灵麓峰,在长沙市河西岳麓区,海拔 301 米。《水经注》云:湘江左经麓山东,上有故城。唐代道士杜光庭在《福地记》中说:第二十四洞真墟福地,在潭州(今长沙)岳麓山。《元和郡县志》载:“麓山,衡山之足也,故以麓名。”此峰虽是南岳之足,但峰峦起伏,森林茂密,春夏苍翠若滴,秋冬层林尽染,溪水盘绕,登上峰顶,远望青山连绵,湘江如带。自古以来就是著名的风景名胜区和湖湘文化的重地。明代王守仁的《登岳麓诗》云:“客行长沙道,山川转绸缪。西探指岳麓,凌晨渡湘流。逾冈复陟险,吊古还寻幽。林壑有余采,昔贤此藏修。我心实仰止,匪独事盘游。衡云开晓星,洞野浮春洲。怀我二三友,伐木增离忧。何当此来聚,道义日相求。”峰上有云麓宫、岳麓寺、禹碑、白鹤泉、清风峡、爱晚亭等胜迹。还有黄兴、蔡锷、陈天华等近代革命英烈之墓。同时,毛泽东、蔡和森等在青少年时期常聚于此。在峰下,有世人瞩目的千年书院——岳麓书院,建筑典雅、庄重,门联书云:“惟楚有才,于斯为盛。”在岳麓山下,有中南大学、湖南大学、湖南师范大学等全国知名学府。

另外,众多的学者认为南岳山脉走向为自南向北沿湘江西岸而立,本书所列的衡东县境内的三峰在湘江以东,因而在南岳 72 峰中,将此三峰排除在外,改株洲古岳峰、湘乡褒忠山和韶山市的韶峰为南岳衡山 72 峰之列。下面将这三峰简介如下:

古岳峰 位于株洲县境内,海拔 144 米。山上是杉、松林基地。唐代建有临济寺、法眼寺,后废。

褒忠山 位于湘乡市境内,海拔 802 米。峰上拥有众多的松、杉、油茶、油桐、樟等。山麓有三国时期报恩寺遗址。

韶峰 坐落于韶山市境内,海拔 519 米。有“韶峰耸翠”“石壁流泉”“石屋清风”“胭脂古井”等天然八景。峰上有风音亭、桃花洞等名胜。

从历史上的方志来看,南岳 72 峰多以本书所述的前一说为主。

二、峰名索源

南岳 72 峰峰名的形成，是一个历史文化积淀的过程。因此，有时一峰就有几种不同的命名。概括而言，其命名方式主要有以下几种：

1. 因峰形地貌得名

如天柱峰，是形状像天柱撑起碧空；石廪峰，形如仓廪，一开一合；芙蓉峰，是取其娇姿如俏丽芙蓉；香炉峰，是指峰形似香炉；侧刀峰（即峲屶峰），系峰形如刀侧立；石榴峰，系指峰状如石榴；双石峰，其峰下有一对巨石；翠鹭峰，其峰形如鹭鸟；莲花峰，指该峰周围八峰分布如一朵绽开的青莲，如此等等。

2. 根据自然景色命名

如碧云峰，是因峰上经常升腾蓝色云气，貌似碧云；吐雾峰，是因峰上常有一缕缕雾气从山谷回升，像吐雾状；晓霞峰，是峰上清晨就有丹霞缭绕；云隐峰，是因峰上长年云雾遮蔽；云密峰，是系峰上山高云密。

3. 因名胜古迹而得名

如瑞应峰上有一古木，状如龟龙，人们认为祥瑞；弥陀峰上有弥陀寺，云居峰上有云居寺，天台峰上有天台寺，九女峰下原有九女庙，华盖峰上原有华盖院，碧岫峰下有岫峰寺等。

4. 由神话传说和历史典故命名

如雷祖峰，系传说黄帝的妻子嫘祖葬于此；祝融峰，系古代祝融君栖息之所；赤帝峰，是祝融君墓葬处；金简峰，是大禹得金简玉书之地；白马峰，是大禹杀白马祭天之处；凤凰峰，系指常有凤凰聚集峰上；朱明峰是传说山有王气，预兆"朱明"取代元王朝。

至于因历史典故而得名的也不少。如集贤峰，为唐代李泌、张九龄旧游地，后建有南岳书院，宋代鸿儒胡安国、胡宏父子，朱熹与张栻讲学于此。

5. 由佛道故事得名

如潜圣峰，是指希迁游南岳见精舍号方广的故事；掷钵峰，是慧思大和尚掷钵于此；驾鹤峰，曾是尹真人驾鹤升仙之处；妙高峰，是南朝高僧惠海诵经处；惠日峰，是隋高僧居于此，帝赐号"惠日"；观音峰，系传说观音前去南海，中途在此讲经；朝日峰，系殷先生负暄朝日之所；降真峰，是炎帝之女致斋于此，感元君降；灵禽峰，是唐时薛幽栖居于此修炼。

6. 由峰上物产命名

如白石峰因其出产白石,灵芝峰盛产灵芝草,灵药峰盛产多种珍稀药材,巾紫峰遍产紫色的杜鹃花,远看如姑娘头巾。

7. 由分野星经得名

如岣嵝峰,据《方舆胜览》云:此峰上承翼宿,铨德钩物,故名岣;下据离宫,摄统火师,故名嵝。岳麓山,《经阁》云:岳麓为南岳之足,故名。

第四节 景 观

"景观"原指地理学概念中地表的自然风景。千百年来,人们通过在自然风景区的观光、游历,依照时代的价值观、审美观、文化观对自然风景进行评判,并创造出各种各样的融自然风景和人文风景于一体的文化景物。景观是构成旅游文化的基础,主要由自然景观和人文景观构成。

所谓旅游文化,是旅游主体在审美活动中能够体察到的各种物质的(即自然景观)、精神文化现象(人文景观)的总和。

一、古代南岳旅游概况

南岳今天的旅游文化离不开我们祖先创造、遗留下来的所有文明。南岳具有四千多年的文化积淀,有着独特的文化遗存和历史传说。神农氏炎帝、祝融氏的远古文明和舜禹留下的古老足迹,说明南岳是中华文明在南方的重要发祥地之一。《一统志》载:"黄帝之妻曰雷祖,《史记》作嫘祖,西陵氏女也。从帝南巡,死于衡山,遂葬之。今嫘祖峰即其墓地,谓之先蚕冢,峰下曰西陵路。盖西陵氏始蚕,后世祀之为先蚕也。"到了秦统一中国之后,秦始皇着手建立一个统一的、强大的中央政权,疆域不断拓展,货币、文字的统一,水陆交通的开辟,促进了各民族的融合和各地区经济文化的交流。特别是公元前220年,修建了以咸阳为中心的两条驰道,一条通向山东,一条向南直通湖南,这条驰道经今天的临湘、岳阳、长沙达衡阳,再从衡阳入粤。秦时,为征伐南粤,在湘江上游修建了灵渠,沟通了漓江和湘江,把珠江水系和长江水系连接起来,这是古代南北人员往来和商品交流的重要渠道。同时驿站制度的建立,旅舍、酒肆的建立和发展,这些都为南岳旅游业的发展提供了重要的条件。

魏晋以后,南岳又是一座宗教圣山,72峰佛刹道观林立,号称"十大丛林,八百茅庵",宗教文化氛围浓烈。唐宋时期,国力强盛,佛道遍布南岳,书院的兴起和迅速发展,文人、官宦络绎不绝地来南岳旅游和讲学。加上历朝历代对南岳的重视,并涂上了神秘的色彩,这些都推动了南岳旅游文化走向繁荣。这时南岳的宗教文化、书院文化、民俗文化、祭祀文化在全国独具特色,交相辉映。历代骚人筋咏,留下了众多诗词美文、石刻,使南岳又成为南方一座少有的艺术宝库。

由此可见,中国古代崇山的传统演绎出一座座名山,名山孕育了名人,名人铸造和弘扬了名山文化,名山名人相得益彰,从而形成了源远流长、丰富多彩的南岳旅游文化。

南岳的旅游活动,始于上古唐虞氏巡狩。两汉至魏晋南北朝时期得到发展,唐宋元明清是繁荣时期。古代南岳旅游可分为五类:一是帝王巡游,如黄帝、舜在此祭天,禹治洪水来南岳;二是隋唐以后历代王朝派专使祭祀南岳。《唐书·礼仪志》载:"武德、贞观(618~649)之制……五岳、四镇、四海、四渎,年别一祭,各以五郊迎气之日祭之,……祭南岳衡山于衡州。"又"天宝五载,封中岳神为中天王,南岳神为司天王。"唐以后,历代沿袭。据粗略统计,唐代遣使祭南岳11次,宋代为15次,元代16次,明代32次,清代平均每6年派朝廷大员或地方行政长官祭祀一次;三是文人宦游。如李白、杜甫、韩愈、柳宗元、朱熹、胡安国、胡宏、胡寅、王船山、魏源等;四是僧道的云游;五是世俗旅游。这些都促成了南岳旅游的发展和众多景观的形成。据初步统计,从南北朝时期徐灵期撰写的《衡山记》开始,到清光绪(1875~1908)年间李元度编撰的《南岳志》止,历朝历代有关南岳的方志、山志、峰志及名胜记载的书籍达24种以上。

二、景区与景点简介

古人把南岳72峰视作一个旅游区,对景观的介绍采用归类法。如五潭、九溪、三十八岩等。随着现代旅游业的迅速发展,内容较古代大量丰富。改革开放以来,南岳旅游业得到迅速的发展,其景区规划、建设和管理水平在不断提高。1982年,南岳衡山被列入第一批国家级重点风景名胜区,2001年1月,南岳被授予国家"4A"级旅游区,2007年3月成为国家首批"5A"级风景名胜区,同年8月1日,南岳衡山经国务院批准列为国家级自然保护区。现主要根据行政区划、地理位置、交通等因素,将坐落于衡阳市内的南岳景区加以介绍,并将景点列出如下:

1. 南岳区——国家"5A"级风景名胜区

南岳区景区有南岳72峰中的44峰,占72名峰的61%,历代把南岳的旅游重心放在这里,是南岳衡山主要风景名胜旅游区。这个中心景区又可分为8个景区:

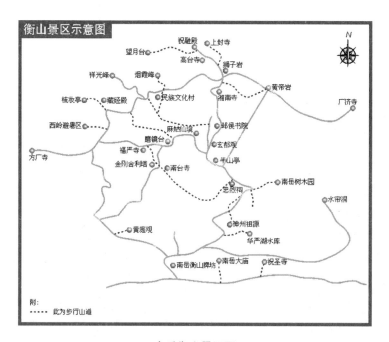

南岳衡山景区图

(1)南岳镇景区

南岳镇景区主要包括南岳大庙、祝圣寺、黄庭观等古建筑及福昌寺等景点,是一个以包括寺庙建筑在内的人文景观为主,兼有自然景观的景区。

主要景点有"南岳衡山"牌坊、集贤书院、南岳大庙、祝圣寺、大善寺、黄庭观、万寿广场、香山寺、辞圣殿、紫云书院、福昌寺、止观溪、华盖峰等。

(2)华严湖景区

华严湖景区是一个低山风景区,以自然风光为主,兼有人文景观,主要景点有络丝潭、玉板桥、忠烈祠、华严湖、穿岩诗林、延寿亭、半云庵、神州祖庙等。

(3)磨镜台景区

这是一个山中风景区,这里既有千年古刹、书院,也是避暑胜地。主要景点有穿岩诗林、香炉峰、忠烈祠、紫竹林、邺侯书院、半山亭、玄都观、灵芝泉、麻姑仙境、七祖墓、磨镜台、金刚舍利塔、蒋宋官邸、传法院、南台寺、福严寺、南天柱石、铁佛寺、寿佛殿、文殊洞、五岳殿、湘南寺、懒残岩等。

（4）祝融峰景区

祝融峰景区属高山风景区，是一个以自然景观为主的风景区，主要景点有黄帝岩、南天门、狮子岩、高台寺、罗汉洞、会仙桥、望月台、老圣帝殿、望月台、石刻群、上封寺、阿迪力钢丝、祝融峰、祝融殿等。

（5）禹王城景区

景区位于祝融峰北麓，包括龙凤潭、龙凤溪、广济寺原始次森林、广济寺、禹碑岩等景点，这是一个新开发的景区，以"禹王城"命名。

（6）藏经殿景区

藏经殿景区主要包括藏经殿、水月庵、龙池、无碍林等景点，山水之秀甲南岳。其中藏经殿景观特点是树多、花多、水多、鸟多、名胜古迹多。主要景点有藏经殿、无碍林、梳妆台、允春亭、美人池、钓鱼台、古华居、水月庵、剐刃峰、三奇树（摇钱树、连理枝、同根生）、龙池、民俗文化城等。

（7）水帘洞景区

水帘洞景区属低山风景区。水帘洞之奇，为南岳四绝之一。水帘洞瀑布源头是紫盖峰下的泉水，它由三支泉水汇集一起，流入水帘洞上方谷地，然后从石壁上飞流直下，发出雷鸣般的响声，声传十里。明代张居正游后曰："瀑景洒落，水帘数叠，挂于云际，垂如贯珠，霏如削玉。"泉水从绝壁泻下，宽达三丈，高50余米，泻珠溅玉，仿佛像一幅巨大的白布帘。主要景点有朱陵洞、石刻群、还丹赋、紫盖峰、云密峰、隐真坪、云峰寺、投龙潭等。

（8）方广寺景区

方广寺景区距南岳镇10公里，这是一派山区的自然风光，小溪清澈见底，瀑布飞流，林海茫茫，深山古寺。其中方广寺寺深、山深、林深、文化渊源深，为南岳四绝之一。主要景点有黑沙潭、狮子山原始次森林、莲花峰、石涧潭瀑布、方广溪、潜圣峰、天台峰、方广寺、二贤祠、十方紫盖禅寺等。

2. 岣嵝峰——国家森林公园（衡阳县）

岣嵝峰国家森林公园由南岳72峰之岣嵝、嫘祖、白石、会善、栖真五峰组成。总面积2 067公顷，东临湘江，南接雁城。园区有森林面积1 987公顷，原始次森林34公顷。有珍稀树种如黑壳楠、银杏、水杉、梭椤、青铜栎、白樟等，植物共300多种，众多野生珍禽出没其中，境内冬暖夏凉，年平均气温17.9度。主要景点有禹碑、禹王殿、义马祭天台、玄洞、摇钱树、禹王门、嫘祖殿遗址、禹泉、银杏王子、盆景园、回音墓、云庵寺遗址、西极庵遗址、岣嵝峰书堂遗址、龙井、笠庵遗址、陈世杰墓、半山庵遗址、南天门、彭玉麟墓、望江亭、禹居(洞)、仙人洞、神灯树、神石打伞、禹床、八仙聚会、镇龟洞、彭公亭、岣嵝岩、勾头树、铁炉墟、嫘祖墓、望日亭、歌功坛、歌功坛庵遗址、岣嵝寺遗址、妙溪飞瀑、萧觉先墓、炼丹极、北斗庵遗址、雨师岩、雷池、雷洞、老鹰岩、群龙聚会、珍珠庵遗址、酒泉、雨花亭、戴今吾墓、美女梳头、法轮寺遗址。

3. 衡阳市区

衡阳市区的南岳景区可分为三个:一是南岳首峰回雁峰,景区面积21 312平方米;二是与回雁峰相邻的岳屏山;三是位于湘江和蒸水交汇口的石鼓山(俗称石鼓嘴)。主要景点有:

(1)回雁峰

主要景点有雁峰广场、雁雕、烟雨池、雨花厅、晴江亭、松风亭、回雁亭、此君轩、王船山塑像、望岳台、雁峰寺、碑廊、观天池、听雨轩、雁廊、雁壁、《回雁峰记》碑、上达牌坊。

(2)岳屏山

主要景点有公园门、石碑坊、云水湖、九曲桥廊、湖心八角亭、人造孤岛、市动物园、凝秀园、半山亭、抗战坊、衡阳抗战纪念塔。

(3)石鼓山

主要景点有石鼓广场、石鼓书院七贤雕像(李宽、韩愈、李士真、周敦颐、朱熹、张栻、黄斡)、曲桥、禹碑亭、石鼓书院遗址碑、石鼓、双亭回廊、合江亭、武侯祠、李忠节公祠、绿净阁、朱陵后洞、沿江摩崖石刻。

4. 衡山县

主要景点有康王庙、清凉寺遗址、开云楼遗址、何状元故居、巾紫森林公园、毛泽建烈士墓、流杯池遗址(以上在县城或附近),岳北农工会会址、刘东轩烈士墓、悬钟石、撑鼓石、曾国荃墓(以上在白果镇),观湘返照(观湘洲)、曾朝节墓(贺家乡)、王朝聘墓(马迹镇)。

5. 衡东县

主要景点有罗荣桓公园(县城),锡(息)岩仙洞、罗荣桓故居(以上在荣桓乡),浴佛岩(杨林镇),灵山庙遗址(草市),清嘉庆年间状元第(珍珠乡),雷溪跷月、欧阳海烈士纪念碑(以上在新塘镇),柴山洲特别区农民协会和柴山洲特别区第一银行旧址(油麻乡),晚唐与北宋渡江铺龙窑址(大浦镇)。

第二章

"文明奥区"

南岳独特的自然风光和中国人崇敬山岳的传统,使得南岳历史文化悠远漫长,文明内容博大精深,成为南方文明的重要发祥地。从远古帝王的巡狩,历代王朝的祭祀,一代又一代文化大师的吟咏,儒释道三教共荣一山,金碧辉煌的古建筑文化,到抗战时期,南岳一度成为国民政府政治军事重镇。这些孕育出名山中的火文化、寿文化、宗教文化、建筑文化、民俗文化和抗战文化,被人们誉为"文明奥区"。最早将"文明"与"奥区"结合起来赞誉南岳的,是明代的湖广提学副使管大勋。1946年,南岳管理局局长胡荫槐在古镇南街口兴建大型石碑一座,请湖南省主席王东原题书"文明奥区"四字刻在坊上作为坊额。从此,南岳被誉为"文明奥区"。现今"文明奥区"题刻在"南岳衡山"牌坊面内一方。

第一节 火文化

一些学者认为:南岳是火文化的发祥地,是火神的栖居地和火神崇拜的目的地,其地位是铁定的、无可挑战的,其影响也是十分深远的。①

一、火在人类文明进程中的作用

使用火是人类历史发展的一个里程碑,是人与古猿的一个显著区别之一。科学证明,人类在学会用火之前,已经走过了一段漫长的路程,即大约经历了200万年的早期猿人时代。在生产工具极为落后的时期,原始人类最初采集、狩猎的食物只能生吞活剥,过着风餐露宿,茹毛饮血的生活。《礼记·礼运》云:"昔者先王

---

① 廖和平. 天下南岳[M]. 海口:海南出版社,2006:15.

未有宫室,冬则居营窟,夏则居橧巢。未有火化,食草木之实,鸟兽之肉,饮其血,茹其毛;未有麻丝,衣其羽皮。"意思是,从前先王没有宫殿和居室,冬天就居住在用土垒成的洞穴里,夏天就居住在用柴垒成的窠巢里。还没有学会用火煮食物,生吃草木的果实和鸟兽的肉,喝鸟兽的血,吞鸟兽的毛。但是,远古的人类在观察自然和现实生活中,逐渐产生了对火的认识:一是闪电雷击致火。雷击引发森林大火,烧死了来不及逃跑的动物,人们对被烧死的动物香味扑鼻感到好奇,便大胆尝试,惊喜地发现熟食鲜美可口,易咀嚼、易消化,能促进大脑和身体的发育,不易得病等好处;二是摩擦起火。在旧石器时代,人们为了制造简单的工具,石器与石器,石刃与木头相互作用,因摩擦生热而起火;三是某些堆积物的沤烂经高温发热导致自燃。人们在长期生活中,不但发现火能烧熟食物,还能吓退凶猛的野兽,具有照明、取暖等多种作用,于是人们就开始采集和保留火种。与此同时,人们也渐渐认识到火能焚毁一切。

人们开始使用火之后,可以熟食动物,化掉腥气。食物资源也日渐丰富,人类的活动空间和生存能力也大大增强,人们可以走出森林,不受气候和地域的限制,沿着河流、湖泊和海岸走到广阔的地方去谋生。从而促成了人的社会性职能分工,社会组织机能的产生(文明的原始雏形),人类的生产方式得以定型。紧接着,火神崇拜、占卜等精神文化也在烈火中诞生。

正因为火的发明和使用在人类进化史上起到了至关重要的作用,哲学大家和我国古籍对这一质变给予极高的评价。古希腊哲学家赫拉克利特提出了"火性至上"的理论,德国哲学家黑格尔在其《哲学史讲演录》中多处论及"火成论"在精神能动性活动中的作用和意义,我国古代的《书经》和《周易》中提出了火化育万物的学说。

二、南岳火文化源远流长

在文字产生以前的用火神话传说中,西方流传着火的传播者是普罗米修斯的故事。传说他窃取天火传给人间,造福人类,因而长期遭到天帝的惩罚。

我国的考古发掘证明,北京猿人已经使用了天然火,在其洞穴里堆放着很厚的灰烬,这是人类最早用火的证据。在文字产生后,我国古籍中有关用火的记载也是较多的,且大多相似。《周易》载:"泽中有火,革,君子以治历明时。"《管子·轻重》曰:"炎帝作,钻燧生火,以熟荤腥,民食之,无兹胃之病,而天下化之。"《韩非子·五蠹》说:"上古之世,人民少而禽兽多……有圣人作,钻木取火,以化腥臊;

而民悦之,使王天下,号之曰'燧人氏'。"这就是"燧人氏教民钻木取火"的故事。由于火对人类来说太重要了,所以早在原始社会,人类就崇拜火。我们的祖先还认为世界是由金、木、水、火、土五种元素构成,称之为"五行"。由五位神掌握世界的五大元素,其中火神就是祝融。掌火官成了火神,这是远古人们对为人类文明做出重大贡献且具有非凡能力的人的称谓,祝融氏就成了几千年来人们敬仰、供奉的一位人神交合的神。

　　关于祝融氏,《山海经》《史记》《南岳总胜集》、清光绪《南岳志》等史籍中都有记载。《山海经》说祝融是炎帝或黄帝的后裔,对其模样描述如下:"南方祝融,兽身人面,乘两龙。"《淮南子·氾论训》说:"炎帝作火,死而为灶(指灶神)"。《墨子·非攻上》说是上天命祝融降火于人间。《史记·楚世家》曰:"楚之先祖出自帝颛顼高阳。高阳者,黄帝之孙,昌意之子也。高阳生称,称生卷章,卷章生重黎。重黎为帝喾高辛居火正,甚有功,能光融天下,帝喾命为祝融。共工氏作乱,帝喾使重黎诛之而不尽。帝乃以庚寅日诛重黎,而以其弟吴回为重黎后,复居火正,为祝融。"裴骃在《史记集解》中说:"祝,大;融,明也。"有的说:"祝,始也。"

　　南岳至今还流传着关于祝融的故事,燧人氏教人钻木取火以后,但还不会保存火和利用火。重黎很小就跟火亲近,十几岁就成了管火的能手。火到了他手里,只要不是长途传递,就能长期保存下去。重黎还会用火煮饭烤肉,取暖照明,用火驱离野兽蚊虫。后来,重黎的父亲带领整个民族长途迁徙后,重黎又发现了石头取火的办法,被黄帝封为专门管火的火正官,并给他取名为祝融,即给人带来光明之意。那时候,南方的蚩尤侵扰中原,黄帝令祝融去讨伐蚩尤,祝融用火攻战术打败了蚩尤。后来,祝融奉命镇守南方,管理南方地区的事务。他住在衡山的最高峰上,经常巡视百姓,告诉人们取火用火,改变了当地人们的生活方式,老百姓都朝拜他,说:"你以火施化,火是赤色,我们就叫你赤帝吧!"从此,祝融就被大家尊为赤帝了。祝融去世后,他被葬在南岳赤帝峰上。他居住过的最高峰,就叫祝融峰。在祝融峰顶上,百姓们还修建了一座祝融殿,以永远纪念他的功德。

　　清李元度的《南岳志》引《六韬》《山海经》《管子》《古史》《路史》等古籍,论述祝融为黄帝六相之一,治南方,为火官。《太平广记》载:"祝融栖息于衡阜(即衡山)。"《水经注》云:"衡山南有祝融冢。楚灵王之世,山崩,毁其坟,得营邱九头图。"《南岳总胜集》曰:"昔黄帝之时,祝融君游息于此,峰因以名焉。"《路史·前纪》说:"祝融氏以火施化,被奉为火神。"又说:"为高辛氏火正,死为火官之神。"《礼记》云:"孟夏之月,其神曰祝融。"故《幼学》说:"火神曰祝融。"

从上述记载来看,尽管史籍对祝融的世系和生活时代的记录有出入,但一致公认祝融是古代的"火官",即管火的神。从方位来讲,他是管理南方之神。祝融君经常生活于南岳最高峰——祝融峰,他在这里心忧百姓,教民用火,改变了人民的生活方式,具有一种神奇的力量,是一位数千年来为人们所敬仰的神。有不少人认为:祝融就是南岳圣帝。在历史上,封建统治者为了表示对祝融的崇拜和笼络老百姓,对祝融进行多次加封。南岳圣帝是传统尊神中四方神之一,在唐以前不叫圣帝,叫"南方之神",简称"岳神"。唐初被封为霍王,唐玄宗时封圣帝为"南岳真君"。"真君"是道教中掌管神仙的神,相当于人间皇帝。唐天宝五年(746),祝融被封为"司天王";宋大中祥符四年(1011),被封为"司天昭圣帝";元朝时,又加封"大化"二字,叫作"司天大化昭圣帝"。明代改称"南方之神",清朝恢复宋朝封号,仍称"司天昭圣帝"。隋唐以后,封建统治者对南岳衡山的管理规格很高,古代帝王们亲临或委托大臣或遥祭南岳圣帝。1999年6月11日,在南岳衡山祝融峰举行了中华人民共和国成立以来首次公祭祝融氏大型祭祀活动,来自港、澳、广东、江西等全国十多个省市万余民众及信士参加了祭祀。同日还举行了祝融殿圣帝神像开光法会。

火对人类社会的发展起到了重要的作用,使人和动物在生活方式上有了本质的区别,是人类文明的一大飞跃。南岳衡山,不论是从民间传说,还是历史记载,都是中国火文化的发祥地,是中华远古文明留在南岳的一项珍贵的文化遗产。

第二节 寿文化

一、厚重的寿文化历史积淀

在古代,南岳又称为寿岳或寿山。在这里,中华寿文化的共性与南岳地方寿文化彰显的个性相互融合,形成了中华民族寿文化的一朵奇葩。所谓寿文化,是人们追求向往长生不老或延年益寿的一个美好愿望,以及为此而进行的有意识的活动记载。它实际上是一种以祈求长寿为主体,包括与长寿有关的历史典故、自然地理、人文古迹、文学艺术、衣食住行、民俗文化等在内的多元文化现象。其实,人的生老病死是不可抗拒的自然规律,但是,中国人非常忌讳不吉利的"死"字,追求长寿,甚至长生不老,于是形成了中华文化中的寿文化。

"寿"在古代写作"壽",《说文解字》云:"寿者,久也。"即长命之意。自古以来,人们把长寿作为美好的追求目标之一。在生日喜庆时,有一句吉祥的祝福语,叫作"寿比南山,福如东海"。其中"寿比南山"出自《诗经·小雅·天保》:"如月之恒,如日之升,如南山之寿,不骞不崩。"文中的"南山"引起了人们长期的争论。有的将陕西省的终南山称为南山;有人将昆仑山称为南山,传说王母娘娘在昆仑山的瑶池有一株三千年一熟的蟠桃树,人吃了长生不老;有的说是安徽的霍山等。其实,历史上"寿比南山"的概念是随着中国疆域的拓展和人类地理视野的扩大而变化的。具体来说,最初的"南山"是指今陕西的终南山。后来随着中国疆域的扩展,约到战国时期,"南山"的位置就南移到今湖南衡山,到隋唐时期,南岳、衡山和"寿岳"就融为一体了。

首先,从历史典故和天文学来看,《周礼·职方氏》曰:"南岳之镇曰衡,以其分当翼轸,光辅紫辰,上列注生之宿,下符长幼之功。"

我国古代天文学界以黄道赤道附近的二十八个星宿作为坐标,称为二十八宿。其中南方为朱雀七宿,即:井鬼柳星张翼轸。后来的阴阳家、占卜者认为,天上的星象与地上的事物一一对应,天上星象的明暗变化,预示着人间事物的变化和人们命运的吉凶。南方七宿形状像一只巨鸟,人们称为"朱雀"。其中的轸宿,对应地上的楚国、荆州。汉代的说法更具体,司马迁在《史记·天官书》中云:"轸为车,主风。其旁有一小星,曰长沙。"唐张守节的《史记正义》说:"长沙一星在轸中,主寿命。占:明,主长寿,子孙昌也。"这就是说长沙星主管人间寿命,若此星明亮,人们就会长寿,子孙也会兴旺。东汉郑玄认为:南岳衡山对应宇宙中的轸星旁边,在上天是主管生死的星宿,在人间管生长发育,像衡器一样,故称衡山。张衡在《天象赋》中也说:"长沙明而献寿。"据说长沙也因为长沙星而得名。新版《辞源》记载:南岳为"寿岳",是因为上承天象、下应地脉,聚精结气、护国佑民,延年益寿、吉祥无限。《春秋元命苞》《开元占经》《春秋感精符》《费直周易》《唐书·天文志》等许多古代典籍,都有把南岳称为"寿岳"的记载。

其次,在《周易》的64卦象中,南方为离卦。《象》曰:"离,丽也。日月丽乎天,百谷草木丽乎土,重明以丽乎正,乃化成天下。柔丽乎中正,故'亨'。"这段话的意思是:离,是附丽的意思。日月附丽于天空之中,百谷草木附丽在土地之上。上下光明又附丽于正道,所以能够教化天下,促成天下昌盛。柔顺者附丽于中正之道,因此亨通顺利。这说明,南方是阳光明媚,生机勃勃的地方,代表生命力旺盛。从地理环境上说,不管是北风转南风,冬转春,南方的山岳都是树木常青,因此南方是生命力的象征。故曰"寿比南山"。

我国古代先祖还按金、木、水、火、土五行来确定山岳的坐标与方位,它是由古代五行演化而来的代表方位及五种物化。如西岳代表"金",尚白;东岳为"木",尚青;北岳为"水",尚黑;南岳为"火",尚赤;中岳代表"土",尚黄。南岳衡山是中国南方的山镇,为赤色或红色,火德,像燃起的烈火,为生命旺盛的阳刚之气,主寿。

再次,从地理学的视角来分析,"寿比南山"的概念是随着疆域的拓展和人类地理视野的变化而变化的。众所周知,黄河流域是中华民族的发祥地,其疆域是随着各民族的融合而不断拓展形成的。

《诗经》所说的"如月之恒,如日之升,如南山之寿,不骞不崩",这里的"南山"是指陕西南部的终南山,这是相对于周代的地理疆域而言的。《诗经》都是周诗,它产生的年代,大约上起西周初年(公元前 11 世纪),下至春秋中叶(公元前 7 世纪),历时五百多年。它产生的地域,约在现在的陕西、山西、河南、河北、山东和湖北北部一带,这已经得到学术界的认同。同时,据顾颉刚、史念海考证,至春秋时期,华夏的疆域"仅限于黄河流域,今陕西、山西、河北、河南、山东等省而已"。① 也就是说,在春秋以前,今湖南衡山还不属于华夏的疆域,也就不能将文中所说的南山说成是南岳衡山了。

到了战国时期,随着各诸侯国之间不断进行激烈的兼并战争,最终形成了"战国七雄"。当时南方的楚国幅员辽阔,南抵湖南,西南至四川、贵州,西北至汉中,北达河南南部,东至东海。到这一时期,衡山属于楚国管辖之地。南岳一词也始出于春秋战国时期,《左传》昭公四年云:"四岳……九洲之险也。"这里的"四岳"是指东岳、西岳、南岳和北岳。这一时期,有关衡山的记载也出现了,如"岷山之阳,至于衡山"等。这说明在先秦时期南岳与衡山是两个不同的地名。大约于秦汉之际,衡山与南岳就联系在一起了,如《史记·封禅书》诠释《尚书》说:"南岳,衡山也。"

秦汉时期,随着国家的统一,经济文化的发展,国力的不断强大,中国的疆域进一步拓展。秦统一后,其疆域北至长城,南达两广,东到大海,西至巴、蜀。西汉时疆域继续扩大,汉代的地理中心位于关中和中原之地,南山的位置发生明显的南移。

到唐代以后,随着中国疆域的空前广大和南方经济文化的迅速发展,人们对

---

① 顾颉刚,史念海. 中国疆域沿革史[M]. 北京:商务印书馆,2004:39.

南岳的认识大大加深,众多的文人墨客来南岳寄情山水,有的甚至隐居南岳。加上从这以后,南岳的儒、释、道三教文化"共荣一山",推动了南岳多元文化走向繁荣,南岳在中国的影响力日益扩大。南山、寿岳逐渐与南岳衡山的名称融为一体了,"寿比南山"一词无可争辩地就是指南岳衡山了。唐代,人们开始把南岳衡山称为寿岳。李白在《送陈郎将归南岳》一诗中写道:"衡山苍苍入紫冥,下看南极老人星。"老人星就是长沙星。唐代诗僧齐己在诗中称衡山为寿岳时说:"壮堪扶寿岳,灵气置仙坛。"在统治者看来,南岳衡山对应长沙星,她不是一座普通的山,而是一尊神,她决定着个人和一个王朝的寿命,因此从唐朝以降,历代王朝都将她视为国家的守护神。特别是南宋首都移至杭州后,中国的经济文化重心已经完成了从北方向南方的转移,中国人心目中以南岳衡山代表南山的地理观念得到进一步明确。北宋宋徽宗赵佶于崇宁四年(1105)在南岳金简峰黄帝崖顶御笔大书"寿岳"二字,以示南岳为国家"寿岳",至今仍为南岳衡山的珍宝。从唐代到清末,历代帝王亲自驾临或遣使到南岳衡山祭祀以"祈福求寿"的就有115次之多。康熙在《重修南岳庙碑记》中写道:"南岳为天南巨镇,上应北斗玉衡亦名寿岳。主灵长于禄位,绵福祚于子孙,载在《星经》,由来已久。"雍正十年(1732),上谕第一句即"南岳为皇帝主寿之山"。对于普通老百姓而言,人们到南岳圣地顶礼膜拜,祈寿求福,但福以寿为先,逐渐形成了人们的一个民俗习惯。

最后,儒释道从不同的角度对生命的关怀,推动了南岳寿文化的发展。南岳是我国著名的宗教文化圣地,儒释道在这里共存共荣。道教在东汉末年就进入了南岳,魏晋南北朝时迅速发展。道教热衷于炼丹,追求长生不老。它以"自然"为本位,强调人顺应自然,道教肯定生命的价值,宣扬养生之道,道教称:南岳神为道教神祇,黄庭观为道教上清派的祖庭,衡山中存有"朱陵太虚小有之天""青玉坛福地""光天坛福地"等修真的洞天福地。因此这里是皈依道教、修真炼道、以求长生的理想之所。

佛教进入南岳较道家晚二百余年。佛教以"解脱"为本位,怀着对人生老病死的真诚关切来启迪求佛者。历代名僧在南岳坐禅授佛,修身养性,经世济民等思想在人们心目中产生了广泛的影响。佛教认为:南岳神也是佛教神。同时南岳第一峰——回雁峰上的雁峰寺中还出现了一尊无量寿佛,广为人们虔诚信奉。

南岳儒家文化的主要表现形式是书院文化。自唐至清,南岳书院林立,儒家肯定生命的意义和价值,主张以"仁"为本,达到修身、齐家、治国、平天下的目的。汉代鸿儒董仲舒的《春秋繁露》、班固的《汉书·王吉传》还把"寿"与"人生"结合起来阐发,认为"寿"与人生的高尚行为,远大的志向是紧密联系在一起的,这对后来儒学的"修身"产生了重要的影响。

南岳的儒释道文化虽然对人生关注的角度不同,但三家都关爱生命,不但希望人们健康长寿,而且告诫人们要修身养性,达到健康长寿的目的。因此我们可以说:南岳的宗教文化,从传统文化的心理上弘扬了南岳的寿文化。

总之,南岳衡山自宋代以后一直正式成为中国人信奉的长寿圣山——南山,这种信仰贯穿于衡山祭祀活动和文化活动的始终。

二、南岳寿文化的光大

改革开放以来,南岳遭到破坏的寿文化资源得以恢复和发掘,中断多年的寿民俗在因革中得以传承,特别是进入 21 世纪以来,南岳的寿文化以盛大的气势发展到了极致。

南岳的寿民俗文化,是以"寿岳"为背景,以祈寿、贺生为内容,以祭祀、朝寿佛、做寿酒等形式表现出来,是南岳民俗文化的一个重要组成部分。其中祭祀和朝寿佛在后面"民俗文化"一目中加以概述。

1. 做寿酒

衡岳人对年满 60 岁以上的老人庆贺生日称为做寿,所办的筵席称为做寿酒。不到 60 岁的人则称为做生,即贺生。凡逢十的生日称"大生"。做"大生"的时间,各地稍有差异,有的做进,即满九时做酒;有的逢十时做酒,叫做满。南岳风俗,一般是老年人做进,年轻人做满。对于登"花甲"的老人操办寿宴,非常隆重,亲戚、朋友、同族人都要前去祝贺,一般送寿匾、寿屏、寿联、衣料、酒等。寿匾上一般多写上诸如"寿比南山,福如东海"之类的吉祥语。主家要签收礼品或现金,先天晚上要吃"长寿面",唱戏或放电影,非常热闹,次日的中餐为正餐,称"寿酒","寿酒"要上十道菜,俗称"十只碗",叫十全十美。宴中或宴毕,主家要以送寿桃等方式来答谢来宾。饭前子女及晚辈亲属要轮流向寿星拜寿,行跪拜礼。

到了 20 世纪 90 年代末以后,人们开始将南岳的寿文化挖掘整理,推陈出新。到 21 世纪初,南岳寿文化已突破地域范围,在弘扬传统寿文化的基础上,以经济发展、社会和谐、民族团结等为主题,开展了一系列的活动,在全国产生了较大的影响。

2000 年 10 月 6 日至 10 日,中国南岳衡山首届寿文化节暨庙会在南岳举行,大会盛况空前,其间有中华万寿鼎落成和中华寿坛建成,盛会还创下了四项吉尼斯世界纪录。

2. 中华万寿大鼎

鼎,在我国古代视为举国之重器,镇国之宝物,是国家权威的象征。"鼎在国在,鼎迁国亡",就说明了鼎对一个国家政权的重要性。古代天子拥有九鼎,代表中国九州归一。2000 年 10 月,南岳区建成了有"世界第一鼎"之誉的中华万寿大鼎。它位于南岳驾鹤峰下,大鼎高 9.9 米,重 56 吨,寓意中华九九归一,56 个民族精诚团结,亲如一家,振兴中华。大鼎四面和底部刻有中国有文学记载以来古今书法家书写的不同风格的"寿"字 1 万个,代表中华民族"万寿无疆"。

3. 中华寿坛

亦称中华寿苑。位于南岳大庙后面,占地 250 亩,是全国规模最大的以寿文化为主题的大型园林式景区。"万寿广场"开阔,可容纳 2 万名观众。"祈寿坛"亦称"中华寿坛",与北京的天坛、地坛遥相呼应。"天坛"为祭拜上天、祈求上天降福之处;"地坛"为祭祀大地、祈求五谷丰登之所;"寿坛"则是祈求健康长寿之地,体现了中华传统文化中天、地、人的和谐、协调和统一。

今天,一走进南岳,人们就感觉到"寿山福荫"的气氛。南岳各景点、建筑物、道路等以"寿"字命名的随处可见。如延寿树、延寿路、延寿亭、万寿宫、寿佛殿、寿光寺、福寿庵、遵寿庵、寿涧桥、寿涧溪、灵寿木、万寿树、长寿草等等,几乎涵盖了人们生活的各个方面,是南岳寿文化在民风民俗和现实生活中的反映。

第三节　精神净土　佛道共荣

中华文化源远流长,生生不息,凭借其巨大的包容性和亲和力,对外来文化兼收并蓄,形成博大精深的中华文化,其中儒、道、佛三家成为共同支撑中华文化大厦的三大支柱。早在唐代,文人就形成了"三治"的共识,即"以佛治心,以道治身,以儒治世"。国学大师文怀沙认为国学的精髓是"正清和",即孔子尚正气,老子尚清气,释迦尚和气。儒家以"人"为本位来观照人生、社会,强调人要在现实世界中提升道德修养,形成人本主义传统;道教以"自然"观照人,力主用自然性质、原因和规律观照人生、社会和宇宙,形成自然主义传统;佛教以"解脱"为坐标来观照人生,宣扬众生要通过修持,以求从痛苦、迷惘中解脱出来,形成解脱主义传统。儒释道从不同的层面和角度来满足复杂的社会生活的文化需要,适应不同人们的精神世界。

南岳作为天下五岳之一,逶迤800里,山川秀丽,这里的深山老林,曲径通幽,河湾崖畔,晓风朝霞,夕照初月,迁客骚人,纷至沓来,其地理环境、自然景观、人文环境达到了和谐的统一,真可谓纳天地之真气,吸日月之精华。南岳是宗教场所活动的理想境地,近两千年来,南岳山川的灵秀之气,滋育了一代代的佛道精英。佛道精英在此参悟修道和治学,也为南岳悠久的历史和灿烂的文化积淀了丰厚的文化底蕴。

在南岳的第七十二峰中,岳麓山为湖南佛、道的发源地,衡阳境内的南岳诸峰成为两教的中心,继而成为江南地区佛、道的瞩目之地。被人们称为"精神之山","精神之净土"。南岳宗教主要是道教和佛教,基督教在清末才传入,影响不大。纵观南岳宗教,有以下几个特点:

一是佛道共存一山,共荣一庙,堪称世界名山一绝。道教是土生土长的宗教,佛教是舶来品,它们进入南岳的时间先后不一,特别是信仰不一样,教义不同,在唐以前不可避免地存在纷争。但随着佛教经过数百年中国化任务的完成,到隋唐时,佛教在南岳迅速发展,教派众多,寺庙林立,名僧辈出。同时,佛道两教在南岳出现和平共处的局面。

南岳佛道共存的另一个原因,是两教都共同敬奉南岳圣帝。佛教是印度传来的宗教,但为了在南岳立足,必须同南岳神搭上关系。《佛祖统记》中载有如下一个故事,说福严寺是在圣帝赐予的宗地上建成的,而岳神在山下的坐地(岳庙)乃佛教天台宗二祖慧思所选定。因此,福严寺专门设了一个殿堂供奉圣帝。佛教进驻南岳大庙,也就有了依据。

道教是多神教。其中有古代的自然神、祖先神、民间神等。唐开元(713～741)年间,南岳道士司马承祯奏曰:五岳神祠是山林之神,非上真之神,五岳皆有洞府,有上清真人降任其职,请别立斋祠之所。玄宗准奏,令五岳各立真君祠,南岳圣帝也就成了道教所供奉的神。

明末清初,佛道两教见南岳大庙香火经久旺盛,便分别在南岳大庙东西两翼之西建八佛寺,东建八道观,以借助圣帝的"神气"来兴佛道两教的香火。这就形成了今天佛道两教开门相见,香火相通的盛况。

二是南岳宗教中心突出,辐射均匀;布局合理,疏密得当;脉络清晰,层次分明。如前所述,湖南佛道两教发源地在南岳,中心也在南岳,以南岳72峰为基地,带动了湖南宗教的发展,使寺庙道观在全省范围内建立起来,有了以县城或名山为范围的建设规模;因此在县城小巷和宁静的村落也能听到钟声、磬声、木鱼声、诵经声。寺观均分布于山脉之中,其中以山川秀美、人文荟萃的地区为最盛。

三是南岳宗教历史悠久,香火旺盛,为海内外所瞩目。约在两晋时期,佛道两教先后进入南岳,至今已有1700多年的历史了。由于南岳自古就是五岳之一,是闻名世界的旅游胜地。南岳的佛、道文化与圣帝崇拜紧密结合,且以崇拜圣帝为中心,以民俗、民风和民间文化艺术为表现形式,相互促进,形成了与众不同的宗教文化特色,各地香客络绎不绝,香火持续旺盛。南岳大庙和南岳寺观每年要吸引海内外众多的人前来朝拜和参观。如2000年春节,在南岳大庙参加朝圣的香客就达20多万人,此后逐年有增无减。

一、南岳佛教与寺庙

1. 佛教概况

佛教是当今世界的三大宗教之一,产生于公元前6世纪至公元前5世纪的古代印度,创立者是悉达多·乔达摩,释迦牟尼是佛教徒对他的尊称。释迦牟尼悟道成佛后,开始修徒传法,到他死后一二百年佛教教团发生分裂,形成了以大众部和上座部为代表的众多部派,佛教史上称之为原始佛教。根据原始佛教的基本经典《阿含经》等,原始佛教的基本教义是"四谛"和"八正道""十二因缘""五蕴"以及因果报应的理论。

"四谛",即苦谛、集谛、灭谛、道谛。是原始佛教关于人生为何具有苦恼和如何摆脱苦恼的四大真理。它虽是原始佛教教义,但所有的佛教学说都是在探讨何以人生皆苦以及如何修行才能脱离苦海而进入涅槃彼岸,因此它是贯穿佛教发展始终的最基本的教义。

"八正道",即正见、正思惟、正语、正业、正命、正精进、正念、正定。是讲灭除痛苦,进入涅槃境界的方法和途径。

"十二因缘"或"十二缘生",是讲造成人生苦恼的过程和原因,按照佛教的理解把人生现象分成十二个连续的环节:无明——行——识——名色——六处——触——受——爱——取——有——生——老死。它们前后互为因果,互生互灭,是用来说明四谛中的苦谛、集谛的。

"五蕴论"是佛教把"五蕴"(色、受、想、行、识)看作是构成世界万物和众生的五种因素。认为他们在一定条件下聚合,又在一定条件下离散,因此众生的生(聚)灭(散)无常。这是原始佛教哲学理论的基础。

从公元前 4 世纪至公元前 3 世纪,佛教在古印度的发展传播中受到各地政治、经济、文化的影响,教团内部对教义和戒律在认识上产生了众多分歧,形成了许多部派。原始佛教进入部派佛教时期,这是佛教发展的重要时期,即从小乘佛教向大乘佛教的过渡时期。因为此前,佛教比较注重个人的解脱,但随着佛教教义的深化和体系化,逐渐由注重个人解脱发展为强调"普度众生"。个人解脱好像一条小船,"普度众生"犹如一条大船,因此后来的佛教称此前的佛教为"小乘佛教",称后来的佛教为"大乘佛教",并提出了"万法唯识"的理论,即虽然世间诸法都是空白无自性的,但作为诸法本原之"识"则是真实的。

印度佛教虽然典籍浩瀚,派别繁多,但大而言之,不外乎大小二乘,空有二宗。到了 12 世纪左右,由于佛教不能适应印度社会发展的需要,佛教在印度逐渐衰亡。从此,世界佛教的中心移向中国。

早在公元前 3 世纪,印度佛教已经传播到国外,成为世界性的宗教。大约在公元前 2 世纪,佛教沿着中西交通大动脉的丝绸之路传播到中国。

关于佛教传入中国内地的时间,在历史文献中代表性说法有两种:一是西汉末期哀帝元寿元年(公元前 2 年),一是东汉明帝永平(58～75)年间。现在学术界多采用第一种说法。佛教自传入中国时起,受中国社会政治、经济和思想文化的影响,就逐渐走上了中国化的道路。在魏晋南北朝时期,佛教的主要任务有两个:一是翻译经典,加速佛教在中国的传播;二是与中国当时的社会环境相适应,特别是要适应以皇帝为中心的专制主义中央集权的政治制度,这个过程也就是佛教中国化的过程。这一时期,玄学与佛学合流,形成了"六家七宗"。到隋唐时期,先后形成了天台宗、华严宗、禅宗等富有民族特色的教派,开启了高度繁荣的宗派哲学时代。尤其是禅宗,完全抛弃了印度佛教的源头而直探心海,改变了传统佛教的面貌,佛教的中国化基本完成。唐后期以后,佛教逐步与儒、道相互融摄,直至合流,形成了心性哲学,促成了宋明理学的产生和发展。佛教发展渐趋衰落,但佛教在老百姓的心里和社会生活中仍具有较大的影响力。

2. 南岳佛教源流和宗派

古代南岳佛教在全国占有重要的地位,在湖南佛教中居中心地位。佛教在西晋初年传入南岳以后,至南北朝时期得到较快的发展,其中以天台宗三祖慧思影响最大。隋唐五代时期,南岳佛教进入鼎盛时期,在中国佛教 8 大宗中,南岳拥有天台宗、禅宗、净土宗、律宗、华严宗共 5 宗,涌现了南岳怀让、石头希迁、马祖道一等著名禅师,并分灯续焰,由南岳、青原两系繁衍出"五叶七宗"。因此,南岳福严寺被称为"天下法院",南台寺称为"天下法源"。后来传入日本和朝鲜,至今传习不衰。不仅如此,南岳佛教尤其是禅宗对中国文化尤其是宋明理学产生了深刻的影响。宋元明清时期,是南岳佛教的衰落时期。民国以后,由于战争频繁,社会动荡,加之"文革"的浩劫,南岳佛教一蹶不振。中共十一届三中全会以后,南岳佛教全面恢复。由于历经坎坷和劫难,南岳佛教各宗派的特点已不明显,多数是融合兼修,其中又以禅净兼修为主。

(1)魏晋南北朝时期

魏晋南北朝时期,是佛教在南岳立足和初步发展的时期。同时,南岳也是佛教中国化取得重大成果的地区之一,并为隋唐时期南岳佛教的繁荣奠定了坚实的基础。

①"湖湘第一道场"麓山寺的创建

西晋武帝泰始四年(268),一位名叫竺法崇的佛教徒从浙江西行,经长途跋涉,一路化缘,克服千辛万苦,来到南岳之尾峰岳麓山上扎根下来。

竺法崇,浙江嵊县人,年少时出家在当地的葛砚山上。聪颖好学,专治佛教教义,著有《法华义疏》四卷,是一个著名高僧。

竺法崇来到岳麓山后,筚路蓝缕,建成了一个土墙茅屋顶的住舍,后来他虔诚地将麓山神请进门来,将住处定名为麓山寺。唐代李邕撰的《麓山寺碑》说:"麓山寺者,晋泰始四年之所立也,有若法崇禅师者,振锡江左,除洁涧阴……山祇见法眼,窦后依佛光,至请旧居,特为新寺禅师,泊翌日宏聚谋,介众表之,明诏行矣。"①因此麓山寺被称为"湖湘第一道场"。南岳乃至整个湖南佛教以麓山寺为中心,向南岳诸峰和全省辐射。东晋末年,岣嵝峰修建了云龙寺(一名灵龙寺,隋时改为法轮寺,唐末易为金轮寺),会善峰建有会善寺,另有无碍寺,以上都属南岳衡山的边缘地带。佛教进入南岳中心地带是在南北朝时期。1996年出版的《南岳志》等认为佛教进入南岳是南北朝时期,应该是指进入南岳中心地带的时间。

南北朝时期的南朝,宋、齐、梁、陈四个王朝都重视佛教,推动了江南地区佛教的迅速发展,南岳佛教出现了历史上第一个大发展时期。最早来到南岳中心地带传法设寺的僧人是惠海与海印。梁天监二年(503),浙江天台山僧人惠海来南岳。相传他先是在妙高峰讲经说法,每次开讲时都有5个白衣长者前来听经,后来这5位白衣长者便于一夕之间在莲花峰下石涧潭处拥沙为坪,推出一块地基,献给惠

---

① (清)李元度. 南岳志:卷二十三[M]. 长沙:岳麓书社,2013:767.

海做道场。梁中大通六年(534),惠海与从天台山来的弟子希遁创建了方广寺。梁天监(502~519)年间,海印来到南岳,结庵于紫云峰下,名曰善果道场(一说是善果寺,陈代改名为大明寺,隋代更名为衡岳寺),后来他在瑞应峰下修建了南台寺,今天南台寺左侧石壁上仍见"南台寺"石刻三个大字及"梁天监中沙门海印"的款署。惠海、希遁、海印是有籍可考的来南岳中心地带最早的僧人,活动的时间也较长,但因后来都没有传承的弟子,故其渊源、派系及学说均无所考。这一时期,在南岳乃至中国佛教史上具有重要影响的高僧和宗派当为慧思大师及天台宗。

②慧思与天台宗驻足南岳

慧思,生于北魏宣武帝延昌四年(515),俗姓李,豫州汝阳郡武津县(今河南上蔡县)人。少年时因宽厚仁慈而闻名,闾里人都称赞他。"尝梦梵僧劝令出俗,骇悟斯瑞,辞亲入道。"①15岁出家修道,诵《法华经》千遍,"精思苦行"。20岁时,受具足戒。此后一段时间内,仍以持诵《法华经》和实践苦行为主。这时的慧思,严守佛教戒律,注重苦行,是一位典型的北方禅僧。后来他见到慧文大师后,受到慧文禅法的影响。在慧文的开导下,慧思继续实践苦行的禅法,并开始了对"观"的重视,在经过反复证悟下终于达到了止观双修的目的。此后,他名气越来越大,僧徒也越来越多。但当时北方的其他僧徒对他这种修习法进行迫害,于是他决定率众南行。公元548年,慧思由河南兖州(今河南东北部)率众南渡"淮南山中"。慧思从20岁至38岁,一直在河南学习大乘佛法,"亲觐诸大禅师,游行诸郡"。554年,40岁的慧思再次南移,进入陈齐边境的光州大苏山。

陈光大二年(568),慧思率40余众到达南岳衡山,实现了他一生驻锡南岳的愿望。慧思"于衡山掷钵峰下创建大般若禅林。因慧思擅长于《般若经》,故以名之般若寺(今南岳福严寺)"。② 此后他在南岳讲经说法,僧徒云集。

陈太建九年(577),慧思示寂于南岳大般若禅林,建墓塔于掷钵峰前(今三生塔),人称其为"南岳尊者"。清雍正十三年(1735)赐封慧思为"圆慧妙胜禅师",并遣官致祭。

慧思来南岳后,首先在掷钵峰下建立大般若寺,后来又在祥光峰下建立小般

① 唐·道宣. 续高僧传·慧思传[A]//南岳佛教协会编. 慧思大师文集. 长沙:岳麓书社,2001:164.
② 慧思大师年谱[A]//南岳佛教协会编. 慧思大师文集. 长沙:岳麓书社,2011:344.

若寺,即今藏经殿。

慧思在南岳十年,一面融合南北佛教理论,完善了既注重义理,又注重禅法的独具特色的"定慧双开"理论。慧思这些义理和禅法思想大多被天台宗所继承,成为天台宗继往开来式的人物。慧思一生著述共有九种:《法华经安乐行义》一卷,《诸法无诤三昧法门》二卷,《立誓愿文》一卷,《大乘止观法门》二卷,《随自意三昧》一卷,《释论玄》一卷,《次第禅要》一卷,《三智观门》一卷,《出四十二字门》二卷。其中后四种今已不存。

慧思的主要思想有:

第一,教禅并重、定慧双开的佛学思想。这是慧思佛学思想的核心,也是其修行的一个显著特色,后来不仅成为天台宗的基本宗风,也对中国整个佛教产生了深远的影响。

慧思在光州和南岳弘法时期,将中观学说与《法华经》的诸法实相理论相结合,对中国传统佛学进行改造,形成了自己的思想体系,从而统一了南北佛教学风,为智顗创立天台宗奠定了"止观双修,定慧双开"的宗派学说基础。

慧思大师在方法论上提出要止观双修,由定发慧、定慧双修,这个"慧"就是达到"实相"目的的智慧。但能开发这种智慧是"定",就是法华三昧,也就是安乐行或无相行。在慧思看来,"有相行是无相形的基础,但须以无相行为根本,这样才能达到'心相寂灭'的实相之悟"。① 使禅法与智慧紧密结合,成就佛道,即实相。当然,这个"悟"是"自悟""自证"。

第二,提出了末法思想。慧思为何提出末法思想? 因为北朝时期,社会战乱不息,人们生活困苦,社会环境给人们一种困惑和痛苦感。因此一些佛教僧俗在这样的社会环境中希望能度众生,帮助人们解脱痛苦。同时,北朝先后发生两次灭佛事件,统治者在政治上灭佛行动,被当时佛教界认为是"末法"时期的来临。

佛教认为:释迦牟尼在创立佛法,佛陀涅槃后,佛法将经历正法、像法、末法三个时期,这就是"三时说"。慧思的末法思想是南北朝时期佛教"三时说"中最系统的一种,慧思先讲到佛陀生平,然后用中国古代常用的干支纪年法换算出正法、像法和末法的时间,并且有具体的起止年月日,仿佛"三时说"是真实的。但慧思的"末法"思想怀有强烈的弘法护法意识,这是促成慧思南下弘法的重要原因。

第三"性具染净说"。慧思认为一切众生在心性上都具有染净二性,如来藏是

---

① 潘桂明,吴忠伟. 中国天台宗通史(上)[M]. 南京:凤凰出版社,2008:68 - 69.

指众生都藏有本来清净的如来法身,即佛性,这就是"净性"。但同时一切众生身上也藏有现实生活中的种种烦恼,是为"染性"。如来藏若通过修行,抛弃一切红尘烦恼,就成佛了,名为"空如来藏"。若不思佛法,未抛弃世尘烦恼,叫"不空如来藏"。"性具染净说"的思想后来成为宋明理学"理一分殊"学说的思想渊源。

慧思的另一大贡献是为南岳佛道和睦相处与两教相互融摄树立了榜样,开佛道共存一山、文化多元的局面。道教进入南岳很早,到魏晋时期,南岳宫观已遍布南岳前山诸峰。此时南岳佛教寺庙小,大都结庵于偏僻的西北诸峰,由于道教排挤佛教,导致佛道不和。慧思进入南岳后,讲经论修,"故使山门告集,日积高名",影响日渐扩大,引起了南岳道士的嫉妒和排挤。九仙观道士欧阳正则与14名道士合谋,向陈国皇帝告密,诬陷慧思等北方僧徒接受北齐的招募,私藏兵器,掘破南岳的气脉。陈主敕遣使叫慧思去对质,慧思揭穿了欧阳正则等道士的阴谋,陈宣帝欲治欧阳正则等道士的罪。这时慧思心胸开阔,不计前嫌,奏劝陈宣帝免欧阳正则等人死罪,改罚道士给僧侣服役。关于这段史事,宋代志磐有详细记载:"太建元年,九仙观道士欧阳正则睹山有胜气,谋于众曰:此气主褐衣(即黄色衣裳,作者注)法王,彼盛则吾法衰矣。乃凿断岳心,钉石为巫蛊事,埋兵器于山,因诡奏曰:北僧受齐募而为之。宣帝遣使考验,初度石桥,有两虎号吼,使者惊退。次日复进,师曰:檀越前行,贫道当续至。越七日,度使者尚未至,始飞锡而住金陵,四门皆见师入。使者既至,遂同进谒。帝坐便殿,见师乘空而下,梵相异常,惊语其神,一无所问,以道士诬告罔上,令案治之,罪当弃市。师请曰:害人之命,非贫道意,乞放还山,给侍僧众,亦足小惩。帝可之,敕有司冶铁为十四券,识道士十四名,周回其上,封以敕印,令随师还山……师既复归山中,说法如故。道众以老病告,愿奉田数顷充香积,用赎老身。师曰:欲留田,当从汝愿。因名留田庄(俗呼道士赎身庄)。所赐铁券,悉收藏之。勒石记其事,名曰《陈朝皇帝赐南岳思大禅师降伏道士铁券记》。"[1]同时,慧思在南岳融合道教理论和方法,为佛教服务。如将道教仙学作为成佛的途径,并把它当作止观治病的法门之一。

从上面事实可知,慧思大师不仅佛法精湛,而且将佛家尚和气之风范发扬光大,在道士要害他性命的情况下,他能以广阔的胸怀化解矛盾,让南岳道教感恩于他,既让佛教在南岳立足壮大,而且使此后的佛道两教基本上能和睦相处。如果当年慧思没有这样的胸怀,不但道教会在南岳衰落,而且佛道两教会长期争斗下

---

[1] (宋)志磐. 慧思大师文集[M]. 长沙:岳麓书社,2011:170-171.

去,不会出现在今天南岳佛道共同繁荣的局面,就不可能有释道两教共存一山,共荣一庙的局面。

另一方面,慧思广收门徒,亲授自身创立的佛教义理和修持方法。他一生弟子众多,有成就的弟子有智颛、僧照、大善、慧成、慧耀、慧涌、慧命、智灌等人,其中最有成就的首推智颛。智颛继承了慧思的禅法,被他派往天台山开宗,名为天台宗。该宗尊印度大乘佛教奠基人龙树为初祖,慧文被尊为天台二祖,慧思为被尊为天台三祖。因此慧思就是南岳中心区佛教的开山祖师,天台宗也就成为最早进入南岳的宗派。

智颛,俗姓陈,生于538年,祖籍河南颍川(今河南许昌),后迁至荆州华容(今湖南华容县)。18岁出家,20岁受具足戒。陈天嘉元年(560)去河南光州大苏山随慧思学习,智颛勤奋修学,前后达七年之久。"陈废帝光大元年(567),慧思正式付法与智颛……自己则独自南下衡岳。同年,智颛奉师严命,与同道法喜等27人来到陈都金陵,展开弘法活动。"[①]陈太建七年(575),智颛进入天台山弘法,其间吸收慧思的佛教精髓,从而创立了中国佛教史上的第一宗——天台宗。

慧思圆寂后,智颛携弟子灌顶等多次回南岳,在大般若寺吊念慧思,与同门相聚,探讨佛法。隋开皇十七年(597),智颛圆寂后,他的另外两个弟子慧稠和大慧均驻锡南岳,继传天台宗。其中慧稠被称为南岳十八高僧之一。南岳佛教在中唐以前,是由天台宗占主导地位,至宋代,天台宗逐渐衰落。原因是内部分裂成山家、山外两派,纷争不断。南岳天台宗至清末民国时期,又呈现兴旺态势,高僧迭出。清末,天台宗又兼临济第四十代高僧默庵(1840~1897)曾主持祝圣、福严、大善等寺,他对佛学融合贯通,著述丰盛。同期及此后南岳天台名僧,先后有海岸、维持、天然、佛乘、道阶、空也、熹谷、灵涛等。智颛的弟子慧稠、大慧均居南岳,传习天台宗。

此外,慧思在南岳培养的一批弟子中,新罗大善、南奋僧照、枝江慧成、江陵慧威等都是当时名重一时的人物。慧思圆寂后,僧照、大善、慧勇等继续在南岳传法,南岳成为当时天台宗的一个重镇。

慧思,生活于乱世,希望通过佛法拯救众生,由北向南,一步一步向佛法真谛靠近,至南岳后,形成了成熟的由定向慧、定慧双开的佛教义理与修持方法。湖南佛教之兴,与天台宗关系密切,而天台宗三祖慧思,对湖南佛教的发展具有开拓性

---

① 潘桂明,吴忠伟.中国天台宗通史(上)[M].南京:凤凰出版社,2008:85.

的意义。

这一时期,回雁峰也建立了彩云寺(又名雁峰寺或寿佛殿)等。由此可见,南岳佛教在湖南佛教的中心地位已经确立。不仅寺庙日渐增多,而且佛教僧侣对教义的研究日益展开。

(2)隋唐五代时期

隋唐五代时期,南岳佛教进入鼎盛时期。隋朝统治者崇佛,朝廷甚至设僧官,隋文帝杨坚还规定分送舍利子至全国各地建塔活动。仁寿元年(601)、仁寿三年(603)、仁寿四年(604)进行三次送舍利子活动。第一次送达 33 州,衡州是其中之一,建了衡岳舍利塔;第二次有 50 州,麓山寺建舍利塔。唐朝时,除武宗李炎反佛外,其余 20 多个皇帝都提倡佛教,使佛教兴盛。唐代宗时命立大明寺于衡山,其寺规模极大。大历二年(767),衡阳节度使张昭用赤金铸成大佛像,高 49 尺,供于庙中,让人朝拜。唐文宗令天下寺院立观音像,南岳掀起立像热潮。唐敬宗赐谥南岳怀让为大慧禅师,唐代宗下诏称南岳法照为国师。正因为这样,唐朝佛教迅速兴盛,表现为:一是佛教中国化业已完成,形成了一些具有中国特色的佛教宗派,即唯识、华严、律宗、禅宗、净土、密宗,加上隋朝建立的天台、三论两宗共 8 宗;二是寺庙大量出现,僧尼人数急增;三是寺院经济空前发展。南岳佛教也体现了上述特点。

这一时期,在中国佛教 8 宗中,南岳拥有其中 5 宗。除前述的天台宗以外,还有禅宗、净土宗、律宗、华严宗等。

①禅宗 在中国佛教各大派中,禅宗是最具中国特色的一大宗派,它不像其他教派那样直接奉印度佛教经典作为立宗的教义,而是强调"不立文字"和"教外别传"。其教义人文化,核心是性净自悟,强调"直接人心,见性成佛",认为佛在每个人的心中,拉近了人与佛的距离;在信仰上,禅宗消除了在家与出家的鸿沟,淡化出世主义色彩。禅宗在修持方法上简易化,修持人不用坐禅,不必读经,也不需拜佛,只要排除妄念,一心向佛,便可成佛。此外,禅宗强调农禅并重,提倡"一日不作,一日不食",把生产与修禅结合起来,改变以前僧侣不劳作靠施舍生存的习俗,这些思想深刻而直接影响中国广大的民众,禅宗由此得到了迅速的发展,成为中国佛教史上流传时间最长、影响最深、规模最大、传播最广的一个宗派。

南岳衡山虽然不是佛教的四大名山,但南岳在中国佛教史上的地位丝毫不亚于佛教的四大名山,禅宗的"五叶七宗"不但与南岳有着密切的关系,而且是出祖师爷的地方,南岳的福严寺被称为"天下法院",南台寺被称为"天下法源"。因此南岳与禅宗渊源甚深,诚如前中国佛教协会会长、著名学者赵朴初所说:"谈中国佛教,离不开禅宗;谈禅宗,离不开南禅;谈南禅,离不开南岳。"①

中国禅宗始创于道信、弘忍的"东山法门",即在今湖北黄梅县的东山建传法道场。弘忍手下有两大弟子:神秀和惠能。神秀在北方一带传法,形成了北宗。该宗主要依靠皇室和官僚的支持来发展,唐安史之乱后,北宗失去朝廷支持,迅速走向衰落。惠能跟弘忍学法后南归,到达韶州曲江县曹溪传法,直至圆寂。以惠能为代表的南宗,由于倡导"识心见性,顿悟成佛"的思想,得到了普通百姓的支持,使南禅得到迅速发展。至此,南宗进入独盛时期,在全国得到普及,以至人们认为:"凡言禅,皆本曹溪。"

这时,惠能的弟子在南方传法,形成了南岳、青原两系。南岳系的主要人物怀让、马祖道一在南岳传法。其中怀让在南岳住了 30 余年,马祖道一师从南岳怀让,在南岳住了 10 年之后去江西传法,门徒盛众。马祖道一首座弟子怀海在洪州百丈山自建丛林,怀海门下的沩山灵祐又再传仰山慧寂,形成沩仰宗;怀海另一弟子黄檗山希运又再传临济义玄,形成了临济宗。该宗又分为两派,即黄龙山派和杨歧派。以上是南岳怀让、马祖道一的南岳一系。

青原一系,则以惠能弟子行思在青原山建寺传法为开始。行思幼年时曾居南岳,后拜惠能为师,再往江西青原山弘法。惠能圆寂时,曾令最小的弟子希迁随行思习禅。后来希迁到南岳修持近 50 年,传法收徒。其弟子惟俨传云岩昙晟,昙晟传洞山良价,良价再传曹山本寂,形成曹洞宗;希迁的另一弟子为荆州道悟禅师,道悟传龙潭崇信,崇信再传德山宣鉴,德山宣鉴再传雪峰义存。雪峰义存下又分为两支:一支是云门文偃所创的云门宗;一支为经玄沙师备、地藏桂琛、清凉文益创立的法眼宗。②

以上被称为南禅的"五叶七宗",均形成于唐末五代,从南岳衍生出来后,传遍大江南北和东亚地区,一直传灯兴旺,高僧辈出,弟子遍天下,显示南禅的兴盛,成为深深扎根于民间,对中国文化产生深远影响的教派。所以有学者说:"禅宗如一股源头活水,曾一度为中国文化带来过活泼生机,对中国文人画、山水诗、性灵文学乃至宋明理学都产生了深刻影响,把历史上的中国文化带入一个注重自然、和

---

① 圣辉.站在时代的高度研究佛教,开拓进取,与时俱进[M]//廖静仁主编.湖南宗教文化艺术四库图志·源流·历史卷.深圳:中华图书出版社,2006:36.
② 杨曾文.中国佛教基础知识:"禅宗的'五叶七宗'".北京:宗教文化出版社,2005.

谐、灵性、气韵生动的崭新意境。"①

下面重点介绍南岳怀让和石头希迁。

在马祖道一出名之前,怀让并没有多大名气,现在所传有关怀让的资料,大多是在马祖道一出名后作的。因为马祖道一拜怀让为师,后驻锡江西传禅,被称为江西禅系,通称洪州宗,马祖道一尊奉南岳怀让为该系始祖。

怀让,俗姓杜,金州人(今陕西安康人),生于唐仪凤二年(677)。据说他出生时感百气应于玄象,太史发现后报告高宗皇帝,高宗问这是什么征兆,太史说"国之法器,不染世荣",这是指一位大有影响的和尚降生了。怀让 10 岁时就喜欢佛学书籍。垂拱四年(688),15 岁的怀让于荆州玉泉寺著名律僧恒景处出家。通天元年(696),受具足戒,此后在玉泉寺学习戒律长达 13 年。后坦然禅师劝他前往嵩山拜慧安和尚为师,不久慧安和尚荐他到韶州曹溪师从惠能。惠能预言怀让门下将出一马驹子(即后来马祖道一),可以征服天下人。

怀让在六祖身边服侍了 15 年(一说 12 年)。大约在景云二年(711)前后,在惠能圆寂前夕辞别恩师,到南岳衡山般若寺(观音台,即今福严寺)传法。怀让的弟子中,《景德传灯录》载有 6 人,即常浩、智达、坦然、神照、严峻、马祖道一,其中以马祖道一影响最大。怀让唐天宝三年(745)八月十一日示寂于南岳,时年 68 岁。唐敬宗宝历(825~827)年间"敕谥大慧禅师",赐塔号为"最胜轮"。

马祖道一,俗姓马,祖是祖师之尊称。汉州什邡(今四川什邡市)人。生于 709 年,一说 707 年,卒于 788 年,一说为 786 年。"幼年在罗汉寺出家,作小沙弥,后去资州唐和尚处落发,然后再到渝州圆律师处受具,习练成仪,通晓开制。"②其间,马祖道一还在剑南各地游学。开元(713~741)中,他离开四川,至南岳衡山,师从怀让,住传法院(今福严寺)。天宝元年(742),前往福建建阳收徒传法。此后分别迁往江西临州的西里山和南康龚公山,在周边创建丛林。大历(766~779)年间,迁往洪州(今江西南昌)开元寺传法,创立洪州禅。在洪州,马祖道一名声大振,学者及官僚士大夫纷纷前来听马祖道一说法,其门下弟子众多。《祖堂集》说马祖道一有弟子 88 人,《景德传灯录》说有弟子 139 人,其中最有名的有百丈怀海,西堂智藏、南泉普愿三人。

南岳怀让的禅法思想,历史记载不多,他也没有留下什么著作,但怀让完全继

---

① 廖静仁. 湖南宗教文化艺术四库图志·源流·历史卷. 香港:中华图书出版社,2009.

② 见邱环的马祖道一禅法思想研究。

承了六祖惠能的禅法思想,提倡"心即是佛",主要是通过他教授弟子的言论和方法来领悟其禅法思想。

怀让到南岳后,开始收弟子,他在教育弟子时说:"'一切万法,皆从心生。心无所生,法无能住。若达心地,所作无碍。非遇上根,宜慎辞哉!'僧问:'如镜铸像,像成后光归何处?'师云:'如大德来出家时,相状向什么处去?'僧云:'成后为什么不鉴照?'师云:'虽然不鉴照,谩他一点不得。'"①另一个能反映怀让禅法思想的是禅宗一大著名的公案——磨砖作镜,这在《五灯会元》等典籍中均有记载。

"开元中有沙门道一,在衡岳山常习坐禅。师知是法器,往问曰:'大德坐禅图甚么?'一曰:'图作佛。'师乃取一砖,于彼庵前石上磨。一曰:'磨作甚么?'师曰:'磨作镜。'一曰:'磨砖岂得成镜邪?'师曰:'磨砖既不得成镜,坐禅岂得作佛?'一曰:'如何即是?'师曰:'如牛驾车。车不行若,打车即是,打牛即是?'一无对。师又曰:'汝学坐禅,为学坐佛?若学坐禅,禅非坐卧。若学坐佛,佛非定相。于无住法,不应取舍。汝若坐佛,即是杀佛。若执坐相,非达其理。'一闻示诲,如饮醍醐,礼拜。问曰:'如何用心,即合无相三昧?'师曰:'汝学心地法门,如下种子。我说法要,譬彼天泽,汝缘合故,当见共道。'又问:'道非色相,云何能见?'师曰:'心地法眼能见乎道,无相三昧亦复然矣。'一曰:'有成坏否?'师曰:'若以成坏聚散而见道者,非见道也。听吾偈曰:心地含诸种,遇泽悉皆萌。三昧华无相,何坏复何成!'一蒙开悟,心意超然。"②

从以上记载可以看出:怀让认为"一切万法,皆从心生。心无所生,法无能住。若达心地,所得无碍",强调"一心之法",认为道(即佛性)为绝对的永恒,主张无相、无住、无取舍,无修、无证,不可言说,无所执着的般若思想,突出"任心自行"。因为佛性是无形无象,无时间空间的,是看不见摸不着的,但它是从生来就有的清净本性,即"佛非定相,于无住法""道非色相"。所以"禅非坐卧",坐禅成不了佛。如何才能成佛呢?怀让告诉马祖道一,要学习识心见性的"心地法门"禅法,来体验它,证悟到自己本身具有的清净的佛性,这是实现自我觉悟成佛的内在因素,也是成佛的关键,怀让将这比喻为"下种"。而佛教经典和师傅的开导,只是外在的辅助因素,即"天泽"。只有将内外诸因素有机结合起来,才能"见乎道(即佛性)","无相三昧亦复然矣"。所谓"无相三昧",是讲与佛性相应的无特定程序的

①　(宋)赜藏. 古尊宿语录(卷一)[M]. 北京:中华书局,1994:2.
②　(宋)普济. 五灯会元卷三[M]. 北京:中华书局,1984:127.

"无念"禅法。①

希迁,生于武则天久视元年(700),俗姓陈,端州高要(今广东省肇庆市)人。小时候,对当地盛行迷信鬼神,大搞摆酒杀牛的祭祀活动表示不满,他常去祠堂,捣毁祭席,"夺牛而归"。12 岁时,经智常和尚的引荐见到六祖。六祖惠能圆寂时,嘱希迁去青原跟随行思。开元十六年(728),希迁在罗浮山受具足戒,然后前往青原投行思。

希迁于唐天宝元年(742)被青原行思推荐到南岳衡山南台寺修行传法。该寺东有一块大石,形状如台,于是就在这台上结一茅庵,故称石头和尚或石头希迁。希迁在这里传法,声名远播,门下弟子众多。同时在这里写下了《参同契》和《草庵歌》,阐述自己的禅法思想,成为禅宗曹洞宗理论的重要创始人之一,被称为湖南石头宗系,成为晚唐时期与马祖道一齐名的著名禅师。史载:"自江西主大寂(马祖道一的谥号,作者注),湖南主石头,往来憧憧,不见二大士为无知矣。"②

希迁在南岳生活了近 50 年,于德宗贞元六年(790)圆寂,其有名的弟子为慧朗、道悟、惟俨、天然、大颠等。唐德宗赐谥"无际大师",塔曰见相。唐宣宗大中(847~860)年间,宰相裴休为书无际禅寺与见相塔二碑。清雍正十三年(1734)加封"智海无际禅师"。

石头希迁的禅学思想比较复杂,从禅宗内部来讲,他继承了上自达摩直至六祖惠能的禅法思想,融合了华严宗的圆融思辨,甚至还吸收了道教的一些思想,形成了石头禅学说,该学说比较强调哲学思辨。所以有学者将惠能之后的马祖道一的江西禅与希迁的湖南禅比较,得出其特色。认为:"就其差异而言,则更多表现于两家的禅悟教授方法上,即江西洪州禅是凌厉的,而湖南的青原行思、石头希迁以下的禅法则以绵密为特点。前者棒喝踢打,使学者猛得警醒;后者重视语言文字,重视悟解,有循循善诱之风。前者具有鲜明顿悟色彩,后者融合顿渐法门,并多借华严学说,以至不惜依傍玄学和道家的说法。务要阐明心性的圆满自足,并沟通由一心而彻透的理事关系。"③

第一,即心即佛,直接人心。希迁认为,人人与生俱来都具有佛性,无论是圣

---

① 杨曾文. 唐五代禅宗史[M]. 北京:中国社会科学出版社,1995:197.

② (宋)赞宁. 宋高僧传卷九[M]. 北京:中华书局,1987:209.

③ 宋立道. 石头希迁与曹洞禅[M]. 长沙:岳麓书社,1997:42.

人、凡人都是一样拥有,即心即佛,这种佛性是超越于一切妄想,即"体离断常,性非垢净"。但由于因为我们妄想太多,不能体达清静的本心,常常心外求法,所以难得解脱,这就告诫人们不能心外求法。这就是"心佛一源"的说法。

第二,自超自证,不须外求。石头希迁从人人皆有佛性的观点出发,依禅宗惠能提出的修行者应自修自悟的思想,强调自超自悟自证。修行者一定要对自己有信心,着眼于自修自悟,做到无事于心,无心于事,心不附物,就能破除一切妄想和执着,达到自超自证,功德圆满的结果。

希迁在南岳时,还作了《参同契》与《草庵歌》,这两篇文章系石头希迁在南台寺所作,两文篇幅都不长。《参同契》文字深奥,讲述理事圆融、物我一体的禅法哲理。《参同契》体现了石头宗的禅法思想,认为"心"是宇宙万物的本源,"心"造万物。在此基础上着重论述"理""事"关系,"理"是共性,"事"是个性,"理"与"事"既有区别,但又互相联系,其目的就是要把这种理论贯彻到参禅的实践中去。另外,《参同契》在语言运用上也很有特色,语带禅味,具有耐人寻味的哲理。即对于禅法不做正面回答,而是"绕路说禅"。既体现了禅宗重内证自悟的"不立文字"的特点,又体现了禅宗在实践中运用玄言、公案等语言文字来参究禅理的"不离文字"精神。

《草庵歌》作于唐天宝(742~756)初年,共八段排句,文字简明,形象生动,读起来有韵味,寓意深刻,主要是反映希迁的修禅生活和精神境界。如远离尘世,但又不离世间之精神。《草庵歌》说:"住庵人,镇常在,不属中间与内外。世人住处我不住,世人爱处我不爱。"希迁把草庵视为法体,体现了希迁佛法智慧的深切证悟。歌中说:"庵虽小,含法界,方丈老人相体解。"同时,反映了希迁修禅生活和生死观。希迁认为人的肉体是要死的,但灵魂是不灭的。《草庵歌》说:"百年抛却任纵横,摆手便行且无罪""欲识庵中不死人,岂离而今遮皮袋"。

有学者认为,希迁写《参同契》是悟道,是石头禅系的理论基石,写《草庵歌》以明志。

综上所述,石头希迁大师的禅法要点是即心即佛,心是宇宙万物的本源,理事、物我是圆融一体的。他所著的《参同契》《草庵歌》在中国禅学史和中国文化史上都占有崇高的地位。"历史地说,惠能之后,南禅蓬勃发展,蔚为洪州、石头两大系,下开五家七宗,弘传至今,播及全球;而石头希迁所开创的禅风,实为曹洞、玄门、法眼三宗奠定了理论基础,对中国禅学、乃至整个中国哲学的发展都有所建树,功不可没。"①

②净土宗　净土宗的开山祖为东晋庐山慧远和隋朝善导,以观佛、念佛为主要法门。大约在唐开元(713～741)末年,净土宗三祖承远开始来南岳传法。

承远(712～802),即弥陀和尚,俗姓谢,汉州绵竹(今四川德阳市)人。承远少年出家后,先后在成都唐禅师、资州诜公学习禅学。唐开元二十三年(735),承远到荆州玉泉寺真禅师处修禅,并受其师指点,来南岳居天柱峰下。后又到广州,从慈愍(684～743)念佛,从此归入净土宗。唐天宝(742～755)初年,承远返南岳结庵,居紫霄峰(又名驾鹤峰),开堂说法,为净土宗来南岳第一人。

承远在南岳传道60余年,专心于净土宗,过着十分清苦的生活。清李元度在《南岳志》中引唐柳宗元的《南岳弥陀和尚碑》说:"在代宗时,有僧法照,为国师……公始居山西南岩石之下,人遗之食则食,不遗则食土泥,茹草木,其取衣类是。""人皆负布帛,斩木石,委之岩户,不拒不营。祠宇既具,以洎于德宗,申诏褒立,是为弥陀寺。"弥陀寺即今南岳祝圣寺。

宋代方广寺僧洪觉范在《弥陀和尚赞》中将承远的生活和专修做了更简明的论述:"与之食则食,与之衣则衣。无衣衣木叶,无食食土泥。为人汲樵牧,仅存骨与皮。其道不可致,天子南向师。"②承远被尊为莲宗七祖中的第三祖,柳宗元、吕温为其作塔、碑铭。

承远弟子众多,在1 000人以上,最著名的当属日晤(741～804)、法照(?～821)。其中法照于唐大历十四年(779),奉唐代宗诏入长安,被尊为国师。在宫廷大内期间,他极力向皇上推崇其师承远的德行,于是代宗降旨,赐承远所建的弥陀台为"般舟道场"。唐德宗时,法照又请于朝,赐"弥陀寺"额。后来承远和法照分别被净土宗门徒尊为三祖和四祖。五代以后,禅宗、天台、律宗多兼弘净土。由元至明清,提倡禅净双修。

③律宗　律宗兴起于唐初南山道宣,故又名南山宗。律宗在传播过程中分为三派,即道宣的南山宗、怀素的东塔宗和法砺相部宗。后来后二宗日渐衰落,南山宗继续盛行,衡岳律宗即属南山宗。

律宗在衡岳的影响力仅次于禅宗,曾一度成为全国律学的中心。唐刘禹锡在《唐故衡岳律大师湘潭唐兴寺俨公碑》中说:"佛法在九州间,随其方而化,中夏之

---

① 萧萐父．石头希迁与曹洞禅[M]．长沙:岳麓书社,1997:36.

② (清)李元度．南岳志[M]．长沙:岳麓书社,2013:499.

人,旧于荣利,破荣莫若妙觉,故言禅寂者宗嵩山。北方之人,锐以武力,摄武莫若示现,故言神通者宗清凉山。南方之人剽而轻,制轻莫若威仪,故言律藏者宗衡山。"①

律宗在南岳的第一人为惠开(733～797),潭州人(今湖南长沙人)。他于天宝十一年(752)出家,从师研习戒律、经典。肃宗乾元元年(758),诏令衡山立毗尼藏,选讲律僧7人,惠开获首选,即来南岳。代宗广德二年(764),他主持修建的大明寺竣工,人称大明和尚。随后主持戒事22年,受戒者达2万余人。连当朝宰相齐映,也在其门下修持。但柳宗元认为,律宗最早来南岳的并非惠开,而是津大师。他说:"佛法至于衡山,及津大师始修起律教,由其坛场而出者,为得正法。"②津大师生平不详,不知何时来南岳。其弟子法证(724～801),俗姓郭,出家后居南岳云密峰下的云峰寺,任专戒师50年,传收弟子3 000多名,度僧众5万余人。唐肃宗乾元元年(758),下诏求五岳中大德长老,南岳云峰大师法证居首。唐柳宗元为其作《南岳云峰寺和尚碑》,又为作塔铭。

津公的另一高徒为日晤,在南岳建"般舟台",主持法坛共37年,每年传戒一次,每次度僧千人。津公之后律宗的代表人物为希操。

希操,生卒年不详,大致与惠开同时。住衡山中院,人称中院大律师。希操掌律度众26会,他纠正了南方女尼的传统错误戒法,并将此法推行于世。此外希操还推动了南岳古刹的修复。

柳宗元为希操作了《衡山中院大律师塔铭》,其中说:"凡去儒为释者三十一祀,掌律度众者二十六会。南尼戒法,坏而复正,由公而大兴。衡岳佛寺,毁而再成,由公而丕变。故当世之士若李中丞泌,道未尝屈,睹公而稽首,尊之不名。"③这说明希操在南岳传律弘法的盛大影响力。

总之,衡山戒坛是当时全国律宗传法弟子最多的戒坛,可以说南岳成了唐代律宗的传教中心。唐以后,宗脉传承不明,日趋衰落。

④华严宗　此宗奉《华严经》为立宗经典。《华严经》是佛教重要经典之一,初译于东晋,再译于唐。中国佛教的所有宗派教义都或多或少地涉及《华严经》,其中又以禅宗对华严宗教理的吸收与运用最具特色。但最终以此经建立华严宗

---

① 邱环. 马祖道一禅法思想研究[D]. 杭州师范大学硕士论文,2012.

② 萧平汉. 唐代衡山佛教[J]. 衡阳师专学报,1996(4).

③ (清)李元度. 南岳志[M]. 长沙:岳麓书社,2013:503.

的则是在唐朝武则天时期。

来衡岳地区首先修持华严宗的是惟劲。惟劲,生卒年不详,福建福州人。原为禅宗青原下六世僧。唐昭宗光化(898～901)中来南岳,住三生藏(今福严寺)。藏内有一镜灯,是华严宗第三祖贤首大师法藏所制造。惟劲大师见后,顿时领悟了广大法界之中的诸法重重无尽之缘起,诸佛接连传递之像。因而他感慨道:"先达圣人,具此不思议智慧方便,非小智之所能!"①忽然有悟,改习华严宗。于是撰写《五字颂》五章,阅读的人便由此领悟理事圆融的道理。后居南岳弥陀寺,继续研习华严宗。

惟劲禅师在五代后梁开平(907～911)年间撰写了《续宝林传》四卷,记载自唐贞元(785～805)年间之后禅门嗣续的源流。又撰写了七言《觉地颂》,另撰写了《南岳高僧传》。都体现了他对华严宗教理的领悟,尤其是理事相融和对法藏性起学说的发挥。

时楚王马殷割据湖南,马殷非常推崇他,特奏赐紫衣,号宝闻大师。后圆寂于南岳,无传承人。

惟劲原本属禅宗,后改修华严宗后,十分重视华严宗的教义,其著《五字颂》和《觉地颂》,他用早期禅法的证悟来体会《华严经》的经典,并将《法严经》的重要教理用简化的禅语导出,使得禅僧能更好地吸收华严宗的义理。

综上所述,隋唐五代时期,是中国佛教的鼎盛时期,其流派众多,义理深厚,高僧辈出。

(3)宋元明清时期

宋王朝建立后,南岳佛教,尤其是禅宗得到进一步发展。宋朝的大多数皇帝是信教的,不过是有的崇佛抑道,有的则是崇道抑佛。宋朝时大量翻译和雕刻佛经,放宽出家限制,且出家者可享受免除赋税和徭役的特殊待遇。寺院有所增加,众多寺院拥有田园山林。但在理学兴起后,宋代佛教在义理上较隋唐五代时期大为逊色,名僧也不多。这时,南岳有胜业禅寺、衡岳禅寺、福严寺等15座寺院在太宗太平兴国(976～984)年间被皇帝重新赐额。南台寺有太宗、真宗、仁宗三个皇帝命人专为该寺抄写的经卷共计100余卷。至南宋时期,南岳共有佛寺50多所,虽较唐时减少,但仍具有相当的规模。宋时,在南岳活动的佛教宗派,除了天台宗法忠在徽宗宣和(1119～1125)年间应给事北冯之请住持胜业寺(今祝圣寺)外,其

① (宋)赞宁.宋高僧传(卷十七)[M].北京:中华书局,1987:431.

余都为禅宗派弟子。但这一时期,南岳佛教出现了一个在中国文化史上具有开创性的僧人——仲仁。

北宋时期,衡州府花光寺住持仲仁成为我国水墨画梅的开创者,对我国的绘画艺术影响深远。

关于仲仁的生平,相关正史、禅宗灯语和高僧传均无立传记录。我们主要是通过一些相关的旁证材料来进行考证的,得出的只是仲仁大致的生平。

仲仁,字超然,会稽(今浙江绍兴)人,大约生于北宋仁宗皇佑五年(1053),约于神宗熙宁五年(1072)离开故乡云游,于熙宁六、七年(1073~1074)间,"渡淮涉湘",来到湖南衡山,在马祖庵修持 20 年。大约元佑八年(1093)或次年即绍兴元年入住衡州(今衡阳市)花光寺,为长老,人称花长老,花光仁老或仁老。宣和四年(1022 年)谋归故乡绍兴未成,于次年二月卒于花光寺。

在衡山马祖庵时,仲仁默默无闻。到衡阳花光寺后,因在我国始创水墨画梅而闻名。仲仁在衡阳花光寺期间,与当时被贬谪到两广和湖南郴州的苏轼、黄庭坚、秦观等北宋著名词人有过密切的交往,并互赠作品。如仲仁收藏有苏轼所画的老木,黄庭坚为之题字,黄庭坚的《山谷别集》卷六《书赠花光仁老》两封信,为秦观所作。黄庭坚于崇宁三年(1104)二月过衡州,与仲仁相识,仲仁为之"作梅数枝,及画烟外远山"。[1] 仲仁以画与北宋文化名流苏轼、黄庭坚、秦观等人的广泛交往,互相借鉴。同时苏轼等人给仲仁绘画的品题、作诗文赞誉,扩大了仲仁绘画的影响力,使仲仁首创的水墨画梅走出了寺庙,在当时产生广泛的影响,进而促进了中国水墨画梅的发展。

仲仁虽首创了中国水墨画梅,但其作品早已失传。只能从当时仲仁赠给宋代文化名人的题咏中探讨其作品的大致数量和绘画特点、成就。当时两宋作家给仲仁画题咏或诗文记载的共得画 107 例,除去其中重复记载和题咏的 16 幅,约为91 幅。[2]

仲仁作水墨画梅,不是画整棵树,大多是画三两横枝,这种画法后来成为水墨画梅取景作画的基本模式。在关键的梅花花朵的画法上,"传统画梅勾勒填粉,仲仁改以淡墨点瓣,后世称为墨晕法或墨渍法。这是一种破弃常识、'颠倒黑白'的

---

① 程杰. 墨梅始祖花光仲仁生平事迹考[J]. 南京师大学报(社会科学学报),2005(1):156
  –159.

② 程杰. 论花光仲仁的绘画成就[J]. 南京艺术学院学报,2005(1):14.

大胆创意"。其具体画法是:"首先是以浓淡不一的墨色大块刷染背景,继而以浓墨皴染出树干枝条,再稀疏地点缀姿态各异的花朵。""从大的方面讲,仲仁的画法以墨色晕染为主,不仅背景的淡墨渲染,同时枝干、花瓣、小的花蕾大都以水墨点皴而成,因而总体上有一种烟色弥漫、形象朦胧的视觉效果。"①著名词人元好问在《墨梅》中是这样评价仲仁的墨梅的:"花光笔底春风老,寂寞岭南烟雨痕。"

仲仁住持是中国历史上第一个以水墨画梅著称的画家。在其辞世后的半个多世纪里,他的水墨梅画的画法画风成为时尚。在仲仁水墨画梅的推动下,南宋时期水墨梅画艺术得到迅猛发展。由此可见墨梅始祖仲仁对中国绘画艺术的突出贡献。

元朝时,南岳佛教开始进入低谷,这是第一次衰落时期。元朝统治者推崇藏传佛教(喇嘛教),将其定为国教。同时将管理佛教的机构变来变去,抑制了其他宗教的发展。南岳佛教衰落的情况究竟如何,由于缺乏资料,不得而知。

明朝建立后,统治者对佛、道两教加以利用,佛、道教在全国又开始恢复。明代由礼部对佛教事务进行管理,并在中央、府、州、县设立专门机构,湖南各地都设了僧道衙门。各地大张旗鼓地维修、重建或新建寺院,当时衡山县兴建了护国寺、慈贤寺。永乐十八年(1402),皇帝诏南北两京各刻大藏经一部,前者称《南藏》,后者称为《北藏》,南岳的花药寺、方广寺被各赐一部。当时南岳影响较大的是净土宗和禅宗的临济、曹洞两宗,而主要以净土宗弟子活动最多,其他各宗派则继续处于衰落状态。这时南岳佛教主要代表人物有无碍,弘治(1488~1505)年间僧人。他从河南信阳来到南岳时,南台寺已废弃,只好住在天柱峰下一个小岩洞内,历经7年,终于将南台寺修建好。此外还有楚石、法祥(又名"豆儿佛")、无碍融等。

至清初时,统治者对佛教是比较重视的,特别是雍正,自称"圆明居士""破尘居士",并亲自编纂《拣魔辨异录》《御选语录》,宣扬净土宗义理,强调不论宗派异同都应该念佛,对近世佛学产生了较大的影响。但鸦片战争以后,由于西方入侵,救亡和启蒙成了近代中国人民的主要任务,战乱不断,南岳佛教又跌入新一轮低谷。但这一时期,许多僧人仍在困境中传扬佛教。清代南岳佛教中,禅宗与净土宗并驾齐驱,到清末,天台宗又重新活跃起来。但由于战争不息,南岳不少寺庙毁于战火。因此,整个清代,僧人多方化缘,以修复寺院为己任,使得寺庙数量与前

---

① 程杰. 论花光仲仁的绘画成就[J]. 南京艺术学院学报,2005(1):16.

代相当。据清道光《衡山县志》及光绪《衡山县志》载:乾隆二十七年(1762)时,南岳有寺院164所,比明弘治六年(1493)时增加108所;道光元年(1821)有寺院136所,光绪六年(1880)为165所。但明清时期,名僧越来越少。

(4)民国以来

民国时期,国民政府对佛教较为重视。曾先后担任过湖南省省长、省参议会议长兼南岳建设委员会主任的赵恒惕,以及担任过湖南省主席兼任南岳垦植委员会主任的何键,都崇尚佛教,并给予南岳佛教界相当多的支持。蒋介石也几次到过南岳,不仅祭祀过南岳圣帝,而且还参观过一些著名寺院。这一时期,国内各佛教团体和佛学研究机构的相继出现,各派之间相互学习更加活跃,因此在南岳的僧尼多是诸宗并修。其中著名僧人有佛乘、道阶、空也(曾任南岳佛学研究社社长)、灵涛、熹谷、素禅、巨赞、宝生等。整个民国时期,南岳佛寺虽兴废不断,但总数仍维持在百所左右。据1949年底统计,南岳有大小寺庵124所,登记在册的僧人412名,其中人数最多的祝圣寺有105人,南台、大善、福严、上封诸寺都在45人以上。纵观整个民国时期,国家战乱不息,政局动荡不安,南岳宗教同全国一样在继续衰落。

中华人民共和国成立后,佛教历经"文革"的劫难,寺庙被毁,僧尼被强迫还俗,到1969年,南岳已无一僧一尼。中共十一届三中全会后,落实宗教政策,南岳佛教走上复兴之路。至2003年末,南岳区共有僧尼242人,其中僧144人,尼48人。

3. 寺庙简介

佛教寺院是佛教徒供奉佛像的场所,是僧尼生活、修行和举行各种法事活动的地方,也是信徒进香朝拜、参与宗教活动的中心。因此,它是佛教的象征和表现形式,同时,寺院的兴衰也是佛教盛衰的缩影。

汉地佛教寺院在建筑上依据佛教特点,并在吸收各地方建筑风格的基础上形成的。在佛教刚传入的汉代,寺院主要是按当时官署布局建造,其格局在总体上与中国传统的院落建筑形式相似。至唐以前,主要表现形式是石窟寺和塔庙两种。北魏至唐代,开凿了大批石窟,如龙门石窟、云冈石窟、敦煌千佛洞等,并在石窟旁建立寺院。到唐会昌五年(845),唐武宗灭佛,佛教受到重创,北方的石窟寺建筑迅速衰落,逐渐转入四川地区。但在中国,占主要地位的佛教建筑不是石窟寺而是大量的佛教寺庙。唐以前是塔庙,也称浮图寺,它以塔(又称"塔波",意谓"坟")为中心,周围辅以殿堂、僧舍。塔中供奉舍利(出家人的遗体)或佛像等,是寺院的中心建筑。唐以前,其数量和影响力均逊于石窟寺。

唐代之后,人们开始建佛殿供奉佛像,佛塔多建于寺前、寺后或另建塔院,形成了以大雄宝殿为中心的佛寺结构。寺院坐北朝南,主要殿堂依次分布在中轴线上,层次分明,布局严谨,但并没有打破中国古代院落式建筑格局。相反,中国传统的殿堂建筑始终是佛寺殿堂的表现形式。宋代,禅宗兴盛,禅宗寺院大量涌现,形成了"伽蓝七堂"制度。这"七堂"是佛殿、法堂、僧堂、库房、山门、西净(厕所)、浴室。规模较大的寺院还有讲堂、禅堂、经堂、塔、钟鼓楼等。

明代以后,这种建筑格局已成定式,佛寺建筑模式也基本一致,即一般是把主要建筑物布置于南北中轴线上,附属设施置于东西两侧,由南向北依次分布着山门殿(又称三门殿。寺院大门,一般开三个门,象征佛教"三解脱门",即空门、无相门、无愿门)、天王殿(也称弥勒殿,殿中供奉弥勒佛像等)、大雄宝殿(又称正殿、大殿,是寺内的主体建筑。大殿正中供奉佛教至高无上的释迦牟尼佛像,有供奉一尊、三尊、五尊三种形式)、法堂(也称讲堂,是宣讲佛法皈戒集会的地方。堂中设法座,供名僧宣讲佛法)、藏经楼(又称藏经阁,是佛寺中珍藏佛像经籍之所)、毗卢阁(又称"藏经阁""万佛楼"或"经堂"。寺院收藏经书之处。一般位于正殿之后)和观音殿。大雄宝殿东西两侧的配殿为钟楼与鼓楼,伽蓝殿(又称"土地堂",一般位于正殿东侧。殿中奉波斯匿王等)与祖师殿、观音殿与药师殿相对应。大的寺院还有五百罗汉堂、佛塔等建筑群。中轴线东侧分布僧房、职事堂(库房)、香积厨(厨房)、斋堂、茶堂(接待室)等,为僧人生活区。西侧主要是云会堂,接待云游四海僧人而得名,实际上是接待区。现在寺院对外开放后,生活区一般后移,或在寺院后侧重建。

南岳气势恢宏,风骨雍雅,是湖湘大地宗教文化的发祥地。在近两千年历史发展的长河中,这里庙宇林立,香火不辍。概括而言,南岳寺庙具有下述突出特点:

第一,数量多。"自古名山僧占多",在历史上,南岳曾有"十大丛林,八百茅庵"之说,可谓寺庙众多。唐朝时,境内有大小寺院300多所,到清光绪六年(1880),仍有165处。所谓的"十大丛林",指的是南岳方广寺、云峰寺、弥陀寺、祝圣寺、福严寺、南台寺、上封寺、大善寺、清凉寺、能仁寺。其中云峰寺、弥陀寺、清凉寺、能仁寺早已废弃。可以说,南岳无峰不寺。到共和国成立前夕,仅南岳中心地带仍有大小寺庵124所。

第二,规模大,不少寺庙建筑堪称中国古代佛寺建筑的典范。南岳寺庙建筑十分讲究,均按照伽蓝制度设计,仿皇宫宫殿而建,红墙黄瓦,飞檐翘角,雕梁画栋。现存南岳佛教的几大丛林,建筑特色十分鲜明,在中国佛寺建筑中占有重要地位,如祝圣寺由六进四横六个院落组成,规模宏大,殿宇齐备,构成一座庄严、雄伟的古寺群体;福严寺建筑在掷钵峰麓的斜坡上,整个寺院,依山而建,逐进递高,共五进,主殿雄伟,犹如一座山中城堡,如此等等。这些寺院不仅占地广,建筑面积大,而且造型各异,自成特色。在选址上,一般选取山谷幽深、风景优美的地方,如南岳四绝中,就有"藏经殿之秀""方广寺之深"。

第三,历史悠久,影响巨大。南岳是中国古代佛教活动的重要场所之一,有许多古寺是建于两晋南北朝至隋唐时期,距今已有一千多年历史。在历史上,不少高僧被皇帝赐封为"国师"等,不少寺庙是皇帝赐名、赐额。这里还有宗派的祖庭和某些宗派的活动中心,如南禅、唐时律宗等。现存的祝圣寺、南台寺、福严寺、上封寺、大善寺、方广寺等六大丛林和麓山、雁峰两座巨刹,为江南佛刹名珠。

南岳衡山现存大型佛寺有 10 多处,一般寺庙有几十处,历代废弃的寺院不计其数,现择其要简介如下:

麓山寺　又名岳麓寺、慧光寺、鹿苑、万寿寺。位于长沙市西郊,南岳第 72 峰上,前与湘江相依。麓山寺创建于西晋武帝泰始四年(268),是湖南第一所佛教寺庙,创建人为浙江高僧竺法崇,被称为"湖湘第一道场"或"湖湘第一寺"。因此,寺门上有一幅"汉魏最初名胜,湖湘第一道场"的对联。

南北朝时期,其寺庙建筑更加完备。隋文帝开皇九年(589),天台宗高僧智颛在该寺讲《妙法莲华经》,阐述"三帝圆融"教义。仁寿二年(602)隋文帝诏在麓山寺赐建舍利塔一座。唐时,著名僧人昙捷、权武、智谦、摩诃衍等来寺游化讲经;杜甫、韩愈、李邕、沈传师、唐扶、刘长卿、宋之问等众多文学家、书法家和诗人游览麓山寺,留下了千古传诵的佳作。如杜甫称麓山寺为"寺门高开洞庭野,殿脚插入赤砂湖"。唐武帝会昌五年(845)灭佛时,该寺殿堂全被毁,两年后又逐渐恢复。元明时期,麓山寺两废两兴,明神宗万历(1573～1620)年间赐名为"万寿寺"。清朝时,在智檀、文惺等法师的主持下,对麓山寺进行了几次大规模的修建,前殿、大雄宝殿、法堂、方丈室都焕然一新。诗僧辈出,著述丰盛,被称为中兴时期。

民国初年,改名为"古麓山寺",一些法师出访日本。抗战时期,麓山寺大部分毁于日军炮火。1953 年 9 月,长沙市人民政府把该寺交给佛教团体管理,"文革"中停止宗教活动,改为公园。1983 年,麓山寺被国务院确定为汉族地区佛教全国重点寺院。1985 年,僧人进驻寺内,恢复中断近 20 年之久的佛事活动。其保存下来的珍贵文物为《麓山寺碑》,由唐代书法家李邕所撰写,并书碑记。

祝圣寺 坐落于南岳山脚下,南岳镇东街。寺前临南岳闹市,后枕驾鹤峰,寺周石墙围绕,古树苍虬,寺内秀木奇花繁茂,殿堂金碧辉煌,是南岳最大的一座佛教丛林,也是南岳佛教的活动中心。

祝圣寺历史悠久,据宋代陈田夫所撰《南岳总胜集》载:上古君王大禹曾在这里修建清冷宫,奉安虞舜之像,故又称圣容寺。唐朝时,净土宗高僧承远(712~802)于唐玄宗天宝(742~756)初年在这里结茅为庵,取名为弥陀台。后承远被净土宗尊为第三代祖师,其弟子法照被唐代宗奉为国师,朝廷又赐承远所居的弥陀台为"般舟道场"。承远的另一弟子日晤,在南岳登坛传戒37年,每年度僧千人,居般若台,专修念佛三昧,被称为"般若和尚"。柳宗元撰有《弥陀和尚碑》《般舟和尚第二碑》,吕温撰有《南岳大师远公碑》等。

唐德宗贞元(785~805)间,复赐名弥陀寺。在承远及弟子们的努力下,弥陀寺自兴建后就成为天下名寺。唐会昌五年(845),唐武宗灭佛,弥陀寺被毁。五代十国时,楚王马殷加以修复,改名报国寺。宋太宗赵匡义于太平兴国(976~984)年间下诏,祝圣寺更名为胜业寺,并赐给经书120卷。宋徽宗笃信道教,曾一度下令佛道合流,改佛寺为道观,祝圣寺更名为道教宫观,名"神霄宫"。不久又还原为佛教圣地,复名胜业寺。宋孝宗乾道三年(1167),朱熹、张栻游祝融峰时,曾寄居该寺。元明两朝中,胜业寺历经多次维修。

清康熙四十四年(1705),湖南巡抚赵申乔听说康熙要南巡,便大兴土木,将该寺扩建成一座规模宏大的行宫,因康熙南巡未果,逐更寺名为祝圣寺。民国初年,僧人空也法师在该寺举办了"天台宗学校"。1929年,湖南名僧灵涛(1898~1950年)法师又在这里开办了"南岳佛教讲习所"。抗战爆发后,南岳僧道在祝圣寺成立了"南岳佛道救难协会"。祝圣寺部分被国民政府军事单位借用。1944年6月,南岳沦陷,祝圣寺部分遭到破坏。

中华人民共和国建立后,祝圣寺成为南岳佛教的活动中心,1983年被国务院列为全国汉传佛教重点寺院。从1982~1999年,该寺几乎年年都在维修和改建,寺院现由六进四横六个院落组成。祝圣寺最有特色的建筑和雕塑是罗汉堂的罗汉像,这是清光绪(1875~1908)年间,经过三载艰苦的艺术创造,在青石上雕刻而成,所刻罗汉神态动作各异,生动传神,栩栩如生。

上封寺 坐落于南岳祝融峰上。上封寺在东汉时期是道教宫观,称"光天道观"。隋朝初年定为第22福地。后隋炀帝南巡至此,下旨改观为寺,赐名上封寺,至今已有 1400 年的历史。另一种说法是据《南岳总胜集》载:陈光大二年(568),天台宗三祖慧思率弟子约 40 人来南岳传法,建大般若寺于掷钵峰下,又在祥光峰上建小般若寺,因须上下两处修持传法,便在祝融峰光天坛附近建了一个小阁楼。隋炀帝尊崇慧思的弟子智颛、智瑾(两人均为国师),为了纪念慧思,便就原阁楼改建为寺,并以高僧惠日为第一任住持。

五代时期,著名诗僧齐已在该寺闭关一个时期。宋代重新赐额,仍名上封寺。北宋末年,著名僧人佛心、善果,先后主持该寺,殿宇规模逐渐扩大,香火也日趋旺盛。大约明嘉靖(1522～1566)中,又新建天王殿。清初战乱,上封寺"败屋数椽,僧徒寥落,有不能终日之势"。康熙十二年(1673),湖南巡抚周召南邀请高僧异目来作方丈,大修寺舍,建成一座四进两廊的大佛寺。同治(1862～1874)年间,曾国藩之弟曾国荃捐资白银二万余两,重修该寺,寺宇一新。到民国初年,因高山风烈冰冻多,寺渐颓,加上 1927 年该寺方丈素禅被地方当局以"勾结赤化,破坏佛教"为由捕杀,寺产被夺,僧人失散。1932 年,湖南省政府主席何键聘请高僧宝生来寺作住持,清理寺产,整修寺庙,寺貌全新。

1950 年 4 月,因该寺寺僧诱杀来寺要求减租的两位农民,群众火烧了这座千年古刹。1983 年国务院确定该寺为全国汉传佛教重点寺院之一。至 1987 年,政府重建上封寺,1992 年竣工。

福严寺 六朝古刹福严寺坐落于南岳掷钵峰,磨镜台右侧下一公里许。这里松杉茂盛,修竹掩映,幽深秀丽,收览南岳胜景。

寺最初名大般若禅林,系天台宗三祖慧思于陈光大二年(568)来南岳后所建。唐玄宗先天二年(713),南禅派门人怀让(后世尊为禅宗七祖)来南岳,从麻姑桥下观音寺移住般若寺,开辟禅宗道场。怀让在这里住了 30 年,弘扬禅法,成为中国禅宗史上著名的道场。因此今天福严寺的山门上题有"天下法院"的横额,两边有"六朝古刹""七祖道场"的竖联。

宋时,寺中有位叫福严的僧人增修寺庙,并栽杉树 10 万株,福严寺因此得名。宋太宗赵匡义御赐"福严禅寺"匾额,福严寺之名便沿袭至今。大约在明代中叶,寺宇又渐颓废,田地陆续并入南台寺,从此衰败了百余年。直到明崇祯十年(1637),才有住持谋求振兴。据清雍正十三年(1735 年)统计:该寺有田产 226 余亩。

乾隆三年(1738 年),该寺又进行一次大的整修。同治九年(1870),高僧海岸主持福严,他劝募四方,奏准朝廷,重建庙宇,追回寺产,寺院重振雄风。时任兵部尚书的彭玉麟特地为该寺书写了"敕建福严寺"横匾一块。民国年间,宝生和尚又对该寺进行全面维修,其规模超过清代。"文革"时期,福严寺遭到大破坏。1983年该寺被国务院定为全国汉传佛教重点寺院之一。1985年之后,福严寺陆续修复。

福严寺右侧有一棵古银杏树,据《南岳总胜集》载,此树为慧思手植,有1 400多年的历史。这棵树树围有1.5丈,枝繁叶茂,成为福严寺一景。福严寺东,还有著名的"磨境台景观",相传这里是怀让磨境传法的地方。寺的前后,有许多高大石刻,著名的有唐代宰相李泌的"极高明"石刻。

南台寺 南台寺位于掷钵峰下的慧思三生塔南边,距福严寺约两华里。南朝梁天监(502～519)年间,由高僧海印创建。初名南寺,后又更名南台寺。

唐玄宗天宝二年(743),禅宗高僧希迁从江西吉州(今江西吉安)青原山来到南岳,居南台寺,希迁在此大力弘传禅宗,南台寺因此不断扩建。寺之东面有大石,形如平台,希迁每日在大石台上坐禅,故人称"石头和尚"。希迁弟子众多,形成了禅宗曹洞宗、云门、法眼诸宗,故南台寺被称为"天下法源"。宋末,南台寺因兵燹而废圮。至明孝宗弘宗(1488～1505)间,无碍和尚来南岳,在南台寺遗址结茅而居,后在此建佛堂,垦山造田。至清乾隆时,寺宇年久失修,寺产分割。

现存的南台寺是清光绪(1875～1908)年间由淡云和尚在南台寺旧址上修建的,历时五年。寺庙分四进两厢,大小房舍100余间,规模超过前代,建筑雄伟、壮观。光绪二十八年(1902),当工程完工之时,日本僧人梅晓率团来到南台寺,他自称是希迁第42代法孙,朝觐祖塔,联结宗源,他看到寺庙正在重建,许诺赠送藏经全部。光绪三十三年(1907),他果然赠经5 700余卷。淡云和尚为此举办了7天隆重的法会(佛事活动。佛教为说法、供佛、施僧等而举行的仪式、集会)。梅晓归国后,淡云请翰林院检讨、侍讲王闿运撰写了《日本僧赠南台寺藏经记》,以记其事,清末军机大臣瞿鸿(1850～1918)为之书石,藏于寺中,这是中日文化交流史上一件大事。民国时期,寺庙进行多次修缮。

"文革"中,该寺遭到极大破坏,号称中国佛经四大珍品之一的"南台藏经"全部被毁。1983年该寺被国务院确定为全国汉传佛教的重点寺院。今日的南台寺周围绿树环抱,翠黛含烟,清泉如漱,千年古刹修复一新,殿堂整洁,佛像庄重,寺侧有金刚舍利塔。

方广寺 坐落在南岳莲花山上。寺如座莲花蕊中,环境幽雅。该寺最早由何人所建,有两种说法:一种是《一统志》《莲峰志》和清光绪《南岳志》的说法,认为是慧海所创;另一说法是据《南岳总胜集》记载,认为该寺是希遁所建。据后来学者考证,第一种说法较可信。建寺之后,历隋唐迄北宋末近 600 年间,有关寺院的兴废沿革无资料可考。唐代名"方广圣寿寺",宋赐额为"方广崇寿禅寺"。

南宋乾道三年(1167),朱熹、张栻等游南岳,第一夜宿方广寺,朱、张盛赞该寺,名声大振。明代时,该寺是南岳佛教五大丛林之一,全盛时期寺僧达 200 余人,田产 1 000 余亩。明代中叶,寺宇渐圮。嘉靖二年(1523),僧洁空、德蕴等人进行重修。嘉靖十八年(1539),礼部尚书尹台建二贤祠于寺侧,以纪念朱、张,于是方广寺、二贤祠成为人们寻幽访古的胜迹。明万历二十年(1592),明神宗敕赐藏经 648 部。此后至明末,历经两次大火,寺院受损。清顺治二年(1645),王船山、管嗣裘等受命重修方广寺和二贤祠。三年后,王船山与管嗣裘兄弟等人组织数百人集结该寺,准备起兵反清,被清兵突袭打散,寺宇被焚。康熙时,方广寺得以重建。清末,曾国藩、曾国荃兄弟捐资倡议重建,共耗白银 2 万余两。重修后的寺宇,前后共三进。

民国时期,寺庙失修。由于地处偏僻,游人很少。新中国建立之后,寺内已无僧人居住,寺宇倒塌。1997 年,南岳佛教协会接管该寺,同年 7 月 24 日,方广寺正殿重建工程奠基。2003 年 10 月 11 日,方广寺隆重举行建寺 1 500 周年暨佛像开光法会。千年古刹,全面修复。

大善寺　位于南岳镇北支街。始建于南北朝陈光大元年(567),亦为天台宗祖师慧思来南岳后所创建的道场之一。后毁,唐初重建,逐渐成为南岳著名的佛教丛林。宋、元时兴废情况不详。明崇祯十七年(1644)焚于火。在清代前中期,寺宇渐圮,变成老百姓家产。直到光绪二十一年(1895)冬,才由默庵、淡云和尚及居士王哲堂、饶少甫等捐资赎回,并重修扩建。同时捐置香火田租 108 亩。寺成后,公推默庵为住持,常住僧人 60～90 人,为清代南岳佛教十大丛林之一。

中华人民共和国建立后,寺宇被政府收为公房。"文革"中,佛像、法具全被毁。1995 年移交给南岳佛教协会管理,并开始动工修复。整个工程于 2003 年 10 月竣工,共耗资 800 多万元,总建筑面积 4 500 平方米。今存南宋理宗宝庆(1225～1227)间石制长形水缸一口,上刻"古春"二字,长 2.9 米,宽 0.6 米,高 0.66 米。

藏经殿　位于南岳祥光峰下,始建于南朝陈太建(569～582)年间,系南岳佛门开山祖师慧思所建,名曰"小般若禅林"。相传陈后主的一个妃子因避难来南岳,向慧思学佛,地点就在这里。自唐迄于元,兴废不明。

明初,太祖朱元璋曾颁《大藏经》一部于此,始更名为藏经殿。明万历(1573 ~ 1620)年间,寺宇毁于火灾,《大藏经》也失散殆尽。后来一位姓李的侍郎奏请朝廷得以修复,更名为祥光寺。因山高僻远,僧人和游客罕至,不久寺又废败。到清康熙朝时,寺宇又一次为僧徒修葺,佛光重开,并改寺名为普光殿。据志载:雍正十三年(1735),该寺有田产106亩,可见当时香火之旺。但不久又完全废弃,片瓦不存。1933年,在湖南省主席何键的倡议下,南岳管理局着手重建该寺,何键本人捐资钜万。次年工程竣工,恢复"藏经殿"原名。新建筑红墙黄瓦,周边是古林。

20世纪80年代以来,政府对该寺进行多次修复。1984年泰籍华裔黄彰任、欧阳遇捐献鎏金铜像一尊供于殿内。佛像由纯铜铸造,全身镀金,高1.32米,重256公斤。藏经殿不仅殿宇规模宏大、雄伟,而且周围环境更是秀丽无比,三面群山环抱,寺后古木参天。故"藏经殿之秀"为南岳四绝之一。殿后有一株500多年树龄的大白玉兰,另有"摇钱树""连理枝"和"同根生"三株千年古树。

高台寺 位于狮子岩到上封寺之间,因建筑在海拔1 148米的碧萝峰下的一处高台上,故名。建寺年代不详,有人认为始建于宋。明嘉靖二十五年(1546)楚石和尚重建,清乾隆十年(1746)向盛世捐资重修。清光绪(1875 ~ 1908)年间,时任两江总督的曾国荃捐资重建,耗白银7万两。寺舍原建筑在圆明洞上,临空架构,明代移于今址。民国时期,在旧寺上重建。石墙青瓦,有平房三间,面积约60平方米。门额刻有"高台古寺"四字。1985年,南岳区政府又对高台寺作了维修和扩建,将整个寺宇改建为两层楼房,使寺舍面积扩大到160平方米。

广济寺 位于祝融、喜阳、金简、紫盖诸峰夹抱之中的一块狭长谷地的中部,即南岳有名的毗卢洞盆谷中。始建于明神宗万历二十五年(1597),由无碍和尚所建。传说无碍和尚在兴建此寺之前,在狮子岩打坐修行。有一次他忽然发现山谷中有佛光显现,认为这是一个修行的好地方,于是他从狮子岩迁下来,在毗卢洞结草庐住下,后经四方募化,逐渐建成了一个泥木结构的寺院,取名"清凉寺"。不久寺庙倒塌。

清顺治十五年(1658),无碍法嗣竺庵和尚应南岳名士豪绅之请,从浙江西江寿昌返回南岳,重新结茅庵于祖塔下居住。但因衡山已有清凉寺,乃改寺名为"广济",取佛法广济众生之意。清康熙五十七年(1718),无碍的四传弟子智犁和尚,决心重修广济寺,建成一座二进的石墙筒瓦的寺院,并在寺前修建了一座双石拱桥,曰护龙桥,以此沟通毗卢洞的清溪两岸。毗卢洞外存有唐以来多处石刻,寺前和寺后各有一片原始次森林。

丹霞寺 位于邺侯书院到南天门之间的登山公路旁。始建于唐代贞元(785~805)年间,是石头和尚的弟子丹霞禅师所建,故名。因丹霞又名天然,所以又名天然禅寺。清末,寺僧玉洁为了招引更多的香客入寺,塑造了五岳圣帝神像供于佛寺前殿内,而将原供奉的如来佛像迁至后殿,同时在前殿左侧开一门临登山大道,门额上刻"五岳殿"三个大楷字,下题"丹霞寺"三个小楷。从此一寺两名沿袭至今,香火较前更加旺盛。现存寺宇是1935年由住持醒悟重修的。有山门、前殿、后殿共三进二十五间,石墙铁瓦结构。1985年收归南岳佛教协会管理,不久重塑了五岳圣帝神像和如来佛像,各种法器法物也添置一新。1995年之后,南岳佛教协会对寺宇进行多次维修。

湘南寺 在芙蓉峰南天门下,丹霞寺上一里许,傍登山公路。它是唐代智通禅师(天然和尚)坐禅的地方,属唐代古刹,后来寺庙颓圮。明嘉靖二十三年(1544),官至吏、礼、兵三部尚书的湛若水来南岳游览,在其所撰《游南岳记》里,有"此湘南寺,近修复"之句,可见该寺在此之前重修过一次。现存寺院是1935年丹霞寺住持醒悟和尚在重修丹霞寺时一并重修的。1980年衡山县文物管理所又对寺舍进行了修葺,共有房屋四间,石壁铁瓦,硬山顶。寺右侧下方有一泓泉水,名"贯道泉",相传为天然和尚坐禅饮泉之处。

铁佛寺 位于烟霞峰麓祝高岭,始建于南宋理宗宝庆(1225~1227)年间,时名报国寺。由石墙青瓦构建,有佛殿和厢房三间。明时,寺僧接受捐赠,铸造了一尊重达万斤的铁佛像供奉于殿中,寺庙更名为铁佛寺。佛名无量寿佛,即阿弥陀佛,净土宗称其是"西方极乐世界"的教主,能接引渡人到"西方净土",故又称"接引佛"。

1914年,该寺进行重修。1938年11月下旬,周恩来在出席国民政府军事委员会主办的南岳第一次军事会议后,同郭沫若、贺衷寒等人登山游览,在铁佛寺饮茗进午餐。郭沫若作《铁佛寺》诗一首:"铁佛披金色相黄,纪元宝庆未能详。戏从杂卦征休咎,聊依残餐润肺肠。鸡腔应输萝菔味,鱼鲜难敌豉乳香。邺侯签轴称三万,此地空余一废堂"。"文革"中,已有400多年历史的大铁佛被砸毁,投入炉中熔化。1995年,南岳佛教协会耗资53万元重建该寺,殿堂中新塑了佛像,寺前多株白玉兰盛夏花开,香飘数里。

寿佛殿 位于铁佛寺下方,紫竹林道观上面。寺始建时间不可考,以供奉寿佛而得名。清同治四年(1865),湖南巡抚李翰章筹款重建南岳大岳时,顺便加以重修。1946~1949年间,该庵尚有房6间,住尼。1951年寺毁于火。1955年比丘尼善观与门徒参云、寿忠募捐重建,并刻有碑文记述其事。现寺为三厢式建筑,殿内原铁铸的重 600 斤的无量寿佛及达摩、地藏塑像在"文革"中被砸,善观师徒被强迫还俗而去。1978 年,善观偕居士身份的丈夫回寺供奉香火。1986 年,新塑无量寿佛及观音、地藏菩萨像,寺貌得以完全恢复。

西福庵 原名西佛庵,位于中山沟山顶凹处,寺右有一条贯通前山、后山的捷径小道经过。庵内原供奉阿弥陀佛塑像。"文革"前,一直有僧人常住,主持法事。因寺较偏远,寺内还特地为过往行人供应开水、火把。"文革"中,佛像被毁,僧人离去。1999 年由南岳佛教协会收回,并加以整修,重塑佛像。寺舍为三厢间,青砖砌墙,青瓦盖顶,门窗漆红。

常在庵 在芙蓉峰下。明代始造,有房 14 间,中为三开门房,两侧厢房各四。共和国成立后,长期辟为佛道教敬老院,经常住有 30 余名年老佛道教徒。1969 年底,在"南岳不留一僧一道"的口号下,这些垂暮之年的教徒也被遣送回乡,寺舍改为民用。1998 年,南岳佛教协会收回该庵,并经过整修,现辟为比丘尼寺院。

老南台寺 位于南岳大庙右翼内与外红墙之间,进入"六寺同门"便可见到。清乾隆时,坐落在瑞应峰上的南台寺行将颓圮,部分寺僧分割寺产后,在这里兴建起来的。共和国建立后,先改作公房用,后一度用作佛道敬老院。1992 年之后划归南岳庙佛道教管理委员会,并拆除重建。1995 年开工,次年 10 月竣工,总造价 154 万元,全由信士捐赠。分两进,前进为山门,后进为大雄宝殿,殿内供释迦牟尼佛像和十八罗汉像,整个建筑物呈四合院样式。

天堂寺 位于南岳大庙右翼内与外红墙之间,"六寺同门"以内,老南台寺上方。大约始建于明代中叶。清李元度撰的《南岳志》载:"天堂寺,在岳庙右",系指此寺。"文革"中为驻岳部队营房,"文革"后归南岳文物管理所。因年久失修,至 20 世纪 80 年代末已成残垣断壁。90 年代初拟拆除重建,1998 年建成。整个寺院建筑面积 1 200 平方米,其结构、形制、装饰等与老南台寺相仿。唯正殿名叫"三圣殿",供奉的是阿弥陀佛、观音菩萨和大势至菩萨三尊佛像。

崇宁寺、化城寺、云峰寺 三寺位于南岳大庙右翼,约建于明清时期,属大庙西八寺之列。自 2001 年起,开始先后修复三寺,于 2003 年 10 月完工。

崇宁寺前置有牌坊式山门,为单扇拱门,门正中横额"崇宁寺"三字为南岳佛教协会会长惟正所题。该寺为四合院形状,共有两层,被辟为南岳佛教文化博物馆。一层正中设地藏殿,殿两侧悬挂着当代著名画家杨敬云所作的《五百罗汉聚寿岳》《一轮红日滚金球》大型国画;二层现辟有两个展厅。四合院落中,栽植各种花木,置有大型盆景,赏心悦目。

化城寺前亦置有牌坊式山门,建筑形式亦为四合院落,设计为佛教文化博物馆展室。

云峰寺前置牌坊式山门,体量与化城寺相同。该寺长期被占用,直到2002年才收回,并加以维修。竣工后辟药师殿,殿内供奉药师佛、日光菩萨、月光菩萨和十二药叉。寺前还点缀有假山的花圃。

香山寺　全称"十方香山禅寺",位于南岳镇北支街,始建年代不详。民国时期是南岳一处较大的尼庵,庵舍两进两厢,常住尼姑10~15名。至"文革"前,日常佛事及香火正常。"文革"中,佛像、法器被毁,尼姑被逐,整体卖给驻岳部队。1987年退回地方,1994年由南岳佛教协会接管,并加以整修,安排10名左右老比丘尼进寺共住。1999年,又动工兴建了大门和正殿。

辞圣殿　位于南岳镇北支街尾,与香山寺斜对面。"文革"时期,卖给部队,1987年退还地方,1995年由南岳佛教协会接收,随即进行全面维修。现房舍为一间大殿,殿门临街,殿堂内供奉南岳圣帝,殿后有房两间,供寺僧居住。

后山五岳殿　位于祝融峰北面峰腰。初唐时期有僧人在此建寺崇佛。现存建筑物建于清乾隆五十一年(1786)。因这里是双峰、湘乡、邵阳、娄底一带善男信女抄近路来南岳烧香拜佛的途经之地,故香客颇多。1999年南岳佛教协会对该殿进行维修和扩建,殿内新塑圣帝像。

祝融殿　位于祝融峰巅,祀祝融君,故名。隋以前称司天霍王庙,后庙迁山下,为南岳大庙前身。它还曾用名"天尺俺",民间则习惯称为"老圣殿",香火历来旺盛。此殿地处高寒地带,常受风雪冰冻侵袭,庙屡修屡圮。明万历二年(1574),湖广按察使李栻出资在此建开云祠,后又废。清乾隆十六年(1751),又在废址上重建,石墙铁瓦,额曰"祝融殿"。

民国时期,该寺一直由上封寺派僧人看管,白天值勤,晚上回上封寺住宿。1932年,何键捐资,由上封寺住持宝生经办,全面维修一次。"文革"中,殿堂遭劫,寺宇无人看管,几乎倒塌。1982年,湖南省政府拨款翻修,仍沿用旧名。大殿正中供南岳圣帝祝融氏神像。但因流传佛教天台三祖慧思向圣帝借地的故事,因此在圣帝像的座后,也供奉了慧思的塑像。

财神殿　位于南岳镇迎宾新区西环路与衡山路的交汇处,坐北朝南。系于1995~1996年由中外合资南岳振华房地产有限公司投资1 400万元建造起来的,占地4亩多。分头门、正门、大殿三进,大殿为重檐歇山宫殿式建筑,正门与大殿之间有东、西两条长廊相接。头门"方圆"二字,系原湖南省政协原主席刘正所题。殿堂内正中供奉财神赵公元帅跨虎扬鞭坐像,两旁供祀关公和陶朱公塑像。东西两廊内还塑有天符大帝、祝融帝君、杨林神王、龙王、药王、水府老爷、鲁班先师、送子娘娘、福星、魁星、寿星、月老、城隍、妈祖等 14 尊神像。1996 年,中共中央发出通知,要求各地制止乱建庙宇、乱建露天佛像。振华房地产公司将该财神殿捐献给南岳佛教协会,随后协会便派僧人驻锡和主持宗教活动。

马祖庵 位于掷钵峰下的磨镜台。唐开元(713 ~ 741)中,马道一在此结庐而居。后因道一被尊为"江西马祖",此处是当年怀让和尚向他传法之处,故改称"传法院",后改为"马祖庵"。清乾隆十五年(1750),显亲王赐书"传法院"匾额,于是"传法院"之名复盛。共和国建立后,该庵改建为湖南省人民政府招待所接待室。后移交南岳区,易名"南岳山庄"。2003 年初,马祖庵动工重建,是年 10 月举行了竣工典礼暨佛像开光法会。马祖庵现为一栋单间,殿前额为"传法院",殿后额为"马祖庵"。殿内供奉释迦牟尼佛和马祖像。庵前左侧新修有"传法坪",坪中有赵朴初先生题写的"磨镜台"石刻以及前中国佛教协会会长一诚大和尚题写的"佛教论坛"莲花宝座。庵前左方石崖上还有宋代石刻"祖源"二字,字经约两尺,相传即为怀让磨镜处。

福寿寺 坐落于驾鹤峰上,初建于唐末五代。21 世纪初,南岳佛教协会在各方的支持下于 2002 年动工重修,次年底竣工。重建后的福寿寺富丽堂皇、古色古香。依次有山门、万佛殿、玉佛殿、功德殿、万丈楼和居士楼六进,其中最具特色的是万佛殿。万佛殿是该寺的主殿,重檐庑殿式,高 23.99 米,建筑面积 599 平方米。殿内供奉无量寿佛 1 万尊,或依墙组成"佛墙",或抱柱形成"佛柱",形态各异,堪称"佛海"。其余各殿堂均依山造势,错落有致。福寿寺背枕青山,前临中华寿坛,下临南岳大庙,与四周景观和谐组成一个静谧清幽、超凡脱俗的佛教圣地。

雁峰寺 位于南岳 72 峰中的首峰——回雁峰上。南朝梁天监十二年(513),由宏宣法师创建。梁武帝萧衍赐名为乘云禅寺,隋代改名为雁峰寺。唐天宝元年(742),律师范化奉敕重建山门、殿阁,立佛像。宋绍兴十二年(1142)重修,元末被毁。明洪武九年(1376),齐正和尚主持重建。明清之际,郴州高僧无量寿佛驻锡于此,寺僧建寿佛殿以此纪念。崇祯十六年(1643)毁于战火。清顺治十六年(1659),寺内增建大雄宝殿、大悲阁、天王殿和前山门。至此,佛寺建筑完备,香火颇盛,成为湘南一座名刹。1944 年夏的衡阳保卫战中,该寺及周围景观多毁于日军炮火。

1983年衡阳市政府重建雁峰寺,寺宇为两进,分别建在两米多高的石台上,为单檐歇山式建筑,整体突出了清代的建筑风格,一进为观音殿、红墙、朱柱,门上悬挂由著名学者赵朴初先生题写的"雁峰寺"泥金横额,殿内供奉观音;二进为寿佛殿。寺宇四周恢复和新建了许多楼阁台亭,旁有"碑廊",景点遍布,融旅游和佛教圣地于一体,现为省级重点文物保护单位。

香林庵 在回雁峰下龙船巷,始建于清光绪(1875~1908)年间。民国初年,经尼集贤募建,成为十方尼众丛林,香火渐旺。1914年毁于火灾,次年修复,在1944年的衡阳保卫战中被化为焦土。日军投降后,由持法、幻云等募化修复。

1950年以后,被划为衡阳市尼众的宗教活动和生活自救场所。"文革"中,被辟为居民区,佛像被毁,众尼被强迫还俗。1994年破土重建,1996年7月竣工,耗资200多万元。其建筑面积2600平方米,两进两横样式。一进为牌坊式山门,坊上书"十方香林庵"额,下开三道券门,左右饰以大型佛教故事浮雕;二进为大雄宝殿,建于21级石台之上,碧瓦飞檐,丹柱石阶,气势宏伟,殿内供奉如来佛和四大天王塑像,两侧为厢房、客堂、斋堂、念佛堂、藏经楼、香积厨。一应俱全,布局精妙。

在历史上,南岳寺庙林立,但流传至今的毕竟是极少数,绝大多数寺宇因各种原因废圮了,其中不少还是名寺。据初步统计,仅在今南岳中心地带就有100多处,现择其要略述如下:

衡岳寺 在紫云峰下,南朝梁天监二年(503)兴建,原名善果寺,为海印法师道场。南朝陈改为大明寺,隋时赐名为衡岳寺。据传唐初徐敬业起兵反武则天失败后潜逃来此出家。明代湛甘泉于其遗址下建"甘泉精舍",现为衡山岳云中学校址。

另,烟霞峰下也有衡岳寺,为明代正统(1436~1449)年间建,寺早废弃。

天台寺 在天台峰上,建于陈光大(567~568)年间,由天台宗实际创始人智颛创建。

长寿庵 在紫云峰下,创建年代不详。寺中原有铜铸造的毗卢遮那佛像一尊,重达万斤,还有千佛莲花座,相传是隋代所造。"文革"中被毁,现岳云中学一部分校舍就建在其遗址上。

水月寺 在峗屼峰,位于藏经殿西北两公里许。原为唐丹霞禅师(天然和尚)的另一处道场。后屡建屡废。民国时期醒悟和尚重修,后废。

横龙寺 位于今衡山东湖镇罗渡村与严渡村交界处。唐贞元(785~805)年间,僧人如满从洛阳来此修建。唐武宗灭佛时,寺废。唐昭宗光化元年(898)重修。宋天禧(1017~1021)年间,寺僧将寺移至右边二华里处。至"文革"时,该寺被拆除。

云峰寺　在云密峰下,旧名功德寺。唐代律宗高僧法证曾在此主事50余年,度学者5万人,为其弟子者3 000人。宋朝时重建。清末时石灶、石甑尚存。不知何时废弃。

绿萝庵　在烟霞峰下。宋朝山茨和尚在此说法,庵后另有通际禅师墓塔。其废弃时间不明。

慈贤寺　旧名佛乘庵,明代一个外号叫片甀大和尚兴建,寺址在茅坪。片甀本是明朝一员大将,神宗万历(1573~1620)间失事,遂到五台山削发为僧,后到南岳创建此寺。

海月寺　在晓霞峰上。明神宗万历(1573~1620)间慈圣太后建,供铜佛像于寺中,其兴废不详。

护国寺　在祝融峰后九龙坪。坪势如盆,祝融九水,悉入其中,故名九龙盆。该寺为明万历七年(1579)沙门宝月兴建。清嘉庆七年(1802),沙门普荃重修。光绪七年(1881),沙门宏彰再次重修。其废弃年代不详。

会善寺　据《南岳总胜集》载:"晋咸和年理"。据此推断,该寺至少建在东晋武帝咸和(326~334)年间之前。因此,该寺是南岳境内最古老的寺庙之一。

云龙寺　在岣嵝峰上,建于东晋咸和(326~334)年间。隋大业(605~618)末,高僧大明居之。唐末迁到山下,宋朝太平兴国(976~984)中改赐法轮寺。附近有韩愈的《岣嵝山》诗碑,后毁于战火,废墟上现建有高峰小学。

无碍寺　建于东晋末,其后不详。

乾元寺　在南天门,始建于南朝陈。其后演变不清,清同治八年(1869)重修。1947年释了然再修。1985年废弃。

巴兴寺　唐知兴和尚曾住此,其兴废不详。

南明寺　在烟霞峰大明寺北。柳宗元撰《大明和尚碑》曾藏于此。

西园寺　在南岳镇北街,旧志载唐昙藏和尚曾住此。

金轮寺　旧志载唐可观、横龙二禅师曾住此。

开元寺　《通志》载,唐天宝(742~756)初僧道广、天宝末年僧妙应曾住此。

万寿寺　在福严寺旁。唐懿宗(860~874年在位)曾赐玉字匾一块。

喜王寺　旧志载唐代道士田良逸之母在此寺削发为尼。

云峰上寺　在枫木桥,宋朝赵醇曾于此饯送朱熹。

南台上寺　在岳山前,宋朝张栻于游岳记中提到的"望南台",即指此寺。

金莲寺　在剟刅峰下,明"豆儿佛"法祥曾住此。

金鸡林　在福严寺斜对面。南朝陈始建,后兴废不详。民国时曾为南岳佛学讲习所旧址。1964 年改作民房。

花药寺　在回雁峰侧之花药山(今岳屏公园)上,即光孝报恩寺。始建于南宋宝祐五年(1257),明洪武十七年(1384)僧普琇重修,寺为五进。传明成祖朱棣夺取明朝政权后,建文太子出家于寺。清乾隆(1736～1795)年间重建。1944 年衡阳会战中,该寺大部分毁于日军炮火,仅存中殿。1954 年重修,列为省级文物重点保护单位。1968 年拆除,在寺址上兴建了衡阳地区展览馆。

清净庵　在花药山后,创建年代不详,明末毁于战火。清顺治(1644～1661)年间杜钟秀捐修,后废。

花光寺　在回雁峰下。北宋时期,衡州府花光寺住持仲仁则成为我国水墨画梅的开创者,对我国的绘画艺术影响深远。寺后废。

太平寺　在回雁峰侧。初为南朝梁海印法师道场,后为宠居士室。唐大中四年(850)创能仁寺,宋朝改为太平寺,元末毁于战火。明洪武七年(1374),僧月海在故址上重建,二十四年(1391),寺僧庆会等建大雄宝殿,塑三世佛,十八尊者像。明末又毁于战火。清初僧人先后募建后殿和前殿,知府刘进礼塑十王像,更名"太平地藏寺"。寺后废。

二、南岳道教与宫观

1. 南岳道教源流与宗派

(1)先秦至两汉时期

南岳衡山,自古为道教洞天福地,道教文化源远流长,拥有道教第三洞天朱陵太虚洞天和第 22 至 26 福地鹅羊山、洞真墟、青玉坛、光天坛、洞灵源。南岳也是湖湘道教的发源地,这里道观林立,名道辈出,道教"神谱"降游南岳众多,对道教思想和祖国医学贡献突出。有关神仙传说可追溯到黄帝、炎帝和西周穆王时代。徐灵期的《衡山记》载:"衡山毗卢洞,有禹王城,周五十里,昔黄帝登之以望云气。"《衡湘稽古》载:黄帝之元妃嫘祖,教民养蚕,从帝南游,卒于衡山,葬于雷祖峰(即嫘祖峰),墓又称"先蚕冢"。自汉以来,历代皆祀先蚕神,道教也祀奉为蚕神。

又据史载:先秦老君两降衡山,被道教尊为五天帝之首的黄帝三游南岳。《汉武帝外传》曰:"西王母约上元夫人共造南岳朱陵山,食其瓜,其味甚甘美。"到了炎帝神农时代,命一个叫赤松子(一作赤松氏)为雨师。赤松子就是道教《真灵位业图》中的南岳太虚真人。屈原在《离骚》中赞道:"漠虚静以恬愉矣,澹无为而自得;闻赤松之清尘兮,愿承风乎遗则。"意思是:虚无清静,中有乐趣,淡泊无为,自能得意;曾闻赤松子清虚境界,我愿把他的遗风承继。汉张良说:"愿弃人间事,欲从赤松游。"

黄帝六相之一的祝融君,为火正官,受命治理南方,后卒于南岳。相传祝融君在治理南方的时候,一个叫广寿子的神仙下降到南岳,授祝融君《人皇内文》和《按摩通精经》90卷。《太上老君开天经》载:"祝融之时,老君下为师,号广寿子,教修纲,齐七政,三皇修道,人皆不病。"祝融卒后,上升太极南宫,封为太行真人,成了道教中的神祇。

秦汉时期,来南岳修炼的道士不乏其人。他们常居岩洞和山谷之中,欲得道成仙。

西汉中期,著名术士兼道家学者严君平与挚友惠车子同游南岳。后惠车子留南岳赤帝峰继续修炼,并在此尸解。汉代茅盈,"年十八,委家学道,诣南岳。"

汉代苍梧女道士王妙想,是南岳最早的一位女道士,她在南岳集贤峰下筑室居30余年。传说帝舜大仙下降南岳,向她面授道要,并赠予她道德二经及驻景灵丸,十年后王妙想白日飞升。

西汉仙人刘根,云游四方,晚年归南岳之东峰炼真,服气后仙去。南岳至今仍存"刘根药堂"遗迹。

东汉末,道教的创始人,第一代天师张道陵,自浙江天目山来南岳游览,谒青玉、光天二坛,拜谒祝融君祠。但他来南岳未能开派布道,只是云游。稍后来南岳的名道还有张正礼和冶明期。传说他们在衡山遇见了神话中的道家仙人王虹景,遂服其神丹,凡30年。后张正礼在广州仙去,冶明期不知所终。随后来南岳的还有黄老道杜䕫才(即铁脚道人),但他仅在祝融峰一游就离去,发出了"云海荡吾心胸矣"的感慨。

(2)魏晋南北朝时期

魏晋南北朝时期,随着道教在中国的长足发展,来南岳的高道络绎不绝,可谓名师云集。其中陈兴明、施存、尹道全、徐灵期、徐慧度、张昙要、张始真、王灵舆、邓郁元等9位名道来南岳修炼归真,史称"南岳九真人"。尤其是著名道姑魏华存来南岳布道开派,播下了扎根于湖湘的第一颗道教种子。

　　魏华存,生于魏嘉平四年(252),晋司徒魏舒之女。喜好读书,通儒学五经,尤其喜欢老庄的道学,意欲独身修仙,其父母不允,二十四岁时被迫嫁于太保掾南阳刘文(字彦幼)为妻,生两子,但"老在成仙"的志向并未消失。魏华存生活的年代,时值北方战乱频繁,瘟疫流行,人们的生命财产都没有保障,迫使人们去寻找一种精神寄托,加之魏华存颇有学识,企图通过修炼成仙,摆脱这种痛苦不堪的社会现状。东晋建武二年(318),魏华存自江西抚州来到南岳衡山,在集贤峰下结庐居住下来,在这里魏华存潜心修炼了16年,究修道家经典,传播上清经录。晋成帝咸和九年(334)于南岳紫虚阁飞升成仙,终年83岁。相传魏夫人飞升时,有众仙驾鹤东至观前相迎。杜甫在《望岳》诗中说:"恭闻魏夫人,群仙来翱翔。"魏华存在南岳撰写修炼《黄庭经》,并传予后人,使之成为上清派的开山祖师,后来被上清派奉为第一代宗师。

　　魏华存是魏晋六朝时期著名的女道士,后人称之为魏夫人或南岳魏夫人。历代众多典籍都记载了她的生平事迹,或为之立传。葛洪《神仙传》中有《魏夫人传》、王清虚令弟子撰《真诰》也为魏夫人立传,《太平广记》卷五十八有《魏夫人传》,《隋书·经籍志》有《南岳夫人内传》,《旧唐书》和《新唐中》中的"经籍志"分别有《紫虚元君南岳夫人内传》各一卷等。

　　为了纪念这位仙姑,唐代宗太历三年(768),著名书法家颜真卿游南岳时为魏夫人立碑,撰有《晋紫虚之君领上真司命南岳魏夫人仙坛碑铭》。宋仁宗赐她栖真地为"紫虚元君之阁",宋徽宗又赐名为"黄庭观",观名沿用至今。

　　《黄庭经》是道教中的重要经典之一,几乎道教的所有宗派都尊奉和修持该经,地位至尊。在魏华存所著或所授经典中,以《黄庭经》影响最大。史载:魏夫人生前将《黄庭经》传授给杨羲、许穆等人,此后该书成为上清派的主要经典。

　　现在人们所说的《黄庭经》,包括《黄庭内景经》和《黄庭外景经》。概括而言,《黄庭经》将宗教思想与中医学、生理学、养生学等相糅合,以七言韵文的形式论述道家的哲学、养生及修炼思想。

　　第一,《黄庭经》的道家哲学思想。《黄庭经》受先秦以来"天人合一"和"天人感应"的思想影响,认为天道与人道,自然与人是相通、相感应的。《黄庭经》认为人的形体每一个器官、每一个部位都有神主宰着。同时在神形关系上,即人体与精神的关系上,认为"神宁"则"神全","神离"则"人死",主张用存思之法使神不离形,使人体能够长生。①

第二,清静无欲的养生思想。经魏华存传授的《黄庭经》特别强调恬淡无欲,这既是对老庄哲学思想的继承,也是上清派修道的重要特点。《黄庭经》中的"无欲"和"固精"是联系在一起的,修道之人,首先心要清静,然后要保精固精,使精气不外泄,才能达到长生不老,修道成仙的目的。《黄庭内景经》第二十八章说:"仙人道士非有神,积精累气以成真。"《黄庭外景经》第二十三章和第十四章分别说:"恬淡无欲养华根,服食玄气可长生","仙人道士非有异,积精所致为青年"。

如何才能积累精气呢? 要做到两点:一是呼吸元气,服食胎息,使阴阳之气流通不绝,这样日积月累,可以长生不老,甚至返老还童。这种服气可以积精、固精;二是要护精。这里要求修道之人要断绝淫欲,精不外泄,闭室保精。《黄庭内景经》第二十一章说:"长生至慎房中急,何为死作令神泣,忽之祸乡三灵殁。但当吸气录子精,寸田尺宅可治生。"

第三,存思法的修炼方法。《黄庭经》是道教中修炼内丹的经典之作,其主要修养方法是存思法,体现了"天一合一"的修炼思想,这也是后来上清派的主要方法与特征。

何谓"存思法"? 存思,又称存想、存神。道教认为神无所不在,身内身外皆有神,如果在修行时能存思这些神,神就会依附其身,达到长生的目的。《黄庭经》的存思法是一种修炼方法,是指修道者在存思体内诸神以及存想外界的日月星辰、山岳等天地之间的诸神,达到体内外之神相融相通这样一种天人合一境地的修炼方法。②

《黄庭经》继承了《太平经》及《河上公老子章句》中的"五月庄神"思想,形成"八部八景二十四神"观念。将人身体分为上元宫、中元宫、下元宫三个部分,每一部分的元宫都由八大神镇守着。如上元八景神是脑神、发神、皮肤神、目神、项髓神、膂神、鼻神、耳神;中元八景神是喉神、肺神、心神、肝神、胆神、左肾神、右肾神、脾神;下元八景神是胃神、穷肠中神、大小肠中神、胴中神、胸膈神、两胁神、左阳神、右阳神。这就是说人身上的各个器官都有神灵居住和镇守着,修道者若能存思身上这二十四神,则三元五脏的"真气"就会协调,再吸收自然界与之相通的相关元气,达到体外神与体内神相调和,使体内器官正常运动,可以消除百病,长生

① 李养正. 魏华存与《黄庭经》[J]. 中国道教,1988(1):40-41.
② 汪慧. 论《黄庭经》的养生及修炼思想[D]. 北京:中央民族大学,2007:19.

不老。故《黄庭经内景经》说："兼行形中八景神,二十四真出自然。"

为了使修炼有成效,《黄庭经》还首次提出了"三丹田"概念,系统地分析了人身上分布的重要的内丹修习窍位。上丹田在脑中部,即脑中泥丸穴。中丹田在心部,又称绛官。在中元宫各个器官中,心脏起支配作用,它具有调血和理气的作用。下丹田在肚脐之下三寸处,又称关元、黄庭,人身体上各大窍位,关键在黄庭一穴。

总之,《黄庭经》吸收了《太平经》《周易参同契》等早期道家经典的脏腑学说与养生思想的理论,在一定程度上反映了春秋战国至秦汉以来中国传统医学的成就,它强调恬淡无欲,护精固精,指出了内修中的三丹田概念,对于中医学、养生学、气功学的发展奠定了理论基础。《黄庭经》问世后,对道教和历代士大夫的影响较大,不少人研习《黄庭经》,名人、道士如李白、欧阳修、苏轼、郑樵、陆游、杜光庭、吕洞宾等对它赞叹有佳,王羲之手书《黄庭经书贴》,李白作诗赞曰:"镜湖流水春始波,狂客归舟逸兴多。山阴道士如相见,应写《黄庭》换白鹅。"正如李养正先生所言:"《黄庭经》的特点有三:①其神学的理论基础是'天人合一''天人感应'的学说;②在炼养术方面,认为神能制形,以存神为主要炼养之方,宣扬神存则形之的思想;③吸取了东汉以来古代医学的成就,用宗教观解释和改造了古医学成就,从而也就在一定程度上使古医学有了宗教色彩。"[1]

这一时期,南岳道教出现了"九真人",分别是:

陈兴明,颍川人,大约于魏齐王正始八年(247)来南岳。他修"明镜玄真"之道与"济世利民"之方。在南岳勤修18载,晋武帝太始元年(265)三月一日于元阳宫升举。宋徽宗重和元年(1118)赐号为"致虚守静真人"。

施存,号胡浮先生,习《三皇内文经》,懂驱策虎豹之术,居南岳西峰洞门观石室,于晋惠帝永康元年(300)四月初七升举。宋徽宗赐号为"冲和见素真人"。

尹道全,天水人,于晋武帝元年(265)来南岳。生性爱好山水,来南岳后叹曰:"智者乐水,仁者乐山,南岳山水悉备,又名朱陵寿岳,若修心于此,志勤于道,何必更历他山。"他在此修炼40余年,于晋怀帝永嘉元年(307)升举。宋徽宗赐号"通真观妙真人"。

徐灵期,南朝宋吴郡人,修道于南岳上清宫,研习《灵宝经》,为经箓派。师从葛巢甫(葛洪侄孙)。遍游南岳群峰洞谷,历时15年,作《衡山记》,这是迄今为止

---

①　李养正. 魏华存与《黄庭经》[J]. 中国道教,1988(1):41.

最早介绍南岳山川的一部地方志,书中首次提出了南岳72峰的概念,并划分南岳界邑,即周回八百里,回雁为首,岳麓为足。同时该书也是最早的一本南岳道教史,记述了道教教徒在南岳的活动及道观的分布情况。南朝宋元徽二年(474)九月初九日仙去。宋徽宗赐号为"明真洞微真人"。

陈慧度,一作陈惠度,颍川人。初居茅山,数年饮酒不食。后至南岳,炼丹于玉清观,修《黄庭经》,佩《五岳真形图》,内外兼修,融丹鼎、符箓于一身。于齐武帝永明三年(484)五月十三日成仙。宋徽宗赐号为"冲虚玄纱真人"。

张昙要,住南岳招仙观,内外兼修,于齐延兴六年(494)升举。宋徽宗赐号"葆光袭明真人"。

张始真,一作张如真或张如珍。南阳人,居南岳宫,修"明镜洞鉴之道",与陈兴明同。传九年而成,洞视千里,无一物可隐。于梁天监三年(504)十一月十三日仙去。宋徽宗赐号"全真达道真人"。

王灵舆,九江道士,始居庐山五老峰。一日,夜有神人指点他说:"得道者各有其地,如植五谷于沙石中,则不能成。既有飞升之骨,当得福地灵墟可以变化,虽累德以为土地,积行以为羽翼,苟非其所,魔坏其功,道无由冀矣。"王问当居何地,神人曰:"朱陵之上峰,紫盖之邻岫,可以冲天矣。"①于是王灵舆从五老峰迁至南岳中宫,于梁天监十一年(512)七月十三日升举。宋徽宗赐号"通微集虚真人"。

邓郁之,字元达,南阳新野人。早年与徐灵期为友,周游名山。徐灵期仙去后,邓郁之徘徊于仙山。后梁武帝听说他修道缺少丹石之备,于是赐予金帛物力,在岳麓山建上中下三宫为炼丹之所。邓郁之是南岳最早受皇帝诏见的道士。丹成之后,邓郁之重回原来居住地紫盖峰,于梁天监十一年(512)升举。宋徽宗赐号"超真集妙真人"。

后人为了纪念上述九位道仙,建造了著名的"九仙观"。此外,这一时期,南岳名道还有为梁武帝炼丹的薛女真,道家早期经箓派人物了点子,隐居南岳十余载采霞而食的褚伯玉,研习《黄庭经》的双袭祖,好睡不食的吴涵虚等,他们为南岳留下了丰富的道教文化遗产。

(3)隋唐五代时期

隋唐五代时期,南岳道教进入鼎盛时期。唐朝建立后,李渊奉道教为皇家宗教,唐高祖李渊自称是老子李耳的后裔,老子被皇家尊为"圣祖",被册封"玄元皇

---

① 黄守红. 道教与南岳[M]. 长沙:岳麓书社,2003:53 – 54.

帝""大圣祖高上金阙玄元天皇大帝"。在李唐王朝的推动下,道教迅速发展,名道辈出,且与皇帝、文人士大夫交往密切,道教理论日渐成熟,是中国道教发展的繁荣时期。这一时期,南岳宫阁遍布,大规模的道观有 45 座,载入史册的名道有 30 余人,从教派上说,仍以上清派占主导地位。

唐代名道司马承祯,唐开元(713～741)年间来到南岳,结庵九真观北,其弟子薛季昌,田虚应等均为一代名道。田虚应的弟子徐灵府等人又去浙江天台山开创上清派南岳天台系,极大地丰富了衡岳道教文化。南岳天台派这一称呼出自近代刘咸炘所撰的《道教征略》,将司马承祯从浙江天台山来南岳收徒传道,开上清南岳一派,其弟子又回天台弘道,故称南岳天台派。司马承祯善作诗,与当时著名诗人李白、孟浩然、王维等号称"仙宗十友"。居南岳的名道何应虚、邓中虚、张太虚、田虚应,当时被称为"四大高士"。唐朝宰相李泌是著名的道家隐士,为避奸侫而退隐南岳。

司马承祯(655～735),字子徽,号道隐,自号白云子,河内温(今河南温县)人。少年好学,出身于官宦之家,21 岁时入嵩山,师从潘师正,传其符箓及辟谷导引服饵之术,受到潘师正的器重。后遍游名山,其中以居南岳时间最长。《南岳总胜集》卷中载:开元(713～741)初,司马承祯"自海山乘桴炼真南岳,结庵于观(指九真观)北一里,目之白云。丞相张九龄屡谒之。明皇令弟承祎诏之,校正《道德经》。深加礼待,呼为道兄。凡是观中供养金银器皿,悉归降赐"。最后,司马承祯终隐于天台山玉霄峰,被奉为上清派第 12 代宗师。武则天、唐中宗、唐睿宗、唐玄宗等皇帝对他推崇备至。他一生著有《坐忘论》《天隐子》《修经必旨》《修身养气诀》等道教理论著作,阐述其修道思想,在道教发展史上占有非常重要的地位。司马承祯虽居南岳十余年之久,但究竟在南岳弘道期间撰写了哪些理论著作? 由于资料不足,目前尚不得知,但其著述中所阐发的道教思想与其在南岳修道是密切相关的,这是不容否认的。现就其代表《坐忘论》和《天隐子》做一个简要的概述。①

《坐忘论》论述了"安心坐忘"之修炼方法,其中心思想是"守静去欲",是一部经典性的养生学理论名著。

---

① 关于《天隐子》和《坐忘论》的思想,参见李刚的《司马承祯的道教思想》,载《道教与南岳》,岳麓书社 2003 年版;卿希泰、唐大潮著的《道教史》,第三章,江苏人民出版社 2006 年版;邵汉明的《司马承祯养生思想述评》,《社会科学战线》2012 年第 6 期。

《坐忘论》一开始就论述了"得道"与"长生"的关系,将它比喻为鱼水关系。认为"生"离不开"道",两者是紧密相连,不可分割的。怎样才能做到不失"道"呢？司马承祯继承和发扬《老子》《庄子》的思想,吸收佛教天台宗的止观及禅宗禅定等修持方法,提出了"安心坐忘"的修炼方法。这一方法又分为七层次或七个步骤,人若按照这七个步骤去进行修炼,就会长生不老,得道成仙。这七个层次是环环相扣,层层递进的。

第一个修道层次是"敬信"。就是对"道"要坚定信念,要虔诚,对"道"不能怀疑,只有这样,才能进入修道的门槛。

第二层次是"断缘"。就是要斩断尘世之俗缘,要超凡脱俗,要不为尘世之俗事所牵连。

第三层次是"收心"。就是要心静,不能心猿意马,这与佛教中禅宗坐禅相似。

第四层次是"简事"。就是既要求修道者安分守己,又不求份外不当之物。

第五层次是"真观"。就是说修道之人要善于观察事物的发展变化,并对它做出正确的判断。"真观"是在前面几个层次基础上的升华,只有通过"收心","简事"环节,才能达到"真观"层次。

第六层次是"泰定"。"泰定"是已经接近于得道的一个层次了。到了这一阶段,修道之人的智慧开始"自明",并将其"怀而宝之","定而不动,慧而不用"。有了定慧的功夫,自然会悟道,得道。

第七层次是"得道"。"得道"是这七个层次中的最高层次,象征修道过程的完成。"道"是什么呢？这种"道"是"灵而有性"的形神统一的长生不老的"真身"。这种"真身"超越生死,与道同存。

《天隐子》是《坐忘论》的姊妹篇,其核心内容是论述长生成仙,全文除"序"之外,共分8篇。

《天隐子》从人人皆可得道成仙的目的出发,提出修道成仙过程五个阶段或五个"渐门",这五个阶段也是循序渐进的过程,与《坐忘论》修炼方法的七个层次是相互照应和补充的。

第一渐门是"斋戒"。大凡宗教都有戒律,司马承祯的"斋戒"不仅是为了防止是非作恶,更主要是从养生修道的角度来谈斋戒。"斋"是身体要"洁净",要沐浴去垢;"戒"是指"节食""调中",文中指出了哪些食物不可吃,也不可吃得太饱。另《天隐子》还指出了"久坐、久立、久劳役"也不利于养生。司马承祯将"斋戒"作为"渐门"之首,原因是通过"斋戒",达到"形坚而气全"的目的。

第二渐门是"安处"。系指"深居静室",要求修炼之人坐寝要选择明暗适中、坐卧方位得当的地方进行修炼,这就指出了人居环境在修道中的作用。

第三渐门是"存想"。关键是要做到"闭目"和"修身",使"心"不走神。这与《坐忘论》中第三层次的"收心"和第四层次"简事"颇为相似。

第四渐门是"坐忘",即司马承祯所说的"遗形忘我"。也就是《坐忘论·信敬》篇中所说"内不觉其一身,外不知乎宇宙,与道冥一,万虑皆遗"。

第五渐门"神解"。"神解"是指"万法通神",它是"坐忘"的自然结果。如果修道者进入这种形神统一的境界,就能得道成仙了。

总之,司马承祯的《坐忘论》和《天隐子》继承了老庄道家思想,吸收佛教的止观哲学和禅宗方法,提倡"主静去欲",提出了修道成仙的过程和方法,这体现了道教的宗旨。"予后世道教以极大影响,特别是在道教理论由外丹向内丹的转变过程中,起到了重要的理论奠基作用,成为宋元道教内丹学的先驱。"①同时,司马承祯的道教思想,被宋明理学所吸取。如"主静去欲"的修炼思想被北宋理学奠基者周敦颐所继承,提出了理学的"主静"说。当然,道家追求长生不老,得道成仙是违背客观规律的,但司马承祯的一些养生思想对今天仍有积极意义。

司马承祯从天台山来南岳十余年间,在这里收徒传道,传接上清大洞秘法和三洞经箓。《南岳总胜集》卷中载:司马承祯有弟子70多人,其中出名的弟子有薛季昌、王仙峤(一作桥)等人,晚年司马承祯复归天台山归终。其中薛季昌早年在峨眉山注《道德经》二卷,来南岳后拜司马承祯为师,受三洞秘箓。后隐居南岳华盖峰下,潜心研究道教理论,苦练修行,撰《元微论》三卷,写《大道颂》一首。《南岳小录》是这样记载的:"薛天师季昌,本绵州绵竹县尉,在京舍官入道,志操不群。将归南岳,上闻玄宗,玄宗嘉之,亦厚颁金帛。上命笔赋诗送赠,有序,曰炼师……后封天师,天师又师司马天师,玄宗礼重,呼为道兄弟。凡是观中什物,多是恩赐。"②

薛季昌的弟子田虚应,字良逸,擅长祈雨祈阳。后在唐宪宗元和(806~820)中入天台山终老。田虚应手下的弟子有栖瑶冯惟良、香林陈寡言、才瀛徐灵府。栖瑶、香林、方瀛是天台山桐柏观周围的山峰名,是冯惟良、陈寡言、徐灵府从南岳

---

① 卿希泰,唐大潮. 道教史[M]. 南京:江苏人民出版社,2006:126.
② (唐)李冲昭. 南岳小录(外四种)[M]. 上海古籍出版社,1993:6.

随田虚应到天台山后所建修道的地方。① 后冯惟良等三人又在天台山收徒传道,如冯惟良传刘玄靖(或作刘元清、刘玄静)、应夷节、叶藏质、沈观等,其中刘玄静一直在南岳传道,应夷节传杜光庭,徐灵府传左元泽,叶藏质等人传闾丘方远。在唐末五代中,杜光庭和闾丘方远为著名的道士。

从以上可以看出,司马承祯从天台山至南岳传道,培养的名徒一部分在南岳,一部分后又去了天台山传道,传的虽是上清派的修道方法,但当时道教上清派以茅山宗影响最大,成为全国道教上清派的中心。司马承祯在天台山和南岳又开辟了上清派新的南岳天台系,不但促进了上清派的壮大,而且扩大了道教在南岳的影响力。他们在这里广收门徒,著书立说,弘扬上清派的修炼方法,出现了众多的名道和有影响的道教理论著作。因此,自司马承祯来南岳后,南岳道教极盛一时。

不仅如此,司马承祯等人还大大提高了南岳道教的政治地位和文化地位。司马承祯及薛季昌等人都是全国有重大影响的名道,武则天、玄宗等皇帝都非常敬重他们,被封为天师,玄宗还直呼之为"道兄"。由于司马承祯等人在南岳修道期间,玄宗多次命丞相张九龄赴南岳祭祀南岳神,并拜谒司马承祯。玄宗还遣司马承祯之弟司马承祎来请司马承祯赴长安,并下诏曰:"炼师德超河上,逍遥浮邱,高游碧洛之庭,独步清源之境。朕初登宝位,久籍徽猷,虽尧帝丕图,翘心啮缺,轩皇御历,远想崆峒,缅维彼怀,宁防此顾。朝钦夕仡,迹滞心飞。欲遣使者专迎,或虑炼师嘉循。故令祎往,愿与同来。披遂不遥,先此毋虑。"②司马承祯到京后,玄宗命他校正《道德经》,呼之为道兄。薛季昌也被玄宗召入宫中,为玄宗讲《道德经》。临返前,玄宗赋《送道士薛季昌还山》,诗曰:"洞府修真客,衡阳念旧居。将成金阙要,愿奉玉清书。云路三天近,松溪万籁虚。犹宜传秘诀,来往候仙舆。"此后南岳一系还有不少名道受到皇上的召见,这足以说明南岳在全国道教中地位突出。

同时司马承祯还提高了五岳神的地位,将五岳神纳入正统道教的范围内。唐开元十五年(727),司马承祯上奏玄宗曰:"今五岳神祠,皆是山林之神,非正真之神也。五岳皆有洞府,各有上清真人降任其职,山川风雨,阴阳气序,是所理焉。冠冕章服,佐从神仙,皆有名数。请别立斋祠之所。玄宗从其言,因敕五

岳各置真君祠一所,其形象制度,皆令承祯推按道经,创意为之。"①南岳因此在衡岳观之东五十余步设立真君庙。《南岳小录》载:"启夏之际,洁斋致醮,兼度道士五人,长备焚修洒扫,即开元十五年五月十五日明制也。《五灵经》云,佐治者九人,从吏三百人,羽卫官三万人,为国家祈真请命之地。"②在中国五岳中,司马承祯先在嵩山学道,后又在南岳修道十余载,而此时的南岳自汉武帝以后失去了五岳的地位,到隋时才恢复。司法承祯这一进言,对南岳道教的地位影响极大。从此,南岳确立了道教的正统地位,南岳神也由山林之神一跃升为道教中的上清真人。南岳道教的醮仪道场与国家对山岳神的祭祀合二为一,唐初朝廷对南岳的祭祀为两年一次,从玄宗之后,国家对南岳的祭祀为一年一次,并派专门官员,从吏,羽卫官等前往祭祀,声势浩大。同时由于南岳地位提升,民间祭祀也日益兴盛起来。

司马承祯多才多艺,在诗文、书法、音律等方面都有很深的造诣。其诗文飘逸潇洒,能诗擅文,与陈子昂、李白等称为"仙宗十友"。南岳的道教音乐中,司马承祯除制作斋醮音乐外,还有器乐曲和声乐曲,司马承祯奉唐玄宗之诏,作《玄真道曲》。③

徐灵府是南岳天台派第四代弟子,即司马承祯传薛季昌,薛季昌传田虚应(字逸元),田虚应再传徐灵府等。《南岳小录》说:"田先生良逸元和六年(811)正月七日在降真院得道。"④李冲昭是晚唐道士,其记录是可信的。田虚应有四个弟子,即冯惟良、陈寡言、徐灵府、刘元靖。这四个人在南岳跟随田虚应学道,其中冯惟良、陈寡言、徐灵府晚年后随田虚应在元和十年(815)一同进入天台山,并在天台山终老,而刘元靖仍居南岳。刘元靖后任唐武宗天师,赐号"广成先生"。武宗为他创建崇玄馆,铸印置吏,是南岳宗教史上第一个任三品实职(加银青光禄大夫)的道士。徐灵府则在南岳潜心注《通玄真经》。

徐灵府,号默希子,钱塘天目山人,通儒学,有文才,无意于名利。关于其生平事迹,史籍无详细记载。《历世真仙体道通鉴》所言,徐灵府在唐武宗会昌(841～846)初年被征诏,从此"绝粒",晚年居天台山云盖峰虎头岩石室中凡十余年,钻研

---

①　(后晋)刘昫.旧唐书·司马承祯传[M].北京:中华书局,1975:5182.
②　(唐)李冲昭.南岳小录(外四种)[M].上海:上海古籍出版社,1993:6.
③　李斌.道教与南岳[M].长沙:岳麓书社,2003:84－85.
④　(唐)李冲昭.南岳小录(外四种)[M].上海:上海古籍出版社,1993:10.

道教经典,闭门修炼,直到羽化,享年82岁。①

徐灵府一生的著述较多,主要有《玄鉴》五篇,《通玄真经注》十二篇,《天台山记》《三洞要略》《寒山子集序》。今仅存《通玄真经注》和《天台山记》两种。

《通玄真经》又名《文子》。文子为战国时期人,姓辛名妍,蔡丘濮上人。一说是计然,有的说是文种。《文子》与《老子》《庄子》《列子》并列为道教的四部经典。

徐灵府注《通玄真经》,在南岳时就开始,且大部分在南岳完成,最后到天台山成书。他在《通玄真经注序》中说:"默希以元和四载(809年),投迹衡峰之表,考室华盖之前,迨经八稔。"由此可知徐灵府注《通玄真经》是从唐元和四年(809年)开始,历时八年,到元和十一年(816)完成,而他从南岳移居天台山是在元和十年(即815)。因此《通玄真经注》大部分是徐灵府在南岳完成的,到天台山只是做一些扫尾工作。②

《通玄真经注》主要体现了以下道教哲学思想③:第一,对老庄哲学中的"道",徐灵府将它界定为"气",用"气"释"道",当这种"气"分散之后,便产生了万物,"气"的本来状态是无形的,当它演变成万物时,就变成了有形的存在。因此,徐灵府在解释世界的存在时具有唯物论的思想。

第二,如何认识"道"? 就是要发挥神听、心听、耳听的作用,将道教静修的思想贯穿其中。认为要注重清静、养神,达到养生修炼之目的。

第三,继承和发扬了老子的辩证法思想。如"物不孤运,事在相生",指明事物是普遍联系的,也是对立统一的;在论述事物的发展时,指出"聚尘成岳,积流成海","德不积不足以成名","恶不积不足以毁身"。这就是讲任何事物都是一个从量变到质变的发展过程。徐灵府从朴素的辩证法观点出发,认为人类社会也是不断变化的,治国者要因时而变,即所谓"五帝不同治,三王不共法"。④

第四,在修炼方式上,主张以内丹修炼,反对外丹固形之做法。在唐以前,道教的修炼多以外丹为主,到唐时,开始注重内丹修炼,但外丹修炼仍较流行。南岳天台派司马承祯就力主内丹修炼法,徐灵府继承这一修炼法,批判外丹修炼法。

---

① 袁清湘. 徐灵府与上清派南岳天台系[J]. 中国道教,2009(6):41.
② 袁清湘. 徐灵府与上清派南岳天台山[J]. 中国道教,2009(6):42.
③ 《通玄真经注》一书的思想,参见王兴国的《南岳道士徐灵府的哲学思想》,载《道教与南岳》,岳麓书社2003年版;袁清湘的《徐灵府与上清派南岳天台系》,《中国道教》2009年第6期。
④ 王兴国. 道教与南岳[M]. 长沙:岳麓书社,2003:97 - 99.

上清派的第十三代著名道士张太虚,唐开元(713~741)间来南岳,居上清宫修道,与何应虚、邓中虚、田虚应并称为"四虚"。上清派的第十四代弟子中,在南岳影响最大的当属田虚应。唐李冲昭所撰《南岳小录》中称田有弟子900余人,其中有的为唐代天师,有的为道坛法主。在第十四代弟子中,知名的还有薛幽栖。他于唐天宝元年(742)来南岳,遍读《三洞》《真诰》,注《灵宝度人经》与《玄微论》,进呈唐玄宗,受到赞赏。第十五代弟子中,著名的当属刘元靖和徐灵府等,另有马惟良,修道于南岳中宫,受《三洞秘诀》,师事田虚应,元和(806~820)中入天台,唐宪宗征召不应。

上清派第十五代之后,由于资料缺失,发展脉络不明。至五代南唐时,始有与上清派第十九代宗师王栖霞同时的道家学者谭峭出现。

谭峭,生卒年不详,字景升,泉州人,国子司业谭洙之子,唐末五代著名道士和道教学者。少时聪颖,博闻强记,广涉经史,其父希望他走科举进入仕途的功名之路,但没有如愿。清李元度的《南岳志》载:谭峭"幼好黄老及周穆、汉武、茅君、列仙内传,靡不精究。长,游嵩山,得辟谷养气之术。独游,无所不之。夏服鸟裘,冬则绿布衫,或醉卧霜雪中,经日,人以为死,视之,气休休然。后居南岳洞天观,炼丹成,服之,入水不濡,入火不灼,亦能隐化"。[①] 谭峭年少时喜好黄老及《穆天子传》《汉武帝内传》及《茅君列仙传》等仙道书籍,长大后遍游名山,师事嵩山道士十余年,得辟谷养气之术。道家称之为"紫霄真人",又号"洞玄天师"。谭峭离开嵩山后来到南岳,住南岳洞天观,在这里他炼丹成功,著《化书》。后又离开南岳去庐山"栖隐洞",终年百余岁。[②] 有的说他此后隐居青城山归老。

谭峭所著的《化书》是道教经典中的重要著作之一。该书分为道化、术化、德化、仁化、食化、俭化共六卷110章,每一卷一化,内容涉及哲学、社会及自然科学等领域。[③]

第一,《化书》的最高哲学范畴是老庄哲学中的"道"。"化"是变化,转化之意。谭峭认为宇宙万物是一个生生不息,变化不止,循环往复的一个过程。

谭峭认为:"虚"是世界万物的本源,这个"虚"并非是绝对不存在的东西,而

---

① (清)李元度. 南岳志[M]. 长沙:岳麓书社,2013:470.
② 黄钊. 道家思想史纲[M]. 长沙:湖南师范大学出版社,1991:444.
③ 关于《化书》的思想,参见黄钊主编的《道家思想史纲》,湖南师范大学出版社1991年版;廖小东的《唐末道士谭峭及〈化书〉研究》、李琼琼的《南岳道士谭峭和他的〈化书〉》,载《道教与南岳》,岳麓书社2003年版。

是看不见,摸不着,听不到的一种无形的东西。"虚"在运动变化中产生万物,最终又回归到虚,这个过程就是"道",即虚——形——虚,这与老子讲的有——无——有是相通的。

谭峭认为万事万物是不断变化的,人类社会也是如此。唐末五代时期,国家四分五裂,政治黑暗,战乱不息,人民生活困苦不堪,呈现出江河日下的态势,出现这种情况是由于统治者穷奢极欲,势必走向败亡的结果。谭峭同情农民起义,斥责统治者不讲仁义的暴行。他说:"非兔狡,猎狡也;非民诈,吏诈也。慎勿怨盗贼,盗贼惟我召;慎勿怨叛乱,叛乱禀我教。"①同时认为社会发展也会出现治——乱——治的循环变化。

第二,修炼长生的内丹思想。谭峭主张内丹修炼,以长生不老,得道成仙。按照他的道化思想,人也会有一死,他也认识到这是自然规律。但可以通过修炼达到长生的目的,即便人(形)灭了,神会不死,即道教所讲的形亡神存。

谭峭的《化书》表现了一种朴素的辩证法思想,这种思想也主导了他对社会的清醒分析,其内丹修炼思想对后来道教内丹学产生了重要影响。同时,谭峭的思想也被后来理学家周敦颐、张载等人所继承。正因为如此,"从北宋陈抟始,直到元代全真道十方丛林之规制,都将《化书》作为必读的经书。"②

唐代道士李冲昭撰写了关于南岳现存的最早的一部地方志——《南岳小录》。

李冲昭,晚唐道士,其生卒年不详。幼年好道,后到南岳从师。李冲昭并不是一位出名的道士,因此历代道教典籍中并没有关于他的详细生平记载。

李冲昭在南岳修道期间,往返于南岳中心区之间,致力于研究南岳的历史、地理、人文,其不畏艰辛,刻苦求知之精神令人赞叹。李冲昭在书中"序言"中说:"冲昭弱年悟道,近岁依师,泊临岳门。频访灵迹,唯求古来旧记,希穷胜异之事,莫之有者。咸云兵火之后,其文散失。遂遍阅古碑及《衡山图经》《湘中记》,仍致诘于师资长者,岳下耆年。或得一事,旋贮箧笥。今据所得……撮而成书,总成一卷,目为《南岳小录》。"③这就是说,李冲昭在拜师学道之后,经常赴名胜古迹中考究,寻找南岳衡山各种资料,但只找到《衡山图经》和《湘中记》等少数资料,于是访问衡岳长者,得到大量的口述资料,每调查或考证来有关南岳衡山之事,就把他记

---

① 李琼琼. 道教与南岳[M]. 长沙:岳麓书社,2003:114.
② 卿希泰,唐大潮. 道教史[M]. 南京:江苏人民出版社,2006:157.
③ (唐)李冲昭. 南岳小录(外四种)[M]. 上海:上海古籍出版社,1993:3.

录下来,放入他随身携带的小箱子里,然后汇集编成了这本书。

《南岳小录》一书的内容为先列"五峰三涧",即祝融峰、紫盖峰、云密峰、天柱峰、石廪峰及灵涧、寿涧与洞真涧;"次叙宫观、祠庙、坛院之属,而以历代得道飞升之迹附之。"李冲昭作为道士,只记述了道教宫观和道仙人物,而没有记载佛教寺庙和高僧,这是《南岳小录》一书最大的遗憾。宋代陈田夫撰《南岳总胜集》,不仅记录了道教宫观和名道,也记录了佛教宫观和高僧,这比李冲昭囿于门户之见的视野要高出许多。另外,李冲昭对南岳中心区的名峰记录也欠全面。但在唐以前有关南岳史料全部散失,其所记载的山川、"胜境灵迹",具有相当珍贵的史料价值。宋代郑樵在《通志》"艺文略"中将《南岳小录》录入,清代被收入《四库全书》之中。

隋唐五代时期,南岳道教除以上清派为主外,尚有许多名道来此修炼。如张惠明,唐贞观二十三年(649)修真于南岳之北帝院。他来南岳前,曾被唐太宗封为"妙济大师",敕住南岳;肖灵护,唐贞观(627~649)年间居南岳招仙观炼丹。五年后又创建寻真阁,并于桂州铸500斤重的铜钟一口,置于观中;叶法善,唐高宗弘道元年(683)在南岳任衡岳观住持,奉旨"封岳,辟方四十里,充宫观长生之地,禁樵采,断畋猎,罢献课,以为常典"。后返京师,得睿宗、玄宗信赖,封为越国公,拜鸿胪卿;许碏,唐穆宗时来南岳招仙观,以醉酒狂舞,吟句题诗的修炼方式见长;轩辕弥明,居南岳圣寿观,又善诗,韩愈曾为其作《轩辕弥明石鼎联句序》;邓紫阳,自江西来南岳,访朱陵洞,谒青玉、光天二坛,朝拜邓郁之。开元(713~741)中奉诏入大同殿建醮,被封为天师;浑沦先生,姓名不详,隐居南岳,著《南华指要》一书。宰相权德舆有《送浑沦先生游南岳序》。

这一时期,南岳道观的建筑,多以上清派宫观为主,即均衡对称式建筑。唐代除对南岳原有宫观进行修葺外,又新建了黄庭观、真君观、降圣观等一批道观。

(4)宋元明清时期

宋代,道教被列入第二大宗教,北宋真宗和徽宗尤笃道教。真宗命人辑《道藏》,大建宫观;徽宗自称"教主道君皇帝",为名道赐封号。因此,宋代道教是我国历史上的又一个兴盛时期。这一时期,上清派在南岳呈衰微趋势,而其他一些道教宗派在南岳扎根。如名道单惟岳、蓝方、夏元鼎等人属钟、吕内丹派;陈崇政、刘用光,系天心派弟子。两宋时期,南岳的名道较少,除一部分常住宫观的全真派和正一派弟子外,大部分为散居市镇或乡村的正一派弟子,俗称火居道士。

值得称道的是,宋代道士陈田夫在南岳修道期间,撰写了南岳另一部具有重要影响的地方志——《南岳总胜集》,它是山水人文历史地理的辑录,也是迄今保存最为完整的最古老的南岳地方志史书之一。

陈田夫,南宋道士。据清李元度的《南岳志》载:陈田夫,字耕搜,四川阆中人,号苍野子,又称"阆中道人"。宋高宗绍兴(1131~1162)初年来到南岳,"居衡山紫盖峰下九真洞老圃庵,往来七十二峰间三十余年。辑《南岳总胜集》,隆兴改元自序。"这就是说陈田夫在南岳,其主要精力并没有放在修炼以得道成仙上,而是以超过常人那种坚韧不拔、锲而不舍的精神去考察和研究南岳,最终在宋孝宗隆兴元年(1163)撰写成《南岳总胜集》。

《南岳总胜集》分为上中下三卷,约 5 万多字,内容丰富,清代阮元在《四库未收书目提要》中说:"首卷列总图一、分图五,及五峰灵迹,又洞天福地,以至历代帝王,为类二十有七。中卷叙寺观及所产珍禽、杂药、异花、灵草、灵禽、异兽,纤悉毕载。下卷叙唐宋异人,高僧。末附以隐逸之士。征引博而叙述简,深有体要……此则较唐李冲昭《南岳小录》更为详备。"

首先,在对南岳地理的记述中,图文并茂,不但记有山川,而且记录了奇花异物、动物、中药材及物产等。卷上首先是南岳 72 峰的一个总图,然后将南岳衡山72 峰划分为五个部分或五个体系,即石廪峰系、祝融峰系、云密峰系、紫盖峰系、天柱峰系,如祝融峰系包括烟霞峰、碧萝峰、惠日峰、侧刀峰(即今岿屼峰)、朝日峰(又名朝阳峰)。陈田夫将五峰每个体系中所包含的山峰、河流、地形地貌、道路、寺庙、道观、洞天福地、书院、名胜古迹等均详细地标绘在图上,完全使用自然界标,这种以图示文、以图解文的方式,给人们认识南岳一种直观的印象,一目了然。从图上可知,南岳 72 峰已标注完备,可以说最迟到南宋时已确定了南岳 72 峰。又如记录"岳产珍木"12 种,"岳产杂药"80 种,"岳产异花"12 种,"岳产草香"8种,灵草 28 种,灵禽异兽 16 种。这些对于了解整个南岳的地理环境、自然风光及特产,以及帮助人们旅游都有重要的意义。

其次,在人文社会方面,儒、释、道以及历代帝王与南岳的关系,迁客骚人游岳及题跋等均加以收集记载。陈田夫抛弃过去有关南岳旧志佛道门户的狭隘之见,将佛教寺庙、高僧,道教之道观、得道成仙之名道等全部载入。既体现了陈田夫开阔的胸怀,也反映了宋代儒释道三教融合的趋势。如书中记录了名道魏夫人、司马承祯、田虚应、麻姑、褚伯玉等名人,也记录了海印,怀让,希迁、思大、大明、宗炳等名僧,所记述的历代帝王与南岳,则是以舜、禹、祝融氏开始,一直到大中祥符四年(1011),宋真宗册封五岳,加封南岳神为"南岳司天昭圣帝"的《玉册文》。

当然,陈田夫在记载儒释道三教人物和寺观书院等方面时,也有详略和重点之分。他首要突出的是道教,次详于佛教,对于高僧的记载也较为详备。而对于儒学的书院则一笔带过,无具体详细内容,只是给读者提供一个简单的信息而已。

第三,详细地记载了南岳大庙。包括大庙地理位置,大庙的历史变迁,大庙建筑,祭祀南岳神概况,宋真宗册封南岳神的《玉册文》,碑文等,是古籍中记录南岳大庙最为完整的的史籍。

总之,《南岳总胜集》是迄今为止,关于南岳地方志中历史时期久远,记载最为完整、详细的第一部真正意义上的地方志,对于研究南岳的历史、地理、形胜,儒释道三教、物产等具有重要的史料价值,是研究南岳的珍贵史籍。

元明清时期,南岳道教渐趋衰落。元统治者和清统治者推崇佛教,先后将西藏的黄教定为国教,道教仅为汉人的宗教。明朝皇帝虽有不少崇信道教,曾使道教一度复兴。但自清中叶之后,道教逐渐从停滞走向衰败,道士们重新趋向市镇和农村,迎神送鬼,祈福弭灾,道教迅速世俗化。就南岳而言,元明两代道教衰落较快,道士和道观数量大减,但与全国道教发展大趋势不一致的是,清朝时,南岳道教较元明两代兴盛些。

元代正一道著名道士吴全节,曾两次奉诏祀南岳,元成祖赐其"冲素崇道法师南岳提点"。吴全节擅长作诗和书法,对江南天师道在元朝的兴起起了重要作用。元末明初的一代道教宗师张三丰,到南岳游览,并在九仙观后筑武当宫炼丹,丹成作诗云:"今日完成五岳游,身骑黄鹤驻峰头。曾于北镇先寻访,直至南衡始罢休。万里漫云燕楚隔,两山刚被坎离收。天然道妙同行辙,又看湘波九面流。"张三丰后来创立了武当派,虽然他当年在南岳未传弟子,但注重清修的全真道武当派很快传入南岳及省内一些地区,省内及南岳一些道观,如长沙云麓宫、南岳南天门等,相继成为湖南有名的全真道场。

道士许演空,早年入武当山蜡烛洞修真,后约同道高守忠、李和松来南岳,访九仙观古迹,在其侧结小茅庐,备偿清苦。高、李相继羽化后,南明桂王朱由榔闻许演空的高节,传见了他。他一生著有《道德经注》《阴符经注》行世。后飘然长往,不知去处。

南岳九仙观道士李皓白,与南明十三镇总兵均有交往,得到诸将帅的馈赠,又得南明桂王在南岳的部分田地,置地筑观,使九仙观兴旺一时。李著有《琐碎录》、《九仙传》。清初衡永兵备道彭而述作有《道人李皓白传》《送李皓白归衡山序》,对他大加赞赏。

　　清代,南岳道教曾一度复兴,表现在道观和道士增多,但名道极少。据成书于乾隆十九年(1754)的《南岳志》载:这时南岳衡山共有道教宫观48座,比明末要多出20座。又据成书于道光三年(1823)的《衡山县志》载:当时南岳有道教宫观47座。到晚清时期,成书于光绪九年(1883)李元度的《南岳志》载南岳宫观数量为43座。这时的道士数量虽多,但多系一般的香火道士,只能做一般性的迎客、诵经守戒等事务,名道寥寥无几。如前所述的李皓白之外,就只有刘理授和谭教清等人了。

　　刘理授,湖北汉川道士,俗名宗海,一生云游四方,遍访高道。游至南岳时,在衡山得松阳子许公的金丹大道,后选居静修。除精通内功外,对书法、剑术、医理多有建树。

　　谭教清,衡山人,清同治(1862~1874)年间来南岳,居半山亭吸云庵旧址修持。同治末他募资将吸云庵改建为玄都观。光绪四年(1878)又加以扩建,成为南岳一座有名道观。

　　(5)民国以来

　　民国时期,政府虽不限制宗教,但由于军阀割据,战乱不息,政局像走马灯一样变更,道教地位江河日下,道教宫观毁多建少,道士数量大减,不少道士到民间画符念咒,降妖捉鬼,超度亡灵,道教地位也今不如昔。1945年,整个南岳住在宫观的道士约有50人,两年后,下降为17人。1949年,又增至60人,大小宫观24处。

　　这时期较有名的道士有九仙观住持李缘真、三元宫住持刘光斗和先后任九仙、玄都二观住持的龙教镇。李缘真在九仙观时曾创办弘道小学于观内,自筹资金,聘请教师,招收道、俗弟子接受初等教育。刘光斗在抗战初期一度担任南岳佛道救难会副会长,参加抗日救亡活动。龙教镇,俗名炳南,全真派道士,初在浏阳祖师岩学道。1939年长沙大火后,率道众约50人来南岳九仙观避难。1944年,应南岳道众之请,协助住持修缮玄都观,安置流亡道众。晚年任省、县政协委员,协助政府召回离观道众,清理观产,策划维修玄都、黄庭等宫观。

　　这一时期,南岳市镇及其附近散居的正一派道士,以杨树生、杨三和父子,胡岳楚、胡南楚、谭龙光、延厚生等五个坛场业务比较兴盛。

　　新中国成立后,南岳道教经历了一段从重创到复兴的过程。"文革"时期,先是各宗教团体转入政治性生活,旋即全部赶出南岳宫观,道宫被封,道具法器被毁。1979年中共拨乱反正,落实宗教政策,道教宫观逐渐修复,道士增加。至

2003 年底,登记在册的道教人员已达 82 人,其中乾道(即男道士)25 人,坤道(道姑)57 人。

2. 宫观简介

道教主张祀神修道,从产生时起,就出现了相对集中的道教活动场所。早期道教的活动场所多为修道者筑建在深山的茅舍和岩洞,十分简陋,称"治"或"静"(靖)。即所谓的"洞天福地""十大洞天""三十六小洞天""七十二福地"。

晋时,道教场所称为"庐""治"或"静"(靖),南朝时称"馆",北朝改为"观"。南北朝时期,道教场所迅速发展,建筑日趋定型。唐朝时,道教活动场所称道宫、道观、一直沿用至今。由于道教主张清心寡欲,清静无为,都喜欢选择风景秀丽的名山建立宫观,并在那里修炼。

在建筑方面,道教宫观一般由神殿、膳堂、宿舍、园林四部分组成。总体布局基本上也是采用中国传统的院落式,以木构架为主要结构,以"间"为单位构成单座建筑,再以单座建筑合组成庭院,进而形成各种形式的建筑群。其建筑的总体布局、体量、装饰、用色等,都体现了中国古代阴阳五行及八卦学说的道家思想,其中八卦图为道教宫观中常见的图像。

现存道教宫观建筑大多为明清时期建造,或为近几十年来仿古建筑。前有山门,有的还有华表、幡轩。山门以后正中部分为中庭,是宫观建筑群的主体,分布在宫轴的中轴线上,主要由三大殿堂组成,即三清殿(宫观主殿,供奉道教至高天尊三清像)、玉皇殿(供奉被道教尊为"诸天之主"的玉皇大帝)、灵官殿(供奉道教守护神灵官塑像)。三大殿堂两侧有配殿,供奉一般的道教诸神。在中庭两侧,建有东道院、西道院,祀奉一般诸神,并建有斋堂、寮房等。

在上述主体建筑中,辅以楼、阁、亭、台,形成幽静的园林景观。宫观内饰以反映道教追求长生不老、羽化登仙等思想观念的艺术作品,如日、月、星、云、山、水、岩洞、扇、鱼、水仙、蝙蝠、鹿、莺、松柏、灵芝、龟、鹤、竹、狮、麒麟、龙、凤等中国传统吉祥图案的壁画等,代表道教长生、不老、友情、福、禄、仙、祥瑞之意。另辅以联额、碑刻、题词、诗文、书画等艺术作品。

据旧志载:南岳最早出现的宫观是碧岫峰(今湘潭县境)建造的西台观,据称是约公元前十一世纪西周穆王南巡时建造的。西汉时,在云龙峰下出现了栖真观。魏晋南北朝时期,随着道教的迅速发展,南岳出现了如九真观、九仙观、元阳宫、上清宫等一大批宫观。唐代又有所增加,此时南岳中心地带共有宫观 28 处,宋时 23 处,到清光绪六年(1880)有 43 处之多。民国时期,减至约 24 处。至 2003

年底,南岳中心地带有道观 13 座。现将南岳现存宫观和历史上著名宫观简介如下:

玄都观 位于南岳半山亭。始建于南朝齐(479～502),原名吸云庵。庵前有省心亭,后废,仅存吸云庵,当地人习惯称之为半山亭。清同治元年(1862),全真道龙门派北宗道士谭教清造此,经多方募化,于同治(1862～1874)末购买该庵及周围山地 36 亩,对吸云庵进行改造和扩建,更名为玄都观,以作北宗南移之十方丛林。清光绪六年(1880)落成时,适逢翰林院编修、衡山人谭鑫振游南岳,为之撰《半山亭记》,亲笔书"十方玄都观"额一块。

玄都观前殿为灵宫殿,供奉护灵雷神;中殿为玉皇殿,后面为慈航殿和三清殿。殿中左右配有四大天师站像。道观两侧,建有东西配殿,均为木石结构。东配殿为一楼十间,西配殿为一楼一底二十四间。玄都观左侧原建有止都观(又名自在观),一栋七间,供老年道士修养之用。玄都观牌房为中心拱门,有一联为:"遵道而行,但到半途须努力;会心不远,欲登绝顶莫辞劳。"1985 年,曾在 1969 年被遣返回原籍的王信安道长被重新请回玄都观任住持,经历两年,修复玄都观。

玄都观红墙碧瓦,气势宏伟,周围古木参天,烟云缭绕,林幽景秀,是目前南岳中心区历史悠久、规模宏大的第一大道观。

黄庭观 位于集贤峰右侧一块险峻的山坡上,距南岳古镇仅一公里。该观始建于唐高祖武德(618～626)初年(一说武德元年)。相传是江苏道士双仲远慕名来南岳拜访魏夫人遗迹,旋在魏夫人坛遗址上先架茅棚,后建观宇,安置徒众静居修道。

五代时,楚王马希声重修此观时,取古观名"魏阁"。宋天圣(1023～1032)中,宋仁宗下旨再次进行修葺,前后历时四年。仁宗景祐(1034～1038)年间,仁宗依唐大历三年(768)颜真卿所书《晋紫虚元君领上真司命南岳魏夫人仙坛碑铭》而赐其名为"紫虚元君之祠",兼赐祎褕之服,并赐钱置田,以赡道众。宋政和五年(1115),宋徽宗崇尚道教上清派著名经典《黄庭经》,于是依经文名赐观名为"黄庭观",观名一直沿用至今。

至明末,屡遭兵燹,观宇颓废。清乾隆四十二年(1777),环岳信众,捐资改建黄庭观于飞仙石上侧,并改宋代祀魏元君、冲寂元君为只祀魏元君。乾隆五十七年(1792),邑人旷图南、旷大鹏父子捐资 8 000 串,新建前殿。次年旷大鹏再次捐资,建成两横厢房、侧殿、过路亭、修缮正殿。道光十三年(1833),邑人宾逢泰约众人集资捐款,重建黄庭观,又为置香火田 39 亩,册名"魏仙阁"。民国时期,地方信众加以维修。

1944 年,南岳沦陷,日军占领该观,道人被驱赶,魏元君殿被破坏。"文革"中,该观又遭破坏。1990 年,南岳玄都观监院黄至安受命负责重建黄庭观,经五年努力,筹集资金 28 万元(其中国家拨款 8 万元),这是继清乾隆(1736～1795)年间之后规模最大的一次重修。黄庭观占地一亩余,有三进两厢,第一进为憩凉亭,正门的门额石刻为"山不在高",亭南门额刻有"仙观"二字;二进为过殿,门额刻"黄庭观"观名;三进为正殿。正殿两侧为东西厢房和侧殿。观的右下方有白龙潭水库和白龙潭瀑布奇观,是一个避暑度假的胜地。

祖师殿 位于南天门,始建于唐代,主祀道教北方之神玄武祖师。现存铁瓦,每片约重 20 余斤,上铸有"乾隆五十三年""道光二十四年""同治二年"等字样。民国时期,无多大变化。1956 年曾维修一次,旋又被破坏。1993 年收归南岳道教协会管理,随即加以维修,重塑玄武(真武)祖师等神像三尊。1998 年,对该殿进行高标准的落架重修,重塑神像,重制神台、神龛、供桌等设施,次年完工。重修后的祖师殿为一幢石墙铁瓦,两进四重院落的仿古建筑物。从正门入为第一重院落;第二进正中为真武殿,往东为丹房、斋堂、客堂等;往西为慈航殿、经书流通处、碑廊。真武殿之后还有凌虚台、凌虚亭、太虚亭,均依山而建,回廊相连。

紫竹林道院 位于半山亭玄都观后,始建年代已不可考。宋代陈田夫撰的《南岳总胜集》中,对紫竹林已有记载,这说明宋代已有紫竹林道院。元明清三代,兴废不详。进入民国时期,道观破损。1936 年,旅居南岳的江西籍富商梅建南曾捐资重修。新中国建立后,一直被非宗教单位占据使用。直到 1986 年,退还南岳道教协会管理,道观恢复。因紧临登山公路,殿内又设有送子殿,故香火特别旺盛。1992～1999 年,凭大量的香火收入和信士捐赠,陆续重修扩建,添建了丹房和宿舍。

该观坐北朝南,依山而建,但山门侧开向西,面对登山公路。山门是一座小牌坊,额曰:"紫竹道院",门边对联曰:"紫竹林中观自在,白云深处是道乡。"门额两侧各挂一块小牌,"观音殿"和"送子殿"。进入山门,便是大殿前坪,坪下有一大片紫竹林,高篁耸翠,晨雾晚岚弥漫,紫霞飘舞。紫色是道教最神圣吉祥的色彩,道教一直追求紫气缠绕仙境般的境界,这也许是该观命名的由来。靠山墙内侧,为两栋连成一体的三厢平房,中央为正殿,右边为财神殿,左边为祖堂。人们进入该观,在此赏竹悟道,品尝道教文化。

三元宫 位于南岳大庙东侧内与外红墙之间,角楼以北,系拆除已颓圮的原新三元宫重建而成。1993 年,南岳区政府将大庙东侧的所有道观划归南岳道教协会管理。同年 3 月,道协投资 50 万元,首先拆除新三元宫,重建南配房和斋堂。第二年又重建了大殿、山门及北厢房,雕塑了三官神像(又称三元,神名。最早源于原始社会中先民对天地水的自然崇拜。后道教认为"天官赐福,地官赦罪,水官解厄",三官成为主宰人间祸福之神)和汉白玉神台,新制了神龛、供桌等,总计耗资 100 万余元。1995 年 5 月 14 日举行了竣工典礼和开光法会。

现三元宫为东西向的四合院式结构,由山门、正殿和南北配房组成,总建筑面积 2 600 平方米。山门为牌式建筑,白墙绿瓦,拱门上正中竖额"三元宫"。南北配房为两层楼,中央为正殿。三元宫建成后,湖南省道教协会及南岳道教协会皆由半山亭玄都观迁驻于此。

铨德观、纯阳宫、寿宁宫 均位于南岳大岳东侧内与外红墙之间,是在以前老铨德观、新铨德观的旧址上于 1995 ~ 1997 年重建而成。三座宫观为一连体建筑,以纯阳宫为中心,北铨德,南寿宁,有回廊连接,自成院落。主殿为东西朝向,配房为南北朝向,纯阳宫两侧有配房,为三座宫观共用。纯阳宫正殿是双层楼房,地层为吕祖殿,殿中供奉全真道北五祖之一、世称纯阳祖师的吕洞宾,殿门两边的对联为"金阙选仙,妙道包罗于天地;玉清内相,文章饱蕴在心胸";下联为"一枕黄粱,点破千秋大梦;九转丹诀,炼就万劫真仙"。楼层为玉皇殿,供奉玉皇大帝。铨德观的正殿为慈航殿,殿前院内置有下为三足鼎、上为宝塔式的铁香炉,并保留了原有的"七斗樟",即排列如北斗七星的七棵古樟。寿宁宫正殿为邱祖殿,供奉的是全真道龙门派创始人邱处机。院落中建有一个四角亭,亭内立有 3 米多高的青石碑一块,碑文上刻有《重修纯阳宫铨德观寿宁宫记》等。三座宫观总建筑面积 1 786 平方米,耗资 400 万元人民币。

仁寿宫 位于三元宫的南边,是在原寿宁宫的遗址上于 1996 年动工兴建的,耗资 200 万,历时近两年建成的。仁寿宫亦为一个四合院式结构,共两进。前进为宫门,后进及两厢为殿堂。前后进为单檐硬山式出马头墙。宫内梁栋,廊坊等均雕刻艺术品饰之。正殿祀太上老君,后祀尹真人与东华帝君,左殿祀药王,右殿为祖堂,宫门过殿祀南极仙翁,皆是仁寿之至的神。宫门对联云:"仁者无私,尊神重教;寿人有德,乐善好施。"

清和宫、万寿宫、玉虚宫 均位于南岳大庙东侧内与外红墙之间。重建工程为湖南大学建筑设计院设计,于 2001 年 3 月动工,2003 年 6 月竣工,建筑面积为 3 829 平方米,投资 700 万元。随即辟为南岳道教文化博物馆。三宫形制基本相同,均为青砖外墙,前置山门,内为四合庭院,三宫用走廊联通。

清和宫山门为牌坊式建筑,单扇拱门,门正中横额有道学泰斗卿希泰所题的"清和宫"三个金色大字。背面为"道法自然"四个黑色立体大字。山门两侧,饰以众多的道家图案。跨过宫门,即为庭院。南北为博物馆用房,中为正殿,殿中神台上塑有雷神像。道教称之为"九天应元雷声普化天尊",意即不仅能行云施雨,还能行霹雳击杀妖魔。

万寿宫山门为牌坊式拱门建筑,正中额题书"万寿宫",背面为"道尊德贵"额。宫门内为灵官殿,过此殿进入四合院,院中置有一花岗石的古太极图。正厅辟为太上老君展室,即道教文化博物馆的序幕厅。厅后立长沙马王堆汉墓出土帛玉《老子道德经》屏风一块,由青铜制成,高2.2米,宽5米。

玉虚宫山门由原老牌坊稍加修饰而成,前额为"玉虚宫",背面为"道气长存"横额。宫门联为:"玉阙辉煌光寿岳;虚无缥缈幻南天。"殿堂为财神殿。

朱陵宫 位于紫盖峰麓之水帘洞。此地林幽水秀洞奇,是道家修炼的胜地,道教第三洞天。朱陵宫始建于宋代,明清两代多次进行修葺,后在清末毁于一场大火之中。南岳道教协会筹集资金,于2000年重修朱陵宫,历时三年,2002年底完工。占地20亩,建筑面积3 800平方米,是目前南岳中心地带第一大道观丛林。

重建后的朱陵宫,坐北朝南,由五进七重院落组成,围墙环绕。中轴线上依次是:一进为先天门,二进为灵宫殿。殿内供奉着道教护法神——王灵官,又称灵官王元帅;三进为吕祖殿,建于17级台阶之上,殿内供奉八仙之一的吕洞宾祖师。吕祖殿左右两侧分别有慈航殿和财神殿;四进为朱陵殿,为朱陵宫主殿,建于18级台阶之上,气势宏伟。台阶下方嵌有《百子图》等各种浮雕128块,雕刻细腻,活灵活现。殿内汉白玉神台之上,供奉的是朱陵大帝(道教中主管人间福禄寿荫之事的神),有名联曰:"朱雀高翔,四海炎黄朝寿岳;陵台永祀,五洲冠盖仰南天。"整个大殿高15.56米,内外共有28根石柱,象征二十八星宿。画栋雕梁,色彩斑斓,工艺精湛;最后一进为三清殿。殿内供奉三清尊神,即元始天尊、灵宝天尊、道德天尊。朱陵宫东西两侧有长廊相接,并设有"东客堂""西客堂"。朱陵宫在中国道教史上占有重要的地位,一直是道教重要的活动场所。

云麓宫 位于岳麓山峰顶,为道家第二十三真墟福地。始建于明宪宗成化十四年(1478),建筑采用武当山道观的宫殿形制。明嘉靖(1522~1566)间,太守孙复命道士李可真主持重修。隆庆(1567~1572)间道士金守分增建堂殿,改名为云麓宫。宫的前殿为关圣殿,中殿为玄武祖师殿,供祀玄帝;后殿为三清殿,祀三清尊神。清康熙四年(1665)、嘉庆八年(1803)两次进行续建,道光十三年(1833),巡抚吴荣光等重修前殿,咸丰二年(1852)毁于战火。同治二年(1863),武当山道士向教辉募资重修。抗战时期,遭到日军炮火的严重破坏,战后重建。"文革"时期,道观大多被废弃,道人被强迫还俗。1987年收归长沙市道教协会管理,经重建后于1989年3月正式对外开放。

九仙观 位于紫盖峰下,水帘洞附近,曾是南岳最大的一所道观。其前身是建于南朝梁天监(502~520)年间的九仙宫。自晋到南朝,先后有陈兴明等9位名道在此修炼,羽化升举,被人们称为九仙或九真人。为了纪念他们,后人建了九仙宫。

南朝梁武帝曾御制"衡山九真观"碑,唐开元(713~741)中,唐明皇亲笔为九仙宫题额"紫盖峰石坛九仙宫"。唐懿宗咸通九年(868),衡州刺史张魏奏请为九仙宫置观额。翌年,唐政府批准九仙宫改为九仙观,懿宗皇帝亲自题写观额。宋徽宗宣和元年(1119),复改为九仙宫。南宋至元明,其兴废沿革不明。清初,毁于战火。后道士李皓白被九仙宫众道邀请出任该宫住持,李以南明军将帅所赠之钱,扩建九仙宫,改名为九仙观。同时他又收回被人侵夺的田产50亩,率道众垦殖400亩,后又获得南明桂王在南岳一带的庄田615亩及荒地243亩,成为南岳最富裕的道观。据清雍正十三年(1735)官方勘查南岳佛道寺观田亩统计资料时,结果九仙观有田亩727.3亩,排名南岳佛道寺观第三位。

民国初年,九仙观恢复十方丛林制度,全盛时期有道众百余人。抗战爆发后,九仙观的经济日趋困难,1944年,南岳沦为敌手,田租收入锐减,亏空甚多。龙教镇(原玄都观道士)接任住持后,整顿观务,对九仙观进行一次较大的修复。全观为两进,一进为过殿,二进为正殿。至新中国成立前夕,九仙观仍为南岳一所规模最大的道观。1966年"文革"爆发后,观内神像、法器等被红卫兵砸毁一空,教徒被强迫还俗。是年冬,银星水库因加坝增高,观宇被拆毁,观址淹没于水库中。从此,著名的千年道观不复存在。

九真观 九真观距九仙观两华里。始建于晋武帝太康八年(287),是在晋初道士尹道全居住过的王母殿原址上建造的。晋怀帝永嘉(307~313)年间,赐额为华薮观,南朝梁武帝改为九真观,并赐庄田300户充道观基业。到梁元帝承圣(552~555)时,九真观已是一座相当大的道观。

隋开皇(581~600)中,九真观被改名为衡岳观。唐贞观二年(628),唐太宗诏由天师张惠明为该观住持。时名道司马承祯在该观北一里许修建了一座白云庵,司马承祯仙去后,其弟子王仙峤奏请改师旧居白云庵为观,玄宗亲书"降圣观"额,但白云庵早已颓圮,"降圣观"额便送给了九真观,并在九真观塑造圣祖大道玄元皇帝(即老子封号)供像,并赐经书及金银一批,因而九真观也被称为"九真降圣观"。天宝十二年(753),玄宗又令衡州衙门铸铜钟一口,赐给九真降圣观,可惜早已不存。宋代时,太宗、真宗、仁宗三朝均先后颁赐御书、御香及金宝牌,命以衡岳观为国家祈福场所。徽宗宣和三年(1121),改衡岳观为铨德观。九真观自梁到宋,历六个王朝约千年,可惜自宋末到清,几经兵灾,最终垮塌。

栖真观　在云龙峰下,为西汉时来自四川青城山的方士王谷神、皮元曜所建。中有金母殿,两人在此修炼胎息还原之术。道成后东游,受到汉武帝召见,王谷神被封为"太徽先生",皮元曜被封为"太素先生",成为南岳最早被皇帝赐封的道士。后来唐代名道董奉仙也曾居此。观废弃年代不详。

灵西观　在今云龙峰。晋代女真人薛炼师在此尸解。梁天监五年(506),于其升举处建一道观,即用此名。该观圮于何时,不详。

元阳宫　在南岳大庙东北丛林中,距九仙观不到五华里,南岳九真人中最早来南岳修炼的陈兴明,于魏齐王正始八年(247)修行于此,晋武帝泰始元年(265)在此升举。唐代唐德宗(780~805年在位)时,元和先生张太虚也在该宫修炼。宋徽宗宣和元年(1119),改名为崇明观。今观址已不存。

上清宫　距九仙观约三、四华里处,为南岳九真人徐灵期修真及撰写《衡山记》之处。到南宋高宗(1127~1162年在位)时已成废墟,只留下一块标明宫基的石碑。

中宫　距九仙宫不远。南朝齐末年,江西九江道士王灵舆(南岳九真人之一)自庐山五老峰来此,修炼12年,传中宫就是他亲手所建。后迁居朱陵洞九仙宫,并在此飞升。宫废弃年代不详。

招仙观　距九仙观不到三华里。据宋陈田夫《南岳总胜集》说:招仙观"肇基刘宋,卜字萧齐"。该观规模大,除正殿、偏殿、横屋、杂寮等建筑外,先后还建有寻真阁、养素轩、遥碧阁、竞秀亭、朝天坛等亭阁。该观在六朝、隋唐时期有名道在此修炼。至南宋绍兴(1131~1162)间仍未衰败,至明初方废圮。

北帝院　位于九真观后半里,始建年代不明。周围松竹茂盛,自南朝梁到唐中叶,都有名道在此修炼飞升。宋太平兴国(976~984)中,御赐观额。后废。

洞灵宫　又名洞灵台,亦距九仙宫不远,兴废年代不详,是道家所列的第二十五洞天福地。梁天监(502~519)中,道士邓郁之(南岳九真人之一)居此诵经。

玉清观 在南岳庙西南方向石廪峰之南,始建年代不详。南朝齐永明(483～493)年间,茅山道士陈慧度(南岳九真人之一)曾在此炼丹,后丹成仙去。唐代,玉清观丹台还存在,岭南节度使张九龄曾访问过玉清观,写有《陈氏丹台》诗,怀念陈慧度。观的附近除丹台外,尚有雷泓、风穴、诵经台、丹泉、鬼栽石等胜地。南宋乾道(1165～1173)中,道士邓时永、黄守正两人重修玉清观。至宋末,观颓废,其基脚清末时犹存。

洞门观 又名洞阳宫或会真宫,位于石廪峰西北,始建年代不详。晋代道士施存(南岳九真人之一)在此修真升天。该观倚石造阁,亘空20余丈,居险崖上。唐岭南节度使张九龄奉旨祭南岳时,也曾来观游览。宋末废弃。

太平观 在采霞峰下,相传南朝齐高帝(479～482年在位)敕建此观,其废弃年代不详。南朝道士褚伯玉自浙江剡县瀑布山来此,采霞食气,并建此观,传法授徒。

凌虚宫 在西岭右边的华盖峰之南,亦名凌虚台,唐天宝(742～756)初年建。天师薛季昌曾居此,得道飞升。

田真院 位于元阳宫东南两里许,唐大历(766～779)中建。薛季昌弟子田良逸常在此休息。后废。

洞天观 在祝融峰右,石廪峰西,石困峰南。其兴废年代不详。唐末著名道士谭峭炼丹之所。

南岳庙东八观 大约系宋代中叶之后陆续建成。清雍正(1723～1735)时,尚只有铨德观、三元宫、寿宁宫、万寿宫4处。后逐渐兴建,至民国时期,已具八观规模。据南岳管理局局长石宏规于1943年撰写的《南岳一览》记载,是时,"自北至南依次是老铨德观、新铨德观、老三元宫、新三元宫、寿宁宫(内有清和宫,又有寿仙桥)、雷祖殿、万寿宫(内有玉虚阁、仁寿阁)。"1942～1944年,被湖南省立工业专科学校借作校舍。1946年下学期至1949年下学期,国立师院附中设于南岳庙内,东廊厢房是其教室,八观是学生的宿舍和食堂。新中国成立后,八观全部被收为公房,相继被卫生局、工会等单位占用。此后不久,寿宁宫被改作衡山县福利院,万寿宫成为废墟,新、老三元宫及新、老铨德观颓圮。1992年以后陆续退还给道教,并修复成今天的规模。

降真观 又名降圣观或白云庵,位于紫盖峰下,其兴废年代不详。是唐代名道司马承祯修炼处。

安宝观 位于衡山县城郊,其始建年代不详。观内有三清殿、玉皇宫及厢房,香火旺盛。废于清代。

普贤观　位于岣嵝峰下,建于南朝齐永明(483~493)年间。梁时,武帝萧衍称住持周靖为师,赐名普贤,故名。后沿革不详。

灵山庙　位于衡东草市洣水河畔的灵山上,故名。建于五代后唐同光(923~926)年间。毁于1966年"文革"中。

灵宝观　位于衡阳市西湖。建于宋真宗大中祥符九年(1016)。明崇祯(1628~1644在位)时曾重修,后废于战乱。

回龙观　位于回雁峰右,其兴废年代不详。明末毁于战火,清顺治六年(1649),道士贺灵明募建。

寻真观　位于湘江和蒸水交汇处的石鼓山上,即石鼓书院故址,唐秀才李宽曾结庐读书于此。宋淳祐(1241~1252)年间,道士赵疏庵迁建于城中,后废。

玉皇殿　在衡阳市阅江门内。清康熙三十四年(1695)市内铜铁工匠公建。后沿革不详。

太清宫　在衡阳市石鼓区,原址在潇湘门内。清雍正四年(1726)建,后兴革不详。

西台观　在碧岫峰(今属湘潭县境)。清李元度的《南岳志》称是西周穆王南巡时所建。南朝陈改为太初观。宋代改寺,明代改为李真人祠,清代犹存。民国期间仍有小庙宇,后兴废不详。

圣寿观　在紫盖峰下,原为唐代陕西范阳人卢潘的书堂。唐懿宗咸通六年(865年)奏改为圣寿观。后沿革不详。

寿宁观　又名寿宁宫,在祝融峰后岳界北,内有冲和阁。其兴废沿革不详。

洞真观　在祝融峰右,其兴废沿革不详。唐朝诗人任华有《洞真观》诗。

光天观　在祝融峰光天坛侧。光天坛乃道家所称的第二十二福地,其兴废沿革不详。

真君观　在紫霄峰顶,即九天南离紫光发华赤帝太虚之馆,又传为太和真人王君夫妇升天之处。

自在观　在半山亭,1934年建,后废。

此外,南岳还有静真观、涌泉观、龙兴观、紫霄观、屈塘观、九灵观、天书观、东真观、寻道观、青霞观、兜率宫等宫观,这些宫观均早已废圮,遗迹无存。

第四节 书院文化

南岳衡山不但是湖南佛道文化的发源地,同时也是湖湘文化的策源地。这座文化名山反映了中国几千年来思想文化的脉络,它以正宗的儒学思想为主干,以佛道思想为两翼,搏击在中国思想界中。三者之间既相互排斥、相互斗争,又相互妥协和兼容(而以兼容为主体),形成了一种相辅相成的关系。在这里,儒家的中和之美、道家的自然之美和佛家的空灵之美与钟灵毓秀的自然风光融为一体,使南岳成为一座名副其实的文化之山、精神之山。

前面我们已对佛道文化做了论述,本篇将系统阐述儒家文化重要的传承载体之一——书院文化。

书院是儒家学说的传播阵地,它是中国古代社会中独立于官学系统之外的特有的教育组织,就其所属而言,书院是士大夫私人读书之处,与一般的书斋性质相同。同时也向社会开放,服务社会公众,成为官学的重要补充。

书院兴起于唐代,宋代迅速发展,至清代达到顶峰。唐代初年,书院兴起于民间,至唐玄宗开元五年(717),在都城长安置乾元院写四部书。次年,乾元院更名为丽正修书院,开元十一(723)、十二年(724)又分别在长安大明宫光顺门外和东都洛阳明福门外设丽正书院,十三年(725),改丽正修书院为集贤殿书院。中央政府设立书院,推动了民间书院的发展。清李元度的《南岳志》卷十七载:"五代蒋维东隐居衡山,授业者称曰山长。"①此为山长得名之始。北宋时期,从庆历四年(1044)至北宋灭亡前夕共80多年时间中,开展了三次兴办官学运动,即振兴官学运动,要求恢复和发展从中央到地方完整的学校教育体系,于是不少地方将书院改为州县之学,如衡阳的石鼓书院即改为州学,书院替代了官学的作用。南宋时,州县教官兼任山长的情况较多。至元代,书院出现了官学化趋向。明朝至清代前期,书院迅速发展,数量大增。康雍乾时期,湖南的书院达140所。②至清末的同治、光绪时期,书院步入改制时期,基本上被改为新式学堂。至20世纪前十年,书院的历史被画上了句号,中国古代的书院教育转型为近代教育。

---

① (清)李元度. 南岳志(卷十七).[M]. 长沙:岳麓书社,2013:541.
② 冯象钦,刘欣森. 湖南教育史:第1卷(远古~1840)[M]. 长沙:岳麓书社,2002:475.

纵观书院1300多年的发展史,不难发现,古代书院有三大功能:一是授业讲学功能。它以儒家思想为传播阵地,讲经传道,为统治者培养人才;二是藏书、刻书的功能。一般较有影响的书院,山长们组织师生,对儒家经典进行阐释,并刊刻出来,供师生阅读;三是祭祀的功能。古代重视修身教育,各书院都建有专门的祭祀场所,选取历代先圣或与书院有直接联系和影响的先贤作为师生定期祭祀的对象,以此对师生的修身、治学起示范作用。书院以独特的办学形式、管理方式和教学原则,在中国古代教育中占有重要的地位,它不仅为历代王朝输送了大批人才,而且它符合官学下移的社会发展趋势,对于古代教育的发展,推广和传播中国古代文化,繁荣学术思想起到了重要的作用。

一、南岳书院的历史地位

湖南书院发端于南岳衡山,并以她为中心,向全省辐射。从东晋时陶侃结庐岳麓山下,私塾授徒以倡教化始,至唐宋以后,南岳书院迅速发展,千年不衰,其影响之大,在中国书院发展史上占有相当重要的地位。

至于书院兴起和迅速发展于南岳衡山的原因,主要有以下几个方面:其一,唐中叶以后,北方历经安史之乱和五代十国时期的纷争,社会动荡,经济受到严重的破坏,南方相对稳定,统治者加强对南方的经营,湖南的湘、资、沅、澧流域,尤其是湘江流域得到了前所未有的大开发,湖南成为唐中期以后历代王朝的重要粮仓;其二,古代书院都选建于山清水秀、环境幽雅的地方,可潜心学术而宁静致远,能修身养性。正如南宋朱熹在《重修石鼓书院记》中说:"前代庠序之教不修,士病无所于学,往往相与择胜地,立精舍,以为群居讲习之所。"其三,自古以来,湖湘民众主张经世致用,以促成国富民强。他们不以为官为最终目标,而以探求真理,追求正义的开创精神为己任。为此,他们以兴办教育作为强国的基础;其四,儒释道三教合流推动了书院的出现和发展。南岳佛道两教早已驻足南岳,宗教气氛炽盛,寺观有房可居,又能随僧斋饭,环境清净,学子借佛寺道观读书蔚然成风,故"致名山巨刹隐然为教育中心之所在,五代书院制度,盖亦萌于此欤?"

衡岳大地,人杰地灵,书院历史悠久,影响巨大,其特点有:

首先,它是中国古代书院出现最早的地方之一。南岳的第一所书院为石鼓书院,接着又有始建于唐宪宗元和(806~820)至宝历(825~827)年间的南岳书院、韦宙书院和卢藩书院。在书院刚兴起的唐代,在南岳的中心区就出现了四大书院,这在全国的名山中是罕见的。

其次,数量多,享有盛名。南岳从唐代建立书院,到清末时止,有近百所书院掩隐其中,可谓书院星罗棋布,故曾国藩在《重修文定书院记》中说:"天下书院,楚为盛,楚之书院,衡之盛。"众多的书院点缀在莽莽衡岳之中,形成了恢宏的书院文化。儒释道三教文化在南岳相互交织,相得益彰,从而形成厚重、填实、丰富多彩的名山文化。在南岳这些书院中,有享誉天下的著名书院。据宋代马端临撰的《文献通考》记载:宋代有四大书院,即江西的白鹿洞书院、河南的应天府(睢阳)书院、湖南的石鼓书院和岳麓书院。石鼓书院和岳麓书院均在南岳衡山,一个位于南岳首峰,一个坐落于南岳的尾峰,一南一北,遥相呼应。天下四大著名书院,南岳占了一半,足见南岳衡山执全国书院文化之牛耳。因此,宋真宗赐匾"岳麓书院",宋仁宗赐额"石鼓书院"。

再次,南岳书院是湖湘学派的源头和学术传播基地。湖湘学派是理学南传而兴起于湖南境内的一个著名的地域性学术流派,是湖南地区形成最早、规模最大的儒学学派,其学术思想和人才群体的形成与发展与南岳衡山密切相连。学派的开创者是胡安国,奠基人为其子胡宏,集大成者为张栻等人。

两宋时期有着中国古代学术史上的"濂""洛""关""闽"四大理学学派。"濂学"是指周敦颐为首的学派,因其为湖南道州营道(今湖南道县)人,以讲学于濂溪而得名;"洛学"指以北宋二程兄弟(程颢、程颐)为首的学派,因其讲学并居住于洛阳而得名;"关学"是指以北宋张载为首的学派,因其讲学于关中而得名;"闽学"系指南宋朱熹为首的学派,因其主要在福建建阳考亭书院、崇安武夷精舍、松溪湛卢书院讲学而得名。这四个学派,其中有三个学派与湖南有关。"濂学"由湖南人周敦颐所创;"洛学"的创立者二程兄弟(程颢、程颐)曾经向周敦颐求学,为其弟子;"闽学"的创始人朱熹曾多次因出仕或讲学到湖南,与湖湘学派知名学者张栻交游并讲学于岳麓书院和石鼓书院。

周敦颐是理学学派的开创者,但他的学术思想形成于做官时期,20岁就离开了湖南,晚年寓居江西庐山,建濂溪书院读书治学。因此其建立濂学一派主要是在外地,而对湖南的影响力较少。两宋时期还有一些学派在湖南讲学,如北宋绍圣(1094~1098)初年,程门大弟子杨时在浏阳做知县时,就在此讲学,朱熹也在湖南讲学。但这些都是短期的,其学术思想和教育活动的影响力有限,更不可能在湖南形成自己的学派。

胡安国(1074~1138),又名胡迪,字康候,谥号文定,学者称武夷先生,后世称胡文定公。建宁崇安(今福建省武夷山市)人。宋元祐五年(1090),入太学学习,接受二程和洛学。宋哲宗绍圣四年(1097)中进士,此后步入仕途。最初担任江陵府学教授,后回京师任太学录,又为太学博士,旋提举湖南学事。因性格直爽,得罪一些权贵。政和二年(1112)其母去世后,胡安国守孝六年,后又几次辞而不就朝廷官职。宋钦宗靖康元年(1126),在金军大举入侵中原的情况下,胡安国往京师,决心为国出力,任中书舍人,但不久去职。南宋建立后,宋高宗诏胡安国为给事中、中书舍人兼侍讲。胡安国把自己对形势的分析和政治改革的意见写成《时政论》二十一篇献给宋高宗,但未被朝廷采纳,胡安国对朝廷深感失望,加之其性格耿直,受到同僚排挤。胡安国壮志未酬,在政治上心灰意冷,决心"隐居以求其志",决定退出官场,从事自己多年潜心研究的《春秋》之学。

胡安国离开京城后,转而来到曾经为官之地湖南,隐居南岳衡山,他先居湘潭的碧泉,这是胡氏父子隐居南岳之始。在这里,他们一面体悟"静观万物之理,动处万物之分","默契天地心"的理学思想;一面登高望北,极目中原,表现了深厚的爱国情操。

胡氏父子到南岳后,就在寺庙和已有的书院中读书讲学。如邺侯书院,清光绪《南岳志》卷十七载:"胡文定公父子讲明《春秋》于此,宦游于此。"在定居紫云峰后,自己创办了文定书院,收徒讲学,许多人慕名负笈而至。胡氏父子进而扩建书院,完善书院的教学体制,培养出一批学术精英,如张栻、彪居正、吴翌等,这样湖湘学派便在南岳出现了。

胡安国一生以圣人为目标,潜心研究《春秋》,绍兴元年(1131),与次子胡宏共同创办"碧泉书堂",开创"湖湘学派"。绍兴六年(1136),胡安国完成了《春秋传》,受到了宋高宗"深得圣人之旨"的评价,成为后世科举士人必读的教科书。又著《资治通鉴举要补遗》一百卷,《文集》十五卷,《宋史》为之立传,《宋元学案》中有《武夷学案》。在《春秋传》中,胡安国把宇宙本体的"元"(天地人中的形而上的本体)和作为主体伦理意识的"仁""心"等同起来,把伦理观念、道德观念提升到本体论的层面,同时把宇宙本体主体化,由人道而及天道,使形而上和形而下有机统一起来,两者成为一个相互联系、不可分割的整体,把儒家的义理与经世致用的学术风格相结合,开创了湖湘学派经世致用的传统。

胡宏(1102~1161),字仁仲,号五峰,人称五峰先生,崇安(今福建崇安)人。胡安国子,湖湘学派奠基者。幼年师从杨时、侯仲良,拒绝秦桧为官之请,不随波逐流,立愿做一个有道德、有大节,以振兴道学为己任的大丈夫。其主要著作有《知言》《皇王大纪》和《易外传》等。其中《知言》是胡宏的治学、讲学的随笔和札记,涵盖了他的哲学思想、政治思想、伦理思想和教育思想,代表其学术水平的最高成就。在哲学思想上,胡宏提出了"性本论"的命题,认为性是天下之"大本",坚持以"性"作为宇宙天地的终极存在,即本体,以此联结天人关系。在性和天的关系上,胡宏用性去取代天;在性和心的关系上,主张"性体心用",着眼以性来探讨心。因此,胡宏建立了湖湘学派的理论体系,成为湖湘学派的奠基人。在政治思想上,胡宏一方面批判南宋政治的黑暗,认为"国家之败,必有坏乱";另一方面,提出政治改革的良策,即要"复圣人之政",倡导政治改革。这可以看出胡宏做学问是为了经世致用,要求改造人性和当时的社会。

后来,胡宏的著名弟子张栻把胡氏衡山学发扬光大,进而发展成为湖湘学派的核心人物。

张栻(1133～1180),字敬甫,又字乐斋,号南轩,汉州绵竹(今属四川)人。出生在一个官宦世家,其一世祖张九皋是唐朝宰相张九龄之弟,曾任唐岭南节度使。其父是南宋抗金名将、中兴名相张浚(1097～1164)。绍兴七年(1137)张浚落职,次年张栻随父至永州(今湖南零陵)居住。张栻博学多才,十三岁写"连州八景"诗。绍兴三十一年(1161),29岁的张栻前往衡山拜胡宏为师。学成后在长沙岳麓书院、城南书院讲学多年,并先后在宁乡道山、衡山南轩、湘潭碧泉等书院聚徒讲学,其弟子胡大时、彭龟年、吴猎、游九功、游九言等皆为湖湘学派之巨子。官至右文殿修撰,但不与秦桧为伍。张栻是南宋初期著名理学家、哲学家和教育家,湖湘学派集大成者,与朱熹、吕祖谦齐名,时称"东南三贤"。著有《南轩集》。

张栻的理学思想上承二程,推崇周敦颐《太极图说》,以"太极"为万物本原,主张格物致知,知行互发,但又别于程朱而异于陆学。他以太极为理,太极变化便产生阴阳二气,二气交感便有万物化生,称"人与物俱本乎此者也"。天下万物皆生于理,理是万物赖以生存的根据。

关于心性问题,张栻认为:天、性、心三者,名异实同,皆同体于理,即是天理的直接体现。他说:"理之自然谓之天,命于人为性,主于性为心。天也,性也,心也,所取则异而体则同。"心是万物主宰,是万理统摄。在认识论方面,提出"心也者,万事之宗也"的命题,认为一切从心上做,从心上体验天理,排除了格物穷理的必要性。

张栻在教育方面写有大量学记,阐述其教育思想。他重视开办学堂、发展教育,造就人才。他认为办学的根本目的是"传道济民",为国家培养经世致用的人才,反对学校成为科举的附庸,主张以儒家的政治伦理去教育和培养人才,注重学生的操行。在教学方法上，主张循序渐进、学思并进，培养学生的独立思考能力。

两宋时期，以南岳为基地的湖湘学派也成为全国最具影响的著名学派，文定书院，岳麓书院、石鼓书院等成为湖湘学派的象征。

其四，南岳书院，名师云集，培养了许多旷世英才。自学术大师胡氏父子到南岳收徒讲学之后，历代都有著名的学界名流到南岳来讲学，如朱熹到南岳中心区一些书院和石鼓书院讲过学，王阳明讲学于岳麓书院，湛甘泉讲学于文定、石鼓书院，并创办甘泉精舍（后改称甘泉书院）。王阳明的高徒邹守益主教石鼓书院，创东廓书院。一代鸿儒叶钊、茅坤、赵大洲、王敬所、蔡汝楠、胡东山、李同野、罗近隐、王敬均先后讲学于石鼓书院。南岳各大书院人才辈出，成为宋代之后名人的殿堂。大凡此后在湖南乃至全国有影响的人物，大多与南岳的书院相关。南宋时期著名学者和政治家江琦、曾几、范如圭、薛徽言、胡诠等均出于胡安国门下；著名学者张栻、吴翌、赵师孟、胡大原等出自胡宏门下；湖湘学派的重要人物吴猎、赵方、彭龟年、游九言、游九功、张忠恕等均是岳麓书院弟子。明末以来，著名思想家王船山、王先谦，理财大师陶澍，启蒙思想家魏源，政治家曾国藩，军事家左宗棠，外交家郭嵩焘，维新运动著名人物唐才常、沈荩，教育家杨昌济，以及近代革命志士蔡锷、陈天华、蔡和森、邓中夏、何孟雄等都曾就读或任教于岳麓书院。

八百里南岳，儒释道共存一山，钟鼓之声相闻，读书之声回旋于山谷中，使得这座名山成为一座文化之山，成为主张实事求是，提倡经世之用，主宰时代潮流的智慧之山。普天之下，谁能与之争锋？

二、历代主要书院简介

石鼓书院 位于衡阳市湘江与其支流蒸水交汇处的石鼓山上。该山三面环水，四面凭虚，地理位置独特。登上石鼓山，山上绿树成荫，亭台楼阁，飞檐翘角，江面帆影点点，渔歌互答，自古有"石鼓江山锦绣华"之美誉。石鼓书院旧为寻真观，唐元和（806～820）中，秀才李宽（又作李宽中）就读于此，遂改为书院，迄今已有1200年的历史。

宋太宗至道三年（997），郡人李士真援唐代李宽故事，向郡守申请创建书院于李宽结庐读书之处，以为衡阳士人肆业之所。宋景祐二年（1035），衡州郡守刘源奏请朝廷，宋仁宗赐"石鼓书院"额及学田五顷，石鼓书院名声大振，当时与睢阳、岳麓、白鹿洞书院合称"四大书院"。但是，从宋仁宗庆历四年（1044）起到"靖康之变"为止，开展了三次大规模的官学运动，石鼓书院由此改为州学。到南宋时，石鼓书院再度辉煌,并在淳熙(1174～1189)年间步入鼎盛时期。这既与朱熹、张栻等人对书院的影响密不可分,又与宋若水再次重修书院,完善书院的功能和管理机制分不开。

宋若水,字子渊,成都府双流县人,时任衡州提刑。他上任后继续前任使者潘畤修复书院未竟之事业,完成重修石鼓书院的重任。这时书院"东西得十余丈,南北得百丈有奇",规模较前扩大。并建立了祭祀先贤的场所——燕居堂,"以奉至圣先师之像"。① 除建立祭祀制度外,宋若水还建立了刻书、讲学、学田管理等一整套制度,并请朱熹为石鼓书院做了流传千古的名篇《石鼓书院记》。

乾隆《清泉县志》卷首载石鼓书院图

(图片来自明·李安仁等编著

《石鼓书院志》卷首)

南宋后期,理宗开庆元年(1259),石鼓书院毁于兵燹。次年,衡州提狱使管琰命山长李访修葺石鼓书院,恢复石鼓书院从前的房舍场所和办学规模。朱熹在《石鼓书院记》中说:"至国初时常赐敕额,其后乃复稍徙而东,以为州学,则书院之迹,于此遂废而不复修矣。"南宋淳祐七年(1247),林畔以州学教授兼山长共三年,"补葺经创",并刊刻《尚书全解》40卷。

到了元代,石鼓书院仍扬名天下。当时元朝将石鼓书院、岳麓书院、白鹿洞书院作为北方书院建设的标准。石鼓书院的历任山长,如邓大佐、康庄、王复、程敬直等均是理学的知名人士。但这时石鼓书院发生了长达62年之久的学田之争。史载:宋末,"时提学黄勉斋出公帑,易茶陵没官田三百五十亩以给学徒。元泰定(1324～1328)年间,田为强僧所夺。山长程敬直等赴诉,佥宪张眰、御史伯颜九成、州守张珣等克复旧物。"②此事影响了石鼓书院的正常发展。元末书院废圮,

---

① (明)李安仁,李扬华,(清)王大韶.石鼓书院志[M].长沙:岳麓书社,2009:26.

② (明)李安仁,李扬华,(清)王大韶.石鼓书院志[M].长沙:岳麓书社,2009:14.

明时得修,明末又毁。

清顺治(1644~1661)年间,巡抚袁廓宇上疏请求重建,令知县余其溥主修。康熙时,知府张奇勋增立学舍,巡抚赵申乔令衡阳训导员吴炯居院中督课师生,始开清代的釐田租、监院之制。同治十年(1871),彭玉麟捐资重建,楼台书舍,焕然一新。光绪(1875~1908)末年,改为湖南官立南路师范学堂校址。民国时期,作为衡郡女子职业学校等使用。1944年6月,日军对衡阳发动进攻,校舍及山上风景名胜毁于炮火。

自宋以后,名士贤达纷纷到书院来讲学,如苏轼、周敦颐、朱熹、张栻、程洵、郑向、湛若水、叶钊、邹守益、茅坤、旷敏本、赵大洲、林学易、王敬所、蔡汝南、胡东山、李同野、罗近隐、王闿运、曾熙等人在此执教,并培养了诸如王居仁、夏汝弼、管嗣裘、邹统鲁、朱炳如、伍定相、曾朝节、陈宗

石鼓书院地形图

(图片来自明·李安仁等编著
《石鼓书院志》卷首)

契、彭玉麟、龚梦锡等一大批对中国历史产生重大影响的名人。罗含、郦道元、齐映、宇文炫、杜甫、吕温、韩愈、柳宗元、刘禹锡、范成大、辛弃疾、文天祥、徐霞客等接踵至此,或讲学授徒,或赋诗作记,或题壁刻碑,或寻幽览胜,其状蔚为壮观。

1964年,书院被辟为石鼓公园。2006年,衡阳市政府决定按修旧如旧的原则重修石鼓书院,恢复了书院讲学、藏书、祭祀三大功能。整个仿古建筑群为白墙黛瓦深色柱,庄重、古朴、典雅。布局为中轴对称,院内布置了禹碑亭、山门、书舍、武侯祠、李忠节公祠、大观楼、合江亭,展示了书院的历史风貌和文化积淀,再现了千年学府的风姿。

南岳书院 位于南岳集贤峰麓,始建于唐代元和(806~820)至宝历(825~827)时期,为时任随州刺史的李繁(一作李蘩)所建,用以纪念其父李泌,既以奉祀,又以藏书,供后人讲学之用,这是南岳最早的书院之一。南宋初年,著名理学家胡安国父子定居南岳,即在此讲授《春秋》之学。随后,学界名流纷至,于是讲读

之风盛极一时。宋宝庆(1225~1227)年间,南岳书院重修。一说此时迁建于集贤峰下,改名为郏侯书院(因李泌在唐代封为郏侯),有的说是在元代改为郏侯书院。

韦宙书院 院址在衡山县南弥勒峰(宋代改称净福山),唐代韦宙建,故名韦相公书堂。韦宙,京兆万年(今陕西西安附近)人,唐宣宗(847~859年在位)时任永州刺史,政绩显赫,擢升为岭南节度使,官至左仆射,同中书门下平章事。退居后,即创书堂于弥勒山,后改为书院,以为读书养老之地,并在山下建兜率寺。但书院早废。

卢藩书院 院址在衡山紫盖峰下。卢藩(一作播),唐代范阳(今北京市)人,官至太子少傅、中书舍人,故书院又名卢舍人书堂。退隐后,于此创建书堂,后改为卢藩书院。唐懿宗咸通六年(865),改为圣寿观,遂废。

岳麓书院 位于岳麓山之清风峡口。宋开宝九年(976),彭城人刘鳌倡议,潭州(今长沙)太守朱洞所建,原名岳麓山书院。宋太中祥符八年(1015),宋真宗召见首任山长周式,拜其为国子监主簿,但周式执意还山,真宗乃赐"岳麓书院"匾额。自此,岳麓书院闻名天下,为宋代的四大书院之一。

南宋绍兴元年(1131),毁于兵灾。乾道元年(1165),湖南安抚史刘珙重建书院,聘请张栻主教事,岳麓书院进入鼎盛时期。绍熙五年(1194),朱熹任湖南安抚使,颁行教条,为岳麓书院更建院舍,添置学田,拨付经费,岳麓书院更为彰显。前有礼殿、伴池,后有百泉轩堂室两层,房舍百余间,食田五十顷,生源大增,弟子誉满天下。德裕(1275~1276)间又毁于战争。元代至元二十三年(1286),学政刘必大重建。延祐元年(1314),潭州路判刘安仁等重修,恢复宋时规模。整个元代,在官学化的过程中,仍突出了朱(熹)、张(栻)的理学传统,培养了大批人才。元末又毁于战火。

明成化五年(1469),知府钱澍重建礼殿。弘治七年(1494),通判陈钢重建书院,增设敬义、诚明斋和大成殿、崇道祠,同知杨茂元建尊经阁。至此,书院又基本恢复旧观。嘉靖六年(1527),长沙知府王秉良扩建书院,次年竣工,建有成德堂及东、西两座讲堂。"诚明""敬义""日新""时习"四斋,"天""地""人""智""仁""勇"六舍,供生徒住宿,延宾、集贤二馆,供游学之士及讲学名师寄寓。崇祯十六年(1643)又毁于战火。整个明代,岳麓书院规制更加完备,王(阳明)学兴盛。

清初仍承明制,重建书院。但到康熙十三年(1674)毁于吴三桂叛乱中。康熙二十三年(1684)、康熙三十九年(1700)巡抚丁思孔和按察使常名扬相继重建。此后雍正、乾隆、道光时,都有整修和扩建。咸丰二年(1852),书院一半毁于太平天国战事。同治七年(1868),书院作过一次大修。斋舍扩展至 114 间,生源保持在一两百人之间。同治(1862～1874)间,"御书楼"的藏书为 14130 卷,祭祀场所 29 所。① 清代的岳麓书院,受康熙、乾隆二帝赐额,闻名于世,教学、藏书、刻书、祭祀皆称典范,人才辈出,走向辉煌的顶峰。至清光绪二十九年(1903),巡抚赵尔巽奏请书院改制,岳麓书院更名为湖南高等学堂,随后又相继更名为湖南高等师范学校、湖南公立工业专门学校。1926 年定名为湖南大学。现存建筑是二十世纪八十年代由湖南大学重修,由大门、赫曦台、讲堂、御书楼、斋舍、文庙、专祠、湘水校经堂等组成。整个建筑灰墙青瓦,古朴典雅。1988 年经国务院批准列为全国重点文物保护单位。

文定书院　即文定公祠,是为纪念宋代鸿儒、湖湘学派的开创者胡安国而建。胡安国辞世后,谥号文定,故名。胡安国曾于此筑碧泉书堂,后人因其故址建书院以示纪念。文定书院的创建时间和创建人均无确切的记载,书院原址在今衡山县岳云中学科技楼所在地。书院自宋代创建后,历经 7 次修复。

元至大元年(1308)修复并赐额,命学士杨宗饬为山长。明弘治八年(1495),监察御史郑惟垣、同知邓君淮重建,内阁大臣李东阳作《记》。明末衡山县令何仕冢与胡安国第 17 代孙胡来誉重修。清康熙四十九年(1710),第 24 代孙胡昌侯续修。乾隆(1736～1795)年间,衡山县令谢仲沅等修复。咸丰九年(1859 年),族人胡咸臧重修书院,曾国藩为之作《记》。民国成立后,文定书院改为胡氏文定小学,至抗战后改为质文小学,现已不存。

清献书院　原址位于衡山县白日峰下,始建于北宋,创建人为赵抃。赵抃,北宋人,字阅道,官至殿中侍御史,不避权贵,后因反对王安石变法,罢居衡山,卒后谥清献公。后人为纪念他,创设书院,后废。明代重建,改称清献书院。清时为赵氏义学。新中国成立后,分给农民使用,均先后拆建。

赵季西书院　原址在安上峰。赵季西为南宋时期衡山人,其生平事迹不详。书院在明代废圮。峰上有墨池。

南轩书院　原址在南岳大庙后,始建于南宋。南宋理学家张栻,号南轩,胡宏的门生。后张栻与朱熹在南岳一带书院讲学。关于书院的创建有两说:一是认为由张栻自建,如清李元度的《南岳志》就是这样说的;二是认为人们为纪念张栻受业于胡宏,以及张栻与朱熹讲学于此而建。至于创建年代与沿革等不详。

---

① 朱汉民. 岳麓书院[M]. 长沙:湖南大学出版社,2005:80.

衡州城南书院 原址在回雁峰下。元至正八年(1348),庠士何东厓将其宅改建为书院。后沿革不详,遗址亦不存。

资政书院 原址在衡州府治后堂西侧,明成化(1465~1487)间知府何珣所建。后沿革不详。

龙雁书院 明嘉靖(1522~1566)间,太仆少卿刘稳任广东兵备,病归后筑舍于回雁峰下,中丞赵贤题为龙雁书院,后书院废。

集贤书院 原址在集贤峰下的岳云中学境内。1996年出版的《南岳志》认为它是于宋代由南岳书院改建后更名的邺侯书院。明嘉靖十三年(1534),太常少卿夏良胜、翰林院编修张治游南岳,过集贤峰下,发现书院废弃,于是同衡山知县彭簪商议修复,把宋代的名贤李泌、韩愈、赵抃、周敦颐四人合祀,故名集贤书院。

明万历(1573~1620)间,耒阳人曾凤仪重修集贤书院,又将朱熹、张栻两人入祀。整个明朝,集贤书院是祭祀先哲的场所。清乾隆二十一年(1756),书院改属县学,后历经多次修缮,至清光绪四年(1878),衡山县令熊峙衡、集贤书院山长李芳蹊又进行重修。清代,其办学情况较宋明时期要完善和正规。其历任山长,或为进士、举人,或曾为州府教授、学正,颇具声望,其办学宗旨仍宗宋明。

甘泉书院 旧址位于紫云峰下,原名甘泉精舍、甘泉祠,又名紫云书院或衡岳书堂。明嘉靖二十三年(1544),著名理学家湛甘泉(若水)来南岳文定书院讲学,随后于此买地筑宅,名曰甘泉精舍。由于湛甘泉在这里讲学,后遂称甘泉书院。湖南武陵人蒋信与湛甘泉同游南岳,作有《甘泉精舍记》。至1935年,岳云中学在其遗址上建岳云中学南岳分校。岳云中学在今紫云楼侧建甘泉亭,内置甘泉像及《心性图说》碑石。

白沙书院 在今衡山岳云中学内,近甘泉书院,这是湛甘泉为纪念其师陈献章,于嘉靖二十三年(1544)创建。陈献章,字公甫,号白沙,明代理学家,平生渴望游南岳,未果。十二年后,湛甘泉再次来南岳,对白沙书院进行重修,两次修建均作有《记》。明万历五年(1577),衡州刺史李焘整修书院。白沙书院纯属祠祀性质,未做讲学场所。1938年,岳云中学在其旧址上建成学生宿舍。

岣嵝书堂 旧址在岣嵝峰。明代大臣祝泳,官至陕西布政使,归衡后,崇尚理学家湛若水,建书堂于岣嵝峰,故名。书堂续修不详,今尚存遗址。

雯峰书院 在衡山县城南。明嘉靖(1522~1566)年间,衡山县令彭簪创建,名曰文昌书院,后圮。万历二十八年(1600)重修,明末毁于战火。清康熙三十一年(1692),知县郭大定在文昌书院旧址上重建书院,更名为文峰书院,后又更名为雯峰书院。清末废科举,先改为雯峰初等小学堂,后改为县立第一高等小学堂。共和国成立后,改为城南完小。

东廓书院 在瑞应峰下,南台寺左侧。明嘉靖(1522～1566)年间,明代理学家王守仁的高徒邹守益创建。邹守益,号东廓,故名。先后随邹守益来书院讲学的明代理学家有康三泉、刘阳、周怡等,其子孙也均来此讲学,曾兴旺一时,前来求学者盛众。现为南台寺佛学讲习所。

中洲书院 旧址在衡东县草市。明万历三十八年(1610),乡人建于草市灵山庙左侧。清乾隆(1736～1795)年间设义学,改建于江洲上,后废。清道光十六年(1826)又迁建,易名为文炳书院。民国时改为文炳高等小学。

会灵精舍 原址在烟霞峰下兜率寺旁,后改建于岳庙右。明万历九年(1581)或十年(1582),王敬所在南岳讲学时,在兜率寺旁筑精舍,后被兜率寺僧侵夺。万历十八年(1590)以后,吏部给事中康元积游南岳,为答谢王敬所父子的师恩,收回被寺侵占的舍、田。后又重修精舍于岳庙侧,取名"会灵",以纪念王氏父子,康氏在此为族人讲授王氏理学。民国时期,康元积后人康和声居此,其旧舍今尚存。

邺侯书院 这是南岳中心区至今尚存的唯一一所书院。但在今南岳区境内有院址三处。一处在今岳云中学境内,宋宝庆(1125～1127)中运使张嗣可以南岳书院近闹市,将其迁至集贤峰下,改为邺侯书院。元至正三年(1343)重修。明初毁于战火,明嘉靖十三年(1534)由太常少卿夏良胜谪守茶陵途经南岳,会同翰林院编修张治、衡山县令彭簪等人重修,以祀历代来岳贤哲,遂改称集贤书院。

二是在烟霞峰下。此处原为唐代邺侯李泌隐居之故宅,岩上有李泌亲书"极高明"三字石刻。宋时故宅端居室芜废。明万历(1573～1620)年间,衡宝巡按使李天植在其故址上建明道山房,并作《记》,不久废圮。乾隆九年(1744),衡山知县贵德在旧址上建义学,改称邺侯书院。因地处僻远,办学困难。乾隆二十一年(1756),将办学田租并入集贤峰下集贤书院,院舍遂废。

三是在烟霞峰腰,即现存的邺侯书院。清光绪十六年(1890),邑人陈治与集贤书院山长戴心葵等移建邺侯书院于今址。1932年,衡山县县长蔡庆萱等人拨教育经费3000元重建。现为一进五间石室,已无藏书。1938年,郭沫若游南岳,作《过邺侯书院》诗一首,其中云:"犹有邺侯遗迹在,寇平重上读书堂。"

濂溪书院 这是为纪念北宋著名的思想家周敦颐而建的。周敦颐(1017～1073),湖南道州濂溪人,是宋代理学的先驱者和奠基人,书院故名。院址在衡阳市区有三处:

一是在石鼓山西南的凤凰山(今石鼓区青山街一带),有宋龙图阁学士郑向(周敦颐舅父)故居。周敦颐幼年丧父,随母亲投郑向处,并在此就读,后人于此建书院以表纪念。后因建学宫,书院被废。

二是在西湖寺左,原为胡忠简祠。胡忠简祠是为了纪念胡铨而建。胡铨,为宋枢密院编修,因上疏力劝斩秦桧,被贬谪衡州,居西湖紫竹林,聚众讲学,卒后谥号忠简。其子为纪念他,在西湖立祠,名胡忠简祠。后即在该地建濂溪书院,移祠于学宫。

三是在衡阳县学之右。清康熙四十一年(1702),衡阳知县陈大音重建濂溪书院,在西湖建爱莲亭,与书院相连,亭中刻有《爱莲说》石碑。后书院并入衡阳县学。

莲湖书院 在今衡阳市二中校内,清乾隆四十一年(1776),衡阳绅士上书,请求将西湖南隅周敦颐爱莲亭旧址及附近基地,改建书院,经知县陈笃批准动工兴建,历经三年竣工。门额上书"莲湖书院"。其左右为两大间耳房,中为讲堂,堂后左右有斋房32间,规模较大,后历经修缮。共和国成立后,改为学校。

白山书院 在衡山县江东乡龙溪村。清乾隆十一年(1746),由衡山白果士绅兴建。办过义学,后又恢复书院。光绪二十九年(1903),改为官立白山高等小学。新中国成立后分给农民,被拆。

景行书院 在岳庙街右。清顺治七年(1650),湖南道兵张兆熊建,为南岳诸生讲习所。两年后毁于战火。十六年(1659),衡永兵备副使彭而述令衡州知府和衡山县令重建。后沿革不详。

观湘书院 在衡山县观湘洲,故名。始建于清康熙十一年(1672),由王家贤创建。乾隆(1736~1795)年间改设义学,后又恢复书院。嘉庆(1796~1820)年间又改为义学。后沿革不详。

回龙精舍 在衡东县新塘镇百叶村。清雍正八年(1730),百叶村罗氏建。同治十三年(1874)重修,改名回澜书屋。1939年改办罗氏尚新小学。抗日名将罗芳珪幼年时期曾在此读小学。

爱莲书院 在衡东县白莲街旁。清乾隆九年(1744)向氏建,初名竹林书院。四十三年(1778),更名为爱莲书院。宣统三年(1911),改办向氏尚德小学。1971年拆除。

研经书院 位于衡山县城北琵琶洲上,今衡山城关中学所在地。清道光二十年(1840)建。清代著名学者王壬秋、吴獬先后在此讲学。光绪三十年(1904),改为官立城北高等小学堂,民国时期为县立中学。共和国成立后,先后设立衡山四中、城北完小、观湘中学、工农中学、城关镇中学。1965 年后逐步拆旧新建,至 1990 年旧舍全无。

东洲书院 位于衡阳市湘江河中心的东洲岛上。原为明太仆少卿刘稳别业地,后桂藩改建万寿宫。乾隆二十六年(1761),衡州贡生蒋一批等与当地绅士捐资兴建,至二十八年(1763)完工。其后沿革不详。

船山书院 原址在衡阳市区,后迁到东洲岛上。这是晚清中华大地上一所著名的书院,它是为纪念邑人、明末清初著名思想家王船山而建的。清光绪八年(1882),由湖南提学使朱迪然倡议,将王船山出生地衡阳城内王衙坪的"船山祠"改建而成的。资金由衡州乡绅彭玉麟、王之春等筹集捐赠。清光绪十年(1884),船山书院正式招收生徒,择师主讲,选择学行并重的李扬华为首任山长,书院章程由衡阳县令张宪和制定,为县级书院,其宗旨是学习、研究和传播船山思想。时任两江总督的曾国荃将家藏所刻的《船山遗书》324 卷板片捐给书院,又捐助膏奖(即奖学金)银两。

一年后,彭玉麟"因院地逼近城市,湫隘嚣尘,殊不足以安弦诵"为由,出资"改建于湘水中之东洲"。① 当时彭玉麟捐迁建费 1 200 两白银将书院迁至湘江之中的东洲岛上。原船山书院旧址,改作船山祠堂。新建的船山书院为三进四院的古典式建筑,由王夫之纪念堂(塑王船山之像于堂中)、讲学堂、会课堂、藏书阁、精舍四十余间等组成,院内有花园苗圃,由彭玉麟手书"船山书院"额。改建后的船山书院成为一所道级书院。其经费来源由衡、永、郴、桂四府州所属地方士绅捐献,每年总收入共计折谷达 5 000 余石。船山书院每年二月初招收生徒,面向衡州、永州两府,郴州、桂阳二直隶州共 23 县招生。

彭玉麟在光绪十一年(1885)制定了《船山书院永定章程》碑刻四通。《章程》共十二条,内容包括办学宗旨、职事设置、院长选聘、生徒遴选、经费收支、图书借阅、祭祀仪典等,可视为船山书院的章程。书院的领导权属于道台,士绅则参与民主管理。道台主管船山书院的重要事务,即聘任老师,选拔学生,整理院规,发统膏奖。

纵观船山书院的历史,不难发现,在书院建立初期,船山书院在全国并没有多大影响力,但自晚清一代名儒王闿运于光绪十七年(1891)春进入船山书院任山长

---

① 彭玉麟. 彭玉麟集(上册)[M]. 长沙:岳麓书社,2003:443.

之后,书院影响力在全国声名鹊起,学风鼎盛,赢得了"学在船山"之美誉。

王闿运(1833~1916),字壬秋,又字壬父,湖南湘潭县人。因自署所居之楼为"湘绮",故又被称为湘绮先生。是清末民初著名的经学家、教育家,中国书院史上最后一任山长。青年时期,王闿运曾在曾国藩、肃顺、文煜府充任幕宾。光绪四年(1878),46岁的王闿运应四川总督丁宝桢之请,出任成都尊经书院山长。一直至光绪十二年(1886)离任出川,历时八年,使尊经书院成为晚清四川的知名书院。光绪十三年至十五年(1887~1889),王闿运又代郭嵩焘主讲长沙思贤讲舍。王闿运在出任曾国藩幕宾期间,与彭玉麟交谊至深,并对彭玉麟评价很高,彭玉麟对王闿运的学识和人品也推崇备至,因此彭玉麟曾多次邀请王闿运掌教船山书院。光绪十七年(1891),王闿运最终担任船山书院山长,但不幸的是彭玉麟已于前一年辞世。从此至1916年,王闿运掌教船山书院达26年之久。其间于1914年被北京政府任命为国史馆馆长,任职八个月后,不辞而别。

王闿运自光绪十七年(1891)初进入船山书院之后,针对书院条件简陋、院生松懈、学风不振等问题,决意严饬整斋,告诫院生检束心性,主张"通经致用",倡导有教无类的教育思想,以振兴学风。在王闿运的精心耕耘下,船山书院日渐精进,至光绪二十五年(1899)达到鼎盛时期。由于学生日益增多,船山书院进行了扩建,学术研习之风日盛,故有"学在船山"之美誉,其影响力已完全超过了同城的天下四大书院之一的石鼓书院,培养了诸如杨度、齐白石等一批在近现代史上有重要影响的著名人物。

船山书院以祭祀王船山为主,目的是引导师生弘扬船山精神。同时书院的刻书也很有名,主要是刊刻曾国荃捐赠的《船山遗书》320卷,还先后刊刻了张突和增补的《船山遗书》60种,王闿运的《湘绮楼全集》11册等。所刻之书不但反映了书院的经济实力,而且还体现了研究和传播船山文化的宗旨。

但在清末,书院的弊端已日益暴露出来,作为晚清书院教育的一面旗帜,船山书院在改制问题上却裹足不前。至光绪三十二年(1906),湘江大水,淹没了整个书院,书院改制被迫停止。民国建立后,新式学堂大增,这时王闿运也感到船山书院维持旧制已日益困难,声明不再掌教船山书院。但王闿运是个怀古恋旧之人,他对自己苦心经营二十余载的船山书院,打心里不愿坐视其改制。1915年,湘江再次发大水,书院又被淹没。这时书院已无力经营下去,王闿运不得不答应将船山书院与衡阳城外的船山祠合并为船山存古学堂,船山书院最终改成了学堂。至此,船山书院遂成为历史,王闿运在清理学产后,其山长之责也就完成了历史使命。

1922 年,船山存古学堂改为船山国学院,由原官立南路师范学堂的首任监督、著名书画家曾熙任院长。1925 年改为船山文科大学,次年改为船山中学。1951 年改船山中学为衡阳市第一中学。1958 年将校址从东洲岛迁至城南丁家牌楼。岛上遗址,已被衡阳市人民政府列为文物保护单位。

第五节　民俗文化

"民俗"是指在民众中传承的社会文化传统,是被民众所创造、享用和传承的生活文化。它既是一种历史文化传统,也是民众现实社会生活的一个重要组成部分。南岳以千古名山为载体,以儒、释、道文化活动为中心内容,在此基础上形成了别具一格的民俗文化,在江南一带产生了巨大的影响力。其典型的民俗文化表现为"春节朝圣"、南岳庙会、八月香火与"赶八月"、"朝寿佛"与"赶二月八"等。

一、"春节朝圣"

南岳"朝圣",即朝拜圣帝,俗称进香,是湖南非物质文化遗产省级项目,也是延绵四千余年的南岳文化独特的现象,是汉民族最具规模的一种民间集体朝圣祭祀活动。

关于南岳"朝圣",从对象上来说,它包括两个层面的内容:一是历代中央政府对南岳圣帝的祭祀;二是民间普通老百姓对南岳神的祭拜。对于官方祭祀,笔者将它放到"祠庙与祭祀"一章中去分析。本节主要分析普通老百姓对南岳神的祭拜。在这一点上,又可以分为两种不同的习俗:其一,即以衡山人为主要对象的"春节朝圣";其二,是以外地人为主体的朝圣活动。这种朝圣活动表现为每天都有络绎不绝的香客,但以每年农历八月的香客最多,南岳人称之为"八月香火"。

春节是中国人传统的重要节日,但衡山人(包括讲衡山话的衡山、衡东和南岳区人)与众不同,他们过春节是以围绕朝拜圣帝为中心来进行的,活动从大年三十开始至正月初一结束,称为"春节朝圣"。整个活动由"半夜过年""出天行"观日出迎新年等几个步骤进行。

农历大年三十零点,衡山人就开始合家吃过年饭,吃完饭后再睡觉到天亮,这种半夜过年在衡阳乃至全国都是不多见的。与中国传统过春节热闹非凡相比,衡山人过春节出现一怪:"鸡不鸣,狗不叫,半夜吃饭衡山佬。"受"南岳菩萨显远不显近"的影响,衡山人平时很少进庙烧香朝圣。但是,大年三十和正月初一这两天,不论男女老幼,第一件事就是去大庙烧香,给圣帝拜年,衡山人称"出天行"。只有等到给南岳圣帝拜年之后,才能去亲朋戚友家中拜年。所以这两天,南岳大庙及其周围都是人山人海。

大年三十天亮后,衡山人就要带上准备好的各种香烛纸钱等物品,步行几十里或百余里去南岳大庙烧香。晚上十点,大庙开始开放,人们涌入大庙,但不见平时的喧闹声,只听见脚步声,以免惊动圣帝或得罪菩萨。人们集中在这里,等待新年钟声的敲响和烧香,特别是争烧第一炷香。因为第一批进去给圣帝烧香的人更能获得圣帝的保佑,本年度就会万事顺利,交好运,能心想事成,因此抢得头香不容易。于是在大年三十晚上,有的衡山人带着准备好的香烛,架云梯翻越大庙红墙涌入。因此南岳衡山人过年又出现另一怪:搭梯翻墙把年拜。

当新年钟声一敲响,从祝融峰顶取回的圣火点燃了,整个大庙钟鼓齐鸣,鞭鸣声不绝于耳,人们纷纷燃烛烧纸钱、烧香,火光冲天。僧尼齐颂佛经,朝拜者都对着圣帝像,虔诚地跪拜,口里念念有词,祈求圣帝的庇佑,使自己在新年交上好运,南岳人把朝拜圣帝称为"出天行"。

烧香之后,衡山人开始登山观日出,看雪景。在衡山山顶望日台,人们聚齐在那里,迎接新年第一轮红日。观日出之后,欣赏雾凇、冰凌等浩浩莽莽、原驰蜡象的雪景,然后去祝融殿朝拜。

衡山人有个传统习俗,凡没有给圣帝烧香拜年的人,最迟必须在初一这天完成。在没有给圣帝拜年之前,人们相见不打招呼,熟人也不例外,也不得走亲访友。他们认为,如果在给圣帝拜年之前讲了话,意味着自己这一年的好运送给了别人。因此衡山有句俗话说:"衡山人拜年真奇怪,个个嘴巴闭起来;不拜圣帝不说话,拜完圣帝再互拜。"

民国以前,南岳大庙的正门(中门)是不打开的,只有朝廷来人,才打开中门,香客只能从东川门进,西川门出。新中国成立后,改变了这种做法,老百姓也能从正门出入。因此,外地游客在除夕之夜去南岳进香的也渐增多,如今"抢头香"已成为当地春节期间一大盛事。为了让更多的游客参与其中,也为了更好地保护大庙,从1994年起,南岳佛、道两教推出了"幸运香火",并为争烧新年第一炷香的人们举行盛大的祈福法会,大庙开门的时间由过去的十点推迟到十二点,这一项目开展以来,慕名烧新年第一炷香的人络绎不绝,不再局限于讲衡山方言的人了。2000 年,争烧第一炷香的人竟以 30 万元的天价买得 21 世纪第一年第一炷香。是年,共有来自湖南、广东、广西、江西、海南、台湾、香港、湖北等地的 20 多万人参加了春节朝圣活动。

二、"八月香火"与"赶八月"

"八月香火"是一项持续时间长,影响大江南北的一项民间宗教信仰活动。为什么称为"八月香火"呢？相传南岳圣帝的诞辰是农历八月初一,因此,在这段时间中来朝拜圣帝的人络绎不绝。所不同的是,"春节朝圣""朝寿佛"和南岳庙会是以当地人为主体,而"八月香火"的主角是外地香客,加上这时南岳天气好,天高云淡,来南岳观光朝圣者也在这个时期居多。南岳镇的人主要是为外地香客和旅游观光者提供各种商业服务,这时,整个南岳镇香客云集,市场繁荣,这被称为"赶八月"。

"八月香火"历时近三个月,从每年农历七月中元节(俗称"鬼节")前后开始,至九月下旬结束,尤以八月为高潮。衡岳一带的风俗认为:每年农历七月初七日,阴间开鬼门关,那些逝去的先人可以回到阳间,与自己的后人相聚。这时每家每户都要从农历初十前后"接老客"(即迎回逝去的先祖),要献祀酒菜,烧纸燃烛,奉祀几天后,在农历十四日或十五日再"送老客"返归阴间。同时七月十五这一天,是佛教的盂兰盆会(又称"盂兰盆斋""盂兰盆供")。佛教徒为追荐先师要举行救度亡灵的拜忏、放焰口等活动。因此人们从七月十五日左右开始来南岳,祈求圣帝的保佑,由此拉开了南岳"八月香火"的序幕。

到了八月初一圣帝诞辰这一天,来南岳朝圣的人特别多,要接待数万香客,20 世纪 90 年代以来高达 10 万以上,是南岳一年香火最旺的一天。整个八月,到南岳进香的香客从四面八方涌来,不同方言、不同职业的人云集南岳朝拜圣帝。九月九日,是我国传统的重阳节,也是登高节,登高以避灾,容易得到上天和神圣的降福。人们来南岳登高祈福,求圣帝的庇佑,成为"八月香火"的又一个高潮期。

由于历朝历代来南岳朝圣的人很多,因而促进了南岳镇的兴起和商业的持续繁荣。清李元度在《南岳志》中载:"庙市,自古称盛。《唐书》开元十五年已记:延火三百余家。宋范成大记云:环庙皆市区,江浙川广,众货之所聚,盖其地当衡潭,孔道贯岳坊十字街,纵半里,横一里,又棂星门左右横街称。是故,今《志》谓,六街民商,犹不下四百家云。范记称生人所需,无不有。"①当地民众在地方政府、乡绅、富商等带领和引导下,开始为朝圣活动生产必需的手工业品,如香烛、香包、纸钱、鞭炮、竹器、木器,甚至还开起了旅馆。香市贸易旺盛时,当地及附近山民,多来赶八月。这说明朝圣活动对乡村社会的经济影响也是不可低估的。后来就形成了南岳"八月香火"期间,香市和商市相当繁荣的局面。这时,南岳镇家家户户都卖香、纸钱、鞭炮,境内外的客商也赶来卖工艺品、土特产,还有看相的、算命的。整个香市和商业活动通宵达旦,熙熙攘攘,热闹非凡。市场上传统产品最多的要数小商品类,品种繁多,如喇叭叫子、胡椒压子、算盘子、响波罗、棕木碗、象棋、宝塔、葫芦、擀面棒等。有摆摊叫卖的,有用网袋背着或挑着弦、笛、算盘一类货物吆喝的,边走边拉弦子或吹笛子。市场中还有几种特殊商品走俏,如"狮子面具""毛猴"等。另外长沙的糖人,天津的面人以及一些字画摊子,在八月市场中生意也不错,至于要猴的,表演杂技魔术、口技和耍蛇卖唱的艺人,也会集南岳。同时,由于外地来的香客多达10万以上,因此,南岳周围旅社林立。据《南岳区志》记载:至1994年,南岳区有宾馆招待所302家,床位9486张,登记发证经营饮食业的共有184户。香期临时客栈山下山上到处都是,山下以半边街、北支街、保太祠、人民巷以及古镇四周最多。一些寺庙、道观也开设招待所接待香客或居士。南岳形成了众多集经营商市、工艺品与开旅舍、饭馆于一体的商家。所以南岳流传下来的俗语说:"南岳人不种田,赶届八月吃三年。"

三、南岳庙会

庙会就是因为庙而形成的具有一定仪式等特定内容的聚会,它是围绕着庙宇所发生的群众性信仰活动,其形成与我国远古时代的宗庙社郊制度是分不开的。宗庙是祭祀祖宗的场所,社郊是宗庙之外的祭祀场所。上古时,人们认为"灵魂不灭",先人虽逝,灵魂犹在,人和神是可以沟通的。庙会就是这样一种特殊的对话形式,人神之间,后人与自然之间,人与先人之间进行集体对话,其对话形式不仅仅是语言,而且还通过多种仪式和浓郁的气氛来进行。庙会上所供奉给神或先人的内容,包括吃穿行乐等东西,也有香、烛等各种冥器。

我国庙会的历史大体经过以下几个阶段:一是秦代之前。我国庙会产生于夏商周三代之前,氏族成员共同参与。三代时期,以奉祀自然神和祖先神为主要内容。

---

① (清)李元度. 南岳志[M]. 长沙:岳麓书社,2013:246.

到秦代,确立了封禅制度,以国家的名义表达对于天地山川、神及生灵的祭拜。

二是汉代至南北朝时期。这一阶段形成的庙祀制度、宗教信仰、民间信仰观念等因素,对后世庙会的发展起了"奠基"的作用,尤其是在民间庙会大力发展的同时,宗教势力的渗入,加上东汉末年之后社会动荡,文化多元,庙会具有了更加鲜明的风俗风物的特色。

三是隋唐宋元时期,是中国古代庙会的繁荣时期。隋唐时期,国家统一,社会经济繁荣,极大地促进了庙会的发展,庙会的主体成为人们生活整体的一部分,体现市民阶层文化需求的庙市与庙会有机地结合起来。宋代民间文艺中的曲艺经过庙会的推动,内容更加丰富,商贸、艺术、信仰、游乐四者融为一体。

四是明清时期,庙会进一步发展。由于明王朝大兴宗教庙会,同时随着手工业的发展,"会馆""公所"和行会组织积极参与到城镇的庙会中,形成地方性富有个性特色的庙会群。清代基本上是沿袭明代的庙会。

五是晚清到民国时期,由于政局动荡,战乱很多,灾荒不断,庙会走向衰落。

南岳庙会是南岳民俗文化的一项重要内容,自古以来就有两大场所:即长沙和南岳古镇。

长沙城乡的庙会中,陶公庙庙会是规模大、影响久远的庙会之一。据《晋书》和《长沙县志》载:陶公庙建于南朝梁天监四年(505),是当地人们景仰东晋太尉、长沙郡公陶侃的后代陶淡和陶桓的盛德而兴建的。陶淡、陶桓叔侄两人,弃家结庐修炼于长沙椰犁临湘山,羽化成仙后,被人们视为能知万事、医百病、消灾祈福的神灵。陶公庙会的时间定于两个陶公菩萨生日即农历正月十三和八月十七。这两个时期,人们都要举办盛大的庙会,庆贺其诞辰。庙会每次长达十天左右,朝拜的香客成千上万,搭台唱戏、耍龙、舞狮、竹马灯、罗汉舞等各种民间文艺竞相登台,香客除本地人外,还有来自川、鄂、豫、浙、两广等地。庙会期间,还进行商业贸易活动,陶公庙四周经济繁荣。

有学者考证,南岳古镇的庙会产生于唐武宗会昌二年(842)[1],此后逐渐成为南岳的风俗习惯,由最初的祈求神灵驱病除魔发展成为今天集祭祀、民间文艺、体育活动、商业贸易等为一体的大型的、地方特色浓郁的民间活动。南岳古镇的庙会,是整个南岳地区规模最大、气氛浓厚、历时最长、影响最为广泛的庙会。每年农历五月十七日,俗传是天符大帝生日。天符为传说中收瘟神的神,在医学不发

---

① 萧平汉. 南岳衡山的民俗文化[J]. 湖南大学学报(社会科学版),2000(3):15.

达的古代,人们视之如救星,虔诚奉祀。相传这尊神是清咸丰(1851~1861)间被请到南岳镇来消瘟除病的,此后在这里"安家落户"。庙会从每年农历五月初十开始,五月十七日进入高潮,少则半月,多则一月,主要由佛道醮会、各种文艺活动、体育活动、"抬故事"以及商贸活动等构成。

庙会开始后,首先是演戏酬神愿和佛道两教共同举行醮会,祭拜天符大帝等神灵,祈求降福消灾,善男信女们纷纷来到天符庙上香,看庙的道士还要为儿童在额头上点红,当地人称"打点子",也有老年人前去"打点子"的,以消灾去难,这些活动为期8天。醮会结束后,庙会的高潮就来临了。人们抬着天符大帝的神像或木雕出巡南岳镇各大街小巷,队伍庞大,热闹非凡。走在最前面的是长号、大鼓,接着就是举着"肃静""回避"两块虎头高脚牌,后面跟着赤身执叉、涂着鬼脸的"鬼卒"吆喝开道,接下来分别有牛头、马面等"八家将"队伍,身穿彩衣、高举青龙、白虎、朱雀、玄武、太极八卦等白底红边大旗的少年,手执古代兵器的64人的执事队。再下来就是"抬故事"。

所谓"抬故事",即化装游行,由各团体组织装扮成古代戏剧人物,如封神榜、杨家将、岳飞传、西游记、白蛇传等剧中的人物。每台故事,用高台抬着或用汽车拉着游行,并伴随着锣鼓、舞蹈、龙灯狮子、胡琴唢呐等。抬的故事有十几台到百台不等。没有抬起来的在地上行走的叫"地故事"。

接着就是由8人抬着的天符大帝像或木雕,后面则为化装成玉皇大帝御前的文臣武将,文官坐轿,武官骑马。走在最后的是信士、道士、龙队、狮队、灯队等。最有趣的是所谓"考官",即由观众出题,拦住文臣武将,要他们当场回答,如答不了,文官要被拉下轿,武官要被拉下马。"考官"必须让提问者满意才能放行。否则取消"考官"资格。游行队伍所经之处,沿途观看的人群要燃放鞭炮,作揖者、跪拜者随处可见。

到了晚上,继续热闹非凡。在南岳大庙内,一队队龙灯队伍进入庙内。来自省内外的各路戏班子在南岳古镇的四条大街上搭台演出,台上演出各种各样的地方戏,如湘剧、祁剧、花鼓戏、皮影戏等。武林高手则设擂比武,进行各类比赛。庙内灯火通明,人们一般通宵达旦在这里欣赏各种文艺表演,或逛市场。

庙会期间,来自省内外的客商,在南岳赶集营业。营业的商品有纸钱、香、蜡烛等迷信品,也有各地来的土特产、工艺品等。

在新中国成立之前,南岳庙会没有间断过,1950年以后,作为封建迷信活动加以禁止。改革开放之初,庙会虽未兴起,但商业贸易活动扩大了。直到1985年,南岳恢复了庙会,首届庙会为期二十多天。庙会除基本上恢复了过去的主要内容外,突出了招商引资,促进衡岳经济与社会发展的主题。

四、"朝寿佛"与"赶二月八"

"朝寿佛"是衡岳一带人们在明朝中后期形成的民俗习惯。每年农历二月初八,就是衡岳的朝寿佛日。相传,无量寿佛名金真,号宗慧,唐朝郴州人。生于农历二月初八,16 岁出家,修行 123 年,享年 139 岁。驻锡衡阳市回雁峰上的雁峰寺,圆寂后屡显灵于湘南一带。相传大约于代中期之后又出现在衡阳一带,故有"五百年转回雁峰"之说,当地人把他视为"万寿无疆"的活佛。于是每到其诞生日,衡岳一带的人们就要来祭祀他,为自己和家人庆寿祈福。雁峰寺还专门建有寿佛殿,南岳大庙也有寿佛殿,南岳铁佛寺下 300 米处有寿佛寺。每到此时,都举行盛大法会,善男信女聚集到此朝拜。人们认为:这一天给无量寿佛烧香供果,定会得到神灵保佑而风调雨顺,福寿安康。于是每逢二月初八,各地善男信女云集衡岳一带的寺庙朝寿佛,沿袭千年。

有关这一民俗,著名的民俗学家胡朴安有记述:"衡城南里余有一山,名回雁峰。山顶为寿佛寺,俗呼为雁峰寺,衡城第一僧寺也。俗以二月八日为寿佛诞日,一班善男信女,皆携巨烛,往跪于寿佛前,名曰跪烛。必俟烛燃完,方敢起身。厅廊殿阁为之塞满,后至者不得入,则跪于寺门及路旁……寿佛诞日之先晚,城乡各社团例必送花爆以贺寿,观者数万人。次日,各社团又举行玩龙庆寿。龙之首尾,以彩色纸糊成。龙身则以布或绸为之,长约数十丈;每距数尺,则用着彩衣之童以棍顶持之。凡闺阁幼女,轻年郎君之美艳者,例必装戏,随龙行,有乘马者,或坐车者,花团锦簇,画态极妍,争胜斗巧。金鼓音乐之声,震耳欲聋。观者途为之塞,每次须费钱数十万缗云。"[①]

可见,"朝寿佛"是衡岳一带一个非常热闹的民俗之一。同时,在这一天,人们除了烧香拜佛之外,还要进行贸易活动,人们俗称"赶八"或"赶二月八",其实这也是一种庙会。这种庙会的主要内容有文体活动、各种特色小吃和集市贸易。文体活动中,有唱戏,读书人在茶馆、酒楼吟诗作对、姑娘载歌载舞等。如唱戏是从二月七日或八日开始,少则七天,多则一个月,还要耍龙舞狮闹花灯,其热闹的场

---

① 胡朴安. 中华全国风俗志:下篇卷六"湖南·衡州风俗记"[M]. 石家庄:河北人民出版社,1986.

面引来四方商客。庙会期间还有各种各样的地方特色小吃、各种文化用品,一些平时难得有卖的东西在这一天都能在庙会上找到,真是琳琅满目。因此庙会人山人海,热闹非凡。由于这个活动正值一年春耕生产来临之时,农民为了备耕,购买农产品特别是生产工具、种子等成为"赶二月八"的又一个重要内容,农民在这一天都有赶集购农具的习俗,进行各种农副产品和手工业产品的交换。

五、南岳民俗文化的特点

南岳民俗文化源远流长,具有鲜明的地方特色,其中虽夹杂一些封建迷信活动,但不乏体现中华民族优秀传统文化的内容。

第一,南岳民俗文化的基石是宗教性,这种文化是在吸收佛道的神学思想和民俗民风基础上融合而成的。南岳的民俗文化是在我国古代自然崇拜、祖先崇拜、祭祀文化和宗教文化的基础上产生、形成和发展起来的。南岳为五岳之一,既有远古的神话传说,也是佛道共存共荣之地。有神论是一切宗教的基础,人们以远古传说祝融氏为中心,加上历代皇帝对其封赐有加,国家将他视为震慑一方的山神,民间则将他视为能降福人间的神灵,连佛教、道教都尊奉他,因此南岳圣帝是中国历代王朝的南方之神。在南岳的民俗文化中,"春节朝圣""八月香火""庙会"等都是以崇拜圣帝为基础的。

同时,南岳民俗文化吸收佛道的神学思想,如"春节朝圣"吸收了佛教朝山进香和春节拜年的习俗特点,庙会中的醮会、民间祭拜天符大帝的驱鬼神"赛岳神"活动是吸收了道教的符箓、驱鬼等道教文化产生的。同时,在各项民俗活动中,庙会等宗教气氛相当浓郁,最引人注目的是40人的佛道僧团,在圣帝殿举行盛大的祭祀南岳圣帝法会和祭祀天地法会。同时东八观、西八寺还举行佛道功课,为游客所佩戴的佛道饰物"开光"等等。因此,如果去掉南岳民俗文化宗教性的特点,那么,南岳民俗文化也就没有特色可言了。

第二,南岳的民俗文化与旅游文化、商业活动融于一体。南岳的民俗文化也是旅游文化的一个重要的组成部分。近年来,随着南岳旅游业的开发,南岳的旅游文化和自然风光焕然一新。来南岳的人,或是朝圣为主,或是旅游为主,而更多的则是两者兼而有之。人们在求神拜佛中观赏了衡山的自然美景。特别是在庙会和"八月香火"期间,不但有浓厚的文化氛围,使人受到精神文化熏陶,而且商品琳琅满目,并伴随着商品洽谈会等活动,使古老的南岳民俗文化在文化传承中具有了新的内涵。

第三,南岳民俗文化是一种影响广泛的地方文化。南岳圣帝是南方之神,在此基础上形成了南岳民俗文化不仅历史悠久,而且影响广泛。其中南岳庙会和"八月香火"在江南可谓家喻户晓。前来进香、旅游的人遍布全国各地,尤其以湖南、广东、广西、江西、台湾、香港等地的居多。

第三章

祠庙与祭祀

第一节　南岳大庙

　　南岳大庙,简称岳庙,坐落于南岳古镇北面,南岳 72 峰之一的赤帝峰南麓。它是我国江南规模最大、总体布局最完整,集民间祠庙、佛教寺院、道教宫观于一体的古宫殿式建筑群。它有"江南第一庙"和"北京小故宫"之称,历经宋、元、明、清 6 次大火和 16 次重修扩建而成。它的主线建筑为典型的中国皇家式建筑,东

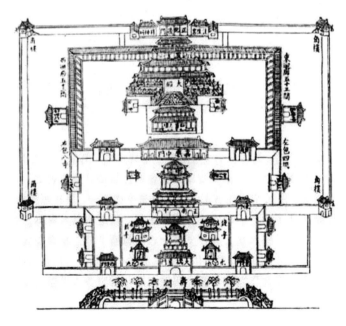

南岳大庙(图片来自清·李元度《南岳志》)

西两侧的道观和寺庙属江南民居风格的建筑群。庙内圣帝殿与北京故宫的太和殿相似,是南岳地区宗教文化活动的中心。

一、庙史

南岳大庙始建于何时,史书无记载。但南岳自古就是中国南方的山镇,早有祭祀的场所。宋代陈田夫在《南岳总胜集》卷上"叙岳祠"中云:"昔黄帝登封日岳神,游历巡狩,至秦隋氏,以王为像。"清李元度在《南岳志》卷六中也说:"唐虞五载一巡狩,柴望秩于山川(烧柴祭天,并遥望远处山川按次序而祭奠),为坛耶? 为庙耶? 不可得而详矣。后世礼严庙享,而岳庙迄未知建自何年? 宋开宝初,始诏岳渎,各以县令兼庙令,然庙不始于宋,盖自秦汉来有之矣。"但是,庙(坛或台)首先是建在山上。唐代道士李冲昭在《南岳小录》说:"本庙在祝融峰上,隋代迁移,废华薮观而建。"陈田夫在《南卷总胜集》卷上"叙岳祠"中亦云:庙"本在祝融峰上,隋氏迁下便于祭祀,卜古太真观而建。今据祝融峰之左,基址存焉。"移建的古祝融庙,名"南岳衡山祠",又名南岳庙。

唐玄宗开元(713～741)初年,天台山名道司马承祯奏请玄宗云:"五岳皆有洞府,有上清真人降任到职……请别立斋祠之所"。开元十三年(725),玄宗准奏,敕五岳各建真君祠一所,南岳由此筹建了真君祠。但两年后,大庙发生大火,延烧300余家,后来渐渐修复。

五代开平(907～911)初年,长沙府尹对庙宇进行一次大修。后来割据湖南的楚王马殷,又对大庙进行修造,并在衡山至南岳30余里的道上植松。

宋开宝九年(976),宋王朝下诏修岳庙。祥符五年(1012),敕建南岳庙后殿。宋高宗绍兴二十五年(1155),岳庙再次发生大火,正殿被毁,后帅司重修。淳熙二年(1175),又一次遭受大火,岳庙仅存三门、散廊。在宋代300余年中,先后在乾清三年(965)、端拱二年(989年)、景德三年(1006)、天圣六年(1029)、熙宁三年(1070)、政和七年(1117)、政和八年(1118)、绍兴三十年(1160)、乾道三年(1167)对岳庙进行了10次修缮和扩建。① 南岳庙也在历次修复中,规模不断扩大,规制也日臻完备。此时南岳庙已有16个殿、7门、5堂,有30余座殿宇、宫、门,庙堂共800余间房。

元朝至元二十三年(1287),元世祖忽必烈下诏重修南岳庙。至正十年

---

① 谭岳生. 南岳大庙[M]. 海口:海南出版社,1995:26.

(1350),诏令长沙府尹刘光祖重修岳庙,历时两年。这次修复较为全面彻底,整座大庙,全面翻修,粉饰一新。

明朝时,岳庙建筑规模基本定型。明正统七年(1442),岳庙由衡州、长沙二郡合资重修。成化六年(1470),岳庙又毁于火。次年,湖南巡抚佥都御史吴琛,动用帑金2 500余两,对大庙进行一次较大的修复。大修历时两年完成,在宋代基础上形成明代格局。据南岳庙内碑铭载:落成之数,正殿九间,高七丈二尺,象征七十二峰;后殿五间,东西廊房九十六间,嘉应门三座,中御香亭、御碑亭、祭碑亭各一;西廊辖神祠一;东廊后宰牲房,神库各一;次为正南门。周围崇垣,四角有楼;外为棂星门,饰以丹漆,施以彩绘,深邃崇严,宏敞壮丽。后来在嘉靖二十一年(1542)和万历十年(1582)又两次失火,分别经衡永道潘九龄和管大勋重修。管大勋还在岳庙北后门修造了一座石拱桥,名曰"接龙桥",并修复水道,名"寿涧",将元代凿断的庙后引水重新恢复,这是岳庙建设史上一次最大规模的外景建设。

明末至清,岳庙内的东西两翼,逐渐建起了东八观、西八寺,与大庙对轴分布,形成一个庞大的建筑群。清代,对南岳大庙进行多次重修。顺治五年(1648),大庙毁于清军南征的战火中,整个大庙第三重院落的御书楼、正殿、寝宫三进殿堂和两侧长廊各58间被毁。直到康熙四十四年(1705),诏令湖南巡抚赵申乔重修。历时两年,耗银4万两,恢复了明末时期的规模。后来又分别于雍正十年(1733)、乾隆十二年(1749)、乾隆十四年(1749)、乾隆十五年(1750)、嘉庆十年(1804)、同治四年(1865)、同治十二年(1873)历经7次修建,其修建规模较康熙四十四年(1705)要小。

民国时期,对大庙进行了两次较大的修复。第一次是1920年,正殿内有16根木柱受虫蛀,当地绅士、清翰林李杜生等倡议翻修大庙,推当地人王香余为督办,在各界人士的捐赠和帮助下,完成了这次修建。时任湘军总司令、湖南省省长的赵恒惕、唐生智各捐一柱,每柱耗银520元。第二次是抗战时期,1938年底,日机炸毁大庙一部分,大庙受震撼,于1943年倾颓。当时国力匮乏,省主席薛岳下令修复大庙,并令中国银行湖南总行、湖南第一纺织厂、湖南购销处各支援12万元,共36万元。是年7月动工,次年正月完工。

新中国成立后,岳庙的建设经历了一个曲折的发展过程。起初,湖南省人民政府把南岳大庙定为省级文物重点保护单位,并于大庙内设立南岳文物管理所,规划了较大的修复工程,由省政府另拨专款。至1966年"文革"爆发前,省政府拨给南岳的专项维修费累计为400余万元,并于1962年至1963年,对大庙进行了一次全面修复。

　　"文革"爆发后,南岳大庙成为红卫兵"破四旧"的重灾区,受到的破坏极为严重。庙内各种塑像被捣毁,匾额、石刻被破坏,钟鼎法器被砸,大庙仅剩一个空壳。直到1973年,恢复了南岳文物管理所,才停止了对大庙的破坏。1982年,省政府先后拨出专款,对正殿、寝宫、御书楼、御碑亭等进行全面修复,并重修了围墙,恢复东碑亭和东西碑林石刻。1990年又重修了右碑亭,1993年完成正殿南岳神像塑造工程。1995年以后,重建了注生殿、辖神祠、北后门西长廊,大修了正殿,重建了东八观、西八寺等。南岳大庙终以崭新、古朴、完整的建筑群体展现在人们的面前。

　　二、大庙结构

　　南岳大庙现存的建筑,是清光绪八年(1882)湖南巡抚李明墀委任平江举人李元度,仿北京故宫样式重修而形成的。原占地98 500平方米,建筑面积45 126平方米,现有面积76 800平方米,建筑面积25 800平方米。主体建筑是一条贯穿南北的中轴线。中轴线主体建筑分为九进,四重院落,大庙两翼分别为东八观、西八寺。前后纵深375米,左右横宽前半截139米,后半截174米。各主体建筑群之间,既自成院落,又有门道走廊相通。院落内古木参天,长廊、景亭、碑刻、花圃、水池点缀其间,整个大庙布局有序,类型多样,造型别致,是宫殿式建筑和园林式建筑高度结合的古建筑群。

　　南岳大庙第一进为正南大门——棂星门。它由棂星而得名,棂星古称天田星,主人才辈出,国兴家旺。在我国的庙宇中,目前只有两处正门以棂星门命名。一是山东孔庙,另一个就是南岳大庙。棂星门始建于宋仁宗天圣六年(1028),为木质结构,历经废兴。民国21年(1932),改建成四柱三楼式花岗石砌牌楼式建筑,门高20米,宽20米,是我国现存最高、最宽的石牌坊大门。拱门上嵌汉白玉横额"棂星门"(原为曹伯闻书,1983年由湖南省书协主席周昭怡书)三个字和由中国近代学者、本邑人康和声亲书的竖额"岳庙"二字。"棂星门"两侧有牌坊便房,称东便门和西便门,是分别进入东八观和西八寺的两道侧门。跨入"棂星门"至第二进,就进入第一个花园式大庭院,翠柏参天、绿草如茵。院内东西两侧各有一座碑亭,为木架琉璃瓦的6角12柱小亭。东边亭中是明成化(1465～1487)年间的尚书商辂撰写的《重修南岳庙记》碑刻,西边是北宋政治家范仲淹撰写的《祭衡岳文》碑。

　　第二进为奎星阁,又名盘龙亭。阁建筑在高约两米的花岗石墙基上,光绪八年(1882)重建。为重檐歇山顶建筑,平面方形。古传文曲星是天上一个星座,又名奎星,主管文人成败。这阁楼里有尊奎星的塑像,奎星像右手执笔,左手捧斗,形态自若,故名奎星阁。又传阁中藻井中雕有一条巨大的镏金盘龙,故又名盘龙亭。台基上建有戏台,历代帝王或朝廷官员来这里祭拜岳神时,地方官要请戏班子来表演,增加祭祀气氛,让山神娱乐。阁北面悬挂“古往今来”横额。阁台柱柱联为:“登峰巅俯视洞庭,高唱江从东去;问天下谁称福地,长歌风自南来。”戏台南檐下有“奎星阁”竖额,柱联为:“亭有盘龙,何不在天飞霹电;岳常集凤,都来此地听箫韶。”后台有联云:“天下一场戏,看后来如何结局;人生多幻境,关紧处还要认真。”戏台的基座上有 16 个大铜钱孔,唱戏时起扩音作用,铜钱也象征国富民强。奎星阁的两侧,左边为钟亭,原挂有一口元代泰定元年(1324)铸造的重 9 000 公斤的大铁钟;右边是鼓亭,原有一个直径达 2 米的大鼓。古人认为:钟鼓齐鸣可以镇住洪水。

　　第三进是正南门,又名“川门”,宋代称镇南门。原是一栋造型别致、重檐歇山式、四周棂窗的大亭楼,1944 年被日军炸毁,后整为观景平台,在平台上可俯瞰大庙全景,现存的阁楼是 1997 年重建的。为三拱门洞,洞深高各 15 米,全由大方青砖石砌成的。这三个半圆形的门洞,分别为正川门和东、西川门。在古代,正川门只有皇帝和朝廷命官才能通行,平民百姓只能走东、西川门。正川门洞内,原嵌有韩愈于唐永贞元年(805)遇赦离开阳山、赶赴湖北江陵府任法曹参军,途经衡山时写下的《谒衡岳庙遂宿岳寺题门楼》诗碑一块,此为明嘉靖(1522～1566)间石刻。东川门原有“蓬莱日月”横额,门联为:“东庙依然,百年不到戎车响;川原无恙,四野何知边戍歌。”西川门上原有“震旦乾乾”横额,门联为:“西极云垂,四周雨润尘难染;川流月满,一望晴空波不扬。”

　　第四进为御碑亭。系纯木结构,八角垂檐攒尖顶,红柱碧瓦,雀替斗拱。亭周边古树郁郁葱葱,四面为红墙,每方开一拱门。亭内是块青石碑,是康熙四十七年(1708)玄烨下令立的。碑高 6.6 米,重约 4 000 斤,上面刻有康熙皇帝御书的《重修南岳庙记》。碑文共 297 个字,详述了康熙时重修南岳大庙的经过。但该碑毁于“文革”中,现存的是 1985 年仿刻的。石碑的顶上刻有双龙捧日的浅雕盘龙,碑座的龟趺则是由一块青石镂凿而成的,重达 20 吨。亭上书有“御碑亭”竖额,亭子的四周檐板上撰写了 200 个篆体各异的“寿”字,每个寿字都构思新颖,无一雷同,故又名“百寿亭”。

第五进为嘉应门。是大庙迎接宾客的仪门,"嘉应"是指有客从远方来的意思,它因《汉书·礼乐志》中"天地顺而嘉应降"而得名。历代皇帝或大臣来南岳祭祀时,地方官吏和庙祝都要在这里恭候迎接。它建筑在19级石磴的台基上,单檐歇山七开间,施七彩单翘重昂斗拱,砖木结构,琉璃瓦顶,为明代建筑。民国32年(1943年)重修,门宽36.8米,深16米,高18米,是整个大庙最宽的地方。门内外原有历代祭祀祝文、修庙碑记等石刻,还有众多名人的诗词文赋碑刻40多块,可惜在"文革"中被毁,现仅存清代张凤枝、卞宝第《重修南岳庙记》两块碑刻。嘉应门两侧是东、西回廊,各有厢房53间。现已改成诗词碑廊,共有333块竖碑和69块拓碑。嘉应门楹联众多,流传广,影响大。如"星之火,风之薰,九面蓉舒天外翠;湘有兰、沅有芷,一心葵向日边红","萃雷池风洞之灵,天成仪仗;从月馆露坛而外,人上蓬莱","物以明虔,正苑后橙黄,村前桔绿;地真有福,看江头竹翠,峰上松苍"。

从正南门至第五进嘉应门为第二重院落,过嘉应门后为第三重院落,为大庙主院。由御书楼、正殿、寝宫、东西长廊组成。正殿雄踞大院正中,前为御书楼,后为寝宫,两侧有廊房各58间。庭内古木葱郁,浓阴蔽日。

第六进为御书楼。楼建于1米高的台基上,重檐歇山顶七开间,斗拱形制,砖木结构,宽30米,深20米,高15米,四周有围栏。南檐下书有"御书楼"横额,为霍松林题书。楼内原藏有珍贵的7块御制匾和历代祭文与祝文及加封岳神碑等,均毁于"文革"中。御书楼现为南岳历史人文博物馆,内藏新展出的南岳附近地区出土及收藏的200多件文物。

第七进是正殿(或大殿)——南岳圣帝殿。是大庙的主建筑,也是大庙的精华所在。它仿照北京故宫太和殿形制,凌空屹立在一座高2米,面积2 300平方米的花岗石台基上。大殿重建于光绪五年(1879),为七开间重檐歇山顶。全殿由72根花岗石圆柱支撑,寓南岳72峰之数。大殿周围古木荟萃,有宋柏(璎珞柏)、明樟(树龄600多年),陪伴着大殿从古代走来。整个大殿金碧辉煌,气势宏伟。殿宇保持宋代工字式的形制,为砖、木、石混合结构,殿高31.11米。前设月台、御道,四周为白色大理石的护栏,126个石柱上雕刻有狮、象等动物,144块汉白玉栏板上都是双面浮雕,刻有飞禽走兽、花草虫鱼和田园风光,正殿前门的木槅门页上刻的是《二十四孝图》《十八学士图》和三十六计浮雕,整个雕刻技艺精湛,形态各异,惟妙惟肖,是一幅幅珍贵的艺术品。

全殿内外由72根花岗石圆柱支撑其间,象征南岳72峰之意。其中正前门两个大柱系由整块花岗石精凿制成的,柱高6米,直径1米,重达28 000斤;其余70根均由两小根连接而成。正殿屋脊上,高耸着一只高4.55米,重约千斤的七节青铜葫芦,脊角两端各有一把青铜宝剑,光亮不锈,它既是避雷针,又是装饰大殿的华丽之物。

大殿正中汉白玉基座的神龛,上饰4条金龙,两只金凤,龛内供奉着高达6.3米的南岳圣帝像,金身冠冕,垂绅正笏。神案上陈列着香炉、烛台、宝瓶、海灯等法器。雕像左右立着金、吴二将,手执古代兵器斧钺,一个怒目挺腰,一个和颜悦色。两侧是吏、户、礼、兵、刑、工六部尚书。神龛背面绘有"老龙教子"巨幅壁画。

殿内原挂有清代康熙、雍正、乾隆、嘉庆、道光、同治等皇帝所钦赐的"光辅紫宸""永峙南维""功宏育物""灵曜南云""宅南标极""铨德钧物""黄离永吉"七块金字匾额。殿内石柱上刻有联语。如"挺七十二峰之英奇,带江襟湘,突兀阵云开,岂惟夸天柱高撑,石廪腾掷;为三千万人所瞻仰,舜巡禹奠,萧条冠盖异,犹得考太康故址,贞观残碑","居艮位而践离躔,溥雷池风穴之功,柱镇天南,斗横地北;列三公以配五岳,标月馆露台诸胜,帆随湘转,雁到峰回","功震古今,溯狩重虞巡,封昭元曲;灵通天地,岂雪ం宋霁,云仅唐开","星辉朱鸟,风静白茅,帝力浑忘于我;容易三年,为期五日,民情可格青天",等等。多为民国名人所撰,联语内历史典故多,寓意深刻。殿中原悬有十余副木楹联,其中一联云:"七二峰本天造奇观,间气所钟,岂止李邺侯十年宰相;九千丈识云开真面,至诚有感,何须韩吏部一代文章。"这些楹联今已不存。

殿后大门框上有花岗石雕刻的"五龙捧日"浮雕,殿后墙上的"双凤朝阳""三龙戏珠"泥塑神态逼真。石刻、泥塑、木雕技艺高超,堪称江南建筑"三绝"。

第八进为寝宫,又称圣公圣母殿、谨身殿、后殿。原为宋大中祥符五年(1012)所建,清同治四年(1865)重建。重檐歇山顶,五开间,与正殿丹墀相连。殿内原有崇祯五年(1632)所建的万斤铜佛趺坐,现已不存。殿中神座上设有南岳圣帝与夫人景明后的坐像,还有圣帝父母亲的坐像,均毁于"文革"中,现存的是1990年重塑的圣公圣母坐像。

第九进是北后门,是大庙中最后一进的建筑,也是岳庙中轴线的终点,为第四重院落。后门为单檐硬山三开间式建筑。它东有注生殿,代表道教,祀注生真君,又名南斗星君。东晋《搜神记》中载:南斗注生,北斗注死。西有辖神殿,又称辖神祠。主祀辖神总管像,代表佛教。现存的北后门、注生殿、辖神殿则是1995年重建的。三处建筑一字排列,均为三开间,红墙黄瓦,装饰典雅。出后门,即是登山公路和热闹的集市了。

　　总之,南岳庙是中国历代祭祀方岳的主庙,也是天子权威的象征和延伸,历代王朝莫不重视大庙的建设和祭祀。因此,南岳庙建设之频繁,宫殿之雄壮辉煌,祭礼之隆重,重臣名士出任庙监,唐宋元明清各朝皇帝不断赐封南岳圣帝等,在海内外产生了巨大的影响力。

三、祭祀南岳神

1. 官方祭祀

　　南岳神,又称南岳圣帝,大家公认为祝融氏。但对于祝融氏,有多种不同的说法,如认为是人名、族名、官名、神名。宋代之后,被尊称为南岳圣帝。其实,圣帝是传统尊神中四方神之一。有学者认为,他本来无名无姓。在唐朝以前也不叫圣帝,只叫"南方之神",简称"岳神"。唐朝开国皇帝唐高祖封他为"司天霍王",唐玄宗封之为"南岳真君",成为管理道教诸神的大神仙。到宋朝,加封为"司天昭圣帝"。一般认为,圣帝既是祖先神,又是山神,是中华文明尤其是南方文明的一个象征。因此,人们几千年来祭祀南岳圣帝,是自然崇拜和祖先崇拜合一的产物。

　　祭祀南岳圣帝历史悠久,可追溯到三代之前。整个祭祀活动,大体分为两个阶段:第一阶段在秦代之前,为"柴望"阶段;第二阶段在隋代以后,为"庙享"阶段。

　　所谓"柴望",是指烧柴祭祀,并遥望远处山川奠祭。在上古轩辕黄帝时代,南岳衡山被作为天下四岳之一就受到人们的崇拜和祭祀,最早来南岳衡山巡狩的第一位部落联盛首领是帝尧陶唐氏。到舜帝时规定了定期巡狩,《尚书·舜典》载:帝舜受禅位后,规定"五载一巡狩","岁二月,东巡守,至于岱宗,柴望秩于山川,肆觐东后……五月南巡守,至于南岳,如岱礼"。大禹治水时,途经衡山,曾在这里杀白马祭天,祈神赐予治水之法。

　　禹的儿子启,夏王朝的建立者,也曾祀过南岳。李元度在《南岳志·祀典》中引唐《开元礼》祝文式样中有云"式因夏始"。商代君王也到过四岳巡狩祭祀过。西周时,礼制规定每六年巡狩方岳一次,《周礼》载:"五月,南巡狩,至于南岳,如东巡狩之礼。"这时在山下已建有"明堂",不再是此前的筑坛祭祀了。"明堂"就是南岳大庙的前身。战国时期,虽无祭祀南岳的记载,但楚国之君不会破坏如此重要的定制,即"天子祭天下名山大川,诸侯祭名山大川之在其地者"。秦始皇统一中国后,曾想巡狩南岳,到达洞庭湖湘山祠时,遇大风,未至南岳。

　　到汉武帝时,因南巡南岳路途遥远,根据黄帝曾以潜霍为南岳之副为理由,改安徽天柱山为南岳,从此到隋建立500多年中,都祭祀天柱山。

隋文帝杨坚统一全国后,诏定江南衡山为南岳,并将以前建在祝融峰顶的南岳庙迁建于山脚。从此,南岳祭祀进入"庙享"阶段。这种祭祀,皇帝要亲自过问,不能马虎。

隋代规定:"祀五岳以立春、立夏、立秋、立冬之日,及季夏之月,遣使就其所,祭以太牢(牛羊猪三牲齐全为太牢;只有羊猪为少牢)。"唐初规定:"五岳四镇,年别一祭,各以五郊迎气日祭之。南岳衡山祭于衡州,其牲皆用太牢,祀官以当界都督刺史充。"唐天宝元年(742),改为一年一祭,时间定在秋收以后,以不误农事。北宋建立后,宋太祖于开宝五年(972)下诏:"自今岳渎庙,各以本县令兼庙令,尉兼庙丞,专掌祀事。"这是宋王朝对岳庙进行管理的措施。至元代,元世祖忽必烈在15年中10次遣使祭祀南岳神,并设"南岳永寿司",后一度称庙会司,置巡检一员,从九品。巡检除管理寺庙外,还兼管当地治安。明清时,沿用宋代的管理方式。在祭祀上,明代颁定了每年春秋两届常祀的祝文,令各地遵用。清代规定:定期的常祀,由当地官吏,上起巡抚,下至知府、知县临祭,逢国有大庆典,由朝廷遣官临岳致祭。礼部疏列文职二品以下、四品以上官衔名,候旨分遣承祭,太常寺具礼神祝版、玉、帛、香;祝辞由太常寺会同内阁中书及大学士随时撰拟。据清光绪《衡山县志》载:自唐代至清代,历朝历代致祭南岳的次数为唐代8次,宋代22次,元代17次,明代33次,清代44次。

历代祭祀南岳,除了定期祭祀外,还有许多特殊的临时致祭,主要有:一是新皇帝登基,嗣承大统,以求江山永固;二是皇帝或皇属诞辰,求神庇佑;三是皇帝或皇属病重时,求神赐予健康;四是年岁丰稔,答谢神佑;五是遇到各种天灾,求神消灾降福;六是出兵作战,祈神助威;七是胜利凯旋,向神告捷;八是修缮庙宇,以安神享。

祭祀之礼是非常隆重的,唐开元以前,常以牛、羊、猪三牲为祭品,因而大庙中有宰牲房。此后,使用纸钱、香烛、米谷、祭菜等。

民国时期,设立南岳庙管理委员会,由衡山县政府核准成立,委员遴选乡绅担任,机构驻大庙内,其职责是专门管理南岳大庙的庙产、祭祀和大庙维修。民国时期的祭祀活动,从规模上和规格上都逊色于以前各朝。每年都有一至两次由地方主要官员主持的祭祀活动,由湖南省人民政府拨专款开支。

1942年9月12日,湖南省南岳林垦局专为秋社祀岳庙,由局长李源柱署名发出两份公函。一份是给省主席、第九战区司令长官薛岳的呈文,请求省府派大员临岳主祭,以显隆重;另一份给衡山县政府,函中除邀请衡山县县长前来祭岳外,还邀请了县党部,县警察局等单位的负责人前来陪祭岳神。这种祭祀一直持续到1948年秋祀。

但在南京国民政府时期,也有一次规格最高的祭祀行动,只不过是以个人名义而已。那就是1932年11月5日,时任国民党中执委主席、国民政府军事委员会委员长的蒋介石来衡山祀岳。随行的有宋美龄、国民党中执委委员李宗黄、第18军军长陈诚、第28军军长刘建绪、第四路军总参谋长兼湖南省保安处处长刘膺古、第15师师长王东原、第34师师长陈光中、第19师师长李觉、第62师师长陶广、湖南省主席兼第四路军总司令何键及湖南省党部、省府委员等人。当天清晨,蒋介石亲率一行人到大庙祭祀南岳之神。他在圣帝像前行了三鞠躬礼,由南岳图书馆馆长康和声朗读了以他名义撰写的祝文。自隋以来,蒋介石是第一位以国家最高当权者的身份来祭祀南岳的。

1949年10月,中华人民共和国成立后,以政府名义祭祀南岳圣帝的活动完全停止。改革开放以来,随着政策的变化,为恢复官方祭祀创造了条件。1999年6月11日,在祝融殿举行祭祀祝融氏暨圣像开光法会。上午8时正,祭祀典礼在祝融殿大门前坪举行。首先是南岳区人民政府举行祭祀,主祭者为时任区长刘运发。鸣炮奏乐后,主祭者向圣帝神位三上香,三献爵,并献馔等。接着恭读祝文,向祝融氏行鞠躬礼。政府祭祀结束后,南岳佛教协会由释惟正会长任主祭人,向祝融氏进行祭祀。最后是佛教界的法师们为新塑的圣帝像举行隆重的开光法会。

2000年6月,国家体育总局决定开展"中华炎黄圣火"全民健身火炬传递活动,确定了南岳祝融峰与云南元谋人遗址、陕西黄帝陵、湖南炎帝陵、湖南凤凰苗疆长城等处同为圣火采集点,象征中华民族的圣火与长城同在,与日月同辉。南岳被确定在8月23日中午为取火点的采集时间。当天中午,圣火采集仪式在祝融殿前拉开序幕。第一项活动就是祭祀祝融氏(这次称之为"中华人文祖先祝融氏"),主祭人为时任衡阳市人民政府副市长王雄飞,陪祭的有衡阳市及南岳区党政领导,社会各界及参与圣火采集仪式的群众上千人。同年10月6日至10日,衡阳市委、市政府与南岳区委、区政府在南岳主办了"中国南岳衡山寿文化节暨庙会"。在这"一节一会"期间,于10月7日上午7时半,举行了"中华民族炎黄子孙新世纪首届公祭南岳圣帝暨法会"仪式,再次公祭南岳圣帝,规模空前,这是新中国成立后,政府第一次称呼祝融氏为"南岳圣帝",第一次对历代帝王给予南岳衡山之神的封号表示认同。

2. 民间祭祀活动

在南岳,官方祭祀毕竟是少数,而更普遍、且影响最广的则是平民百姓对南岳圣帝的祭拜,这种祭祀活动又称为南岳进香。历经唐宋元明清和民国时期,长盛不衰。据统计,民国期间,每年进香者达数十万至百万人不等。仅在1944年日军占领南岳期间和"文革"时期被迫中止之外,其余时间有增无减。信士在圣帝殿和各寺庙道观中,下跪磕头的、俯伏默祷的、摇签占卦的比比皆是。

专程来南岳朝香的人们,一般都会选择传说中与诸神一生活动有纪念意义的日子、即黄道吉日来进香朝拜,这几个日子(全是农历、衡岳人叫阴历)是:

观世音菩萨圣诞日:二月十九日;

财神菩萨圣诞日:三月十五日;

观世音菩萨成道日:六月十九日;

南岳圣帝圣诞日:八月初一日;

观世音菩萨出家日:九月十九日。

(1)礼拜方式

礼拜,就是对诸神像虔诚地恭敬跪拜之举动,其朝拜的方法是:

①肃立合掌,腕与心口平,两足跟相距约二寸,脚尖相距约八寸,成八字形。站好后,立马收束杂乱的心意,瞑目观想:我以往无量劫中的父亲在我右边,我以往无量劫中的母亲在我左边,儿女眷属在后,一切冤仇障类在前,此无量劫数的父母亲眷属,均在我的四周,团团围绕着我,随我一起礼佛,愿你们以此善缘,往生西方极乐世界。观想后,弯腰,右臂斜伸,右掌向下,按于拜垫中央,左掌仍举不动,两膝随即跪下(此为第一把);

②跪下后,左掌随着伸下,按在拜垫的左前方(此为第二把);

③右掌由拜垫中央移到右前方,两掌相距约六寸许(此为半把,合共叫"两把半"。这是老名词);

④以头垂叩於两掌中间拜垫上;

⑤两掌随即翻转,手心向上。意思是以两手托承佛足,以求福慧。这叫头面接足礼;

⑥两手握拳翻转,头离拜垫,右手移回拜垫中心;

⑦左掌举回胸前,右掌将身撑起,与左掌合,同时两膝立起。合掌依然;

⑧三礼毕,合掌弯腰,垂至膝前,以左手四指包右手四指,两大指相并,两食指相合竖直(此为定印),伸直腰,举至齐眉,再放掌,这叫问讯。

（2）进香的几种方式

南岳进香分为山顶和山脚的大庙两处。烧香分为高香、保香、许愿香和还愿香等，一般人去南岳大多是烧保香，保佑平安健康、升官发财之类的。这样一般可以不用专程去还愿，烧高香一般是求具体什么事，需要再去烧还愿香。因此，香客烧什么香，先就要买好什么类型的香。

南岳进香有一种独特而常用的焚化品——香包，它是由祭祀演化而来的一种民俗，即把敬奉给庙宇佛像、菩萨、神仙等敬烧的纸钱分别制作成不同的香包，香包内有纸钱、檀香等，上面分别标有佛像、菩萨、神仙的名称以及敬供者自己填写的姓名、籍贯、祈求保佑的事项和时间等。他们认为，这般进香便于神灵查收，有求必应。进香用品一般包括香、烛、包和拜香。如果有多人同去一定要各付各的钱，这个是不能请客的。当然先由朋友代购，然后再付钱给朋友是没问题的。

关于写香包，大庙是佛道一体的，一共有8位神仙菩萨，所以一共有8个香包，大家要在每个香包上写明自己的姓名、住址、烧的什么香和年月日，日期用天干历，比如庚寅年什么的。一套完整的香基本包括：香包8个（用红色或黄色纸包装，里面装着碎的檀香木）、三根装的高香一炷、普通香一把、冥纸若干、蜡烛一对、鞭炮一封。香包是这样写的：

①六部尚书殿前呈进：菩萨神仙的封号；

②右边的××省××市（县）××乡（镇、街道）××村（社区）××组（栋、号）×××信士。若是为别人烧的香，请写别人的地址/姓名；叩××香一炷：若是来许愿的，为"叩保香一炷"，还愿，为"叩还香一炷"；

③左边的天运×××年×月×日，写上农历（即阴历）日期。

关于烧香的顺序（先烧香，后拜佛），信士们提着香包、香、烛等供品，举着拜香（男左女右），从前门进入大庙，先在圣帝大殿前的左香炉前祷告，然后把供品投入香炉，只留下一束最长的大拜香（即高香）不投入香炉，然后扛着高香依次到各殿去朝拜，等到各殿拜完后再投入香炉。

在南岳烧香许愿，如当愿望实现后，就须再次来这里还香，表示感谢菩萨，这叫还愿。

从时间上讲，南岳进香主要有"春香"和"秋香"两种。"春香"即每年开春以前来岳庙烧香，祈求风调雨顺，五谷丰登；"秋香"即每年秋收以后来岳还香，感谢上天保佑、财旺人兴。

从烧香的形式上讲，民国以前，南岳进香较常见的有"行香"和"拜香"两种。

"行香"是反映香客步行来南岳,再步行回去。从家中起程时,预先设案焚香秉烛,向南岳方向叩拜祝祷,名叫"起香"。礼毕出发,进香者有固定的服饰装束和"进香袋"。香客清一色头扎红巾,身穿青衣。若衣服的边缘用红色,表示父母有一个或两个都去世了。他们胸前戴一个红肚兜香袋,上面绣有"南岳进香"或"回光返照"字样。在进香的路上,人人手持一炷香,一二人领唱《南岳香歌》,众人和之,或跪或拜,先到大庙正殿朝拜后,再去别的寺庙或祝融峰顶继续进香。在这个过程中,又有许多的仪规,千百年来,经过不断完善,形成了进香朝拜十规,这十条仪规将朝香者从家中准备朝香,以及途中和到达南岳进香的规矩、礼仪一一做了规定。进入南岳后,进香者虔诚严肃,目不斜视,每唱一香歌,即拱手作揖一次。直至大庙正殿丹墀下广场,开始向宝库焚香,名叫"愿香"。然后再进入大殿,朝拜圣帝,要在圣帝像前下跪,并行三跪九叩之礼,或俯伏在地默默地祈祷,口里念念有词;或抽签占卜、问卦,或把自己带来祭品摆在神案上祭祀,以求圣帝保佑,降福于己。有的人为表示虔诚,跪地求卦达半小时左右。拜完圣帝后,有的到各寺观朝拜,有相当一部分人登山抵祝融峰老圣殿进香,中间对沿途各寺观都得礼拜一番。进香结束时,还得行辞圣礼,即在庙外焚香叩拜,求保一路平安。① 再将兜肚翻过来,上书"回光返照"四字,朝拜全部结束。

至于烧"拜香"者,除服装与烧"行香"者一致外,再加上一副青布绑腿,膝上捆一对护垫,脚穿草鞋,手捧一条小凳子,上插信香。进入南岳后,即三步一跪,五步一拜的,也有三步一跪,七步一拜的;先拜至大庙正殿,然后再拜到南岳最高峰——祝融峰。

此外,在民国以前,还有烧"饿香"和"肉香"的。所谓烧"饿香",是指进香者从开始到朝拜结束,不吃东西,只喝水,或吃少量水果;烧"肉香"则是在自己的头顶上扎几个洞,然后将点燃的香插入洞内,或是从自己手臂肌肉等处把肉割下来,在大庙前的香炉里焚烧。

在现代社会中,烧"行香"和"拜香"的已很少见到,即便有,也只是在南岳上山途中可见。至于烧"饿香"和"肉香"则早已不存在了。

关于南岳进香,著名学者胡朴安在《中华全国风俗志》中有这样记述:"衡山为五岳之一,距衡城九十余里,山上寺庙林立,以南岳圣帝为主神。每值秋季,各处进香者相望于道,衡城尤多。为戚友进香者,与通常敬神无异。为父母求福者,例

---

① 南岳区地方志编纂委员会. 南岳区志[M]. 长沙:岳麓书社,2000:445.

必进香三年。以木作小凳,高约三寸,其上插香三。父母在,着红衣(此衣为父母殁后所着者),殁则着青衣。第一年进香,手持凳香,行三步一拜,第二年则五步,第三年则七步,名曰烧拜香,虽头肿膝烂,风天雨地,亦莫之顾。其孝固可嘉,其愚诚可怜也。"①早期来南岳旅游的西方学者也认为:人们来南岳进香,"每一次烧香拜神都有特殊的意义,有求父母健康的,有求名的、有求官的,还有求财的。家庭的观念贯穿于整个仪式的始末"。②

来南岳进香的香客,不仅有来自省内各地,还有来自江西、湖北、广东、广西等省、区的,大多来自农村。

共和国成立后,除"文革"期间之外,朝香者从未间断。据记载,1962年朝香人数达30万之多。③改革开放以后,南岳朝香活动得以恢复,现在每年进香人数在200万以上。

据南岳官网记载:2014年05月26日,来自湖南邵阳市城北联合会组织下属23个香会1700余人统一来到南岳朝圣,再现了历史文献记载的"男女相率朝岳,三五七步,手持香柱,拜于道左。劝孝歌高唱入云,响彻山谷,远近闻名"的热烈场面,成为近年来最大规模组织来南岳的朝圣队伍。整个队伍有香会会旗,由黄旗开路,幡帐随行,参与人员组织有序,不分男女老幼,统一身着青衣,头扎红巾,胸挂香袋,脚打绑腿,手持龙头拜凳。为头者领唱香歌,众人和之。如前页两图所示。

四、祭祀岳庙祝文与民间朝香歌④

中国的祭祀文化不但历史悠久,而且内容丰富。就其官方祭祀的实质而言,不外乎以下三个方面:一是崇尚礼制,缅怀祖先;二是祈祷国泰民安;三是彰显帝王的权威。历代王朝来祭祀岳神时,每次都专门撰拟祝文,由祭岳特使于岳庙诵读,然后焚化,以表达历代王朝祭祀岳神的目的和心愿,下面将自唐至民国时期历代祈文选录如下:

---

① 见胡朴安《中华全国风俗志》,下篇卷六"湖南·衡州风俗记"。

② (英)威廉·埃德加·盖洛. 中国五岳·赤色的南岳衡山[M]. 济南:山东画报出版社,2006:143.

③ 南岳区地方志编纂委员会. 南岳区志[M]. 长沙:岳麓书社,2000:445.

④ 文中的"岳庙祝文"与"民间朝香歌"选自旷顺年等编著《南岳祭祀文化大观》,岳新出准字(2005)01号。

1.祭南岳庙祝文

（1）唐开元祝文

维某年岁次朔日，嗣天子某，谨遣某官某，敢诏告于南岳衡山：维神资养万品，作镇一方。式因夏始，谨以玉帛、牺牲、粢盛、庶品、朝荐于神。尚享。

（2）唐中宗祝文

有唐嗣天子某，敢昭告于昊天上帝：有隋运属颠危，数穷否塞，生灵涂炭，鼎祚沦亡。高祖仗黄钺而救黎元，锡元圭而拯沈溺。太宗功宏鍊石，定区宇于再麾；业壮断鳌，饮沧海而一息。臣忝奉余绪，恭承积庆，遂得崑山寝燎，炎海澄波。虽乃业茂宗祧，斯实降灵穹昊。今谨告成南岳，归功上元，大宝克隆，鸿基永固，凝薰万姓，陶化八纮。

（3）明洪武三年祝文

衡山之为岳，磅礴中国之南，参穹灵秀，生同天地，形势巍然。古昔帝王观天时，察地利，以安生民。祝曰衡山之神，于敬则诚，于礼则宜。自唐始加封号，历代相因。曩者元君失驭，海内鼎沸，生民涂炭。予起布衣，承上天后土之命，百神阴佑，削平暴乱，正位称尊。我当奉天地，享鬼神，以依时统一人民，法当式古。今寰宇既清，特修祀仪，因神有历代之封号，予起寒微，详之再三，畏不敢效。盖神与穹壤同始，灵镇南方，不知岁月几何。神之所以灵，人莫能侧，其职必受命于上天后土，为人君者，何敢预焉。予惧不敢加号，特以南岳之神名其山。依时祀神，惟神鉴焉。

（4）明洪武三十年祝文

昔元末兵争，伤生者众。予荷上天眷命，岳镇海渎，山川效灵，诸将用兵，偃兵息民，今三十年矣！兵燹之余，民方安堵。尔来西南戍守诸将，不能昭布仁威，但知肥己虐人，致令诸夷苗民困穷而奋怒，敢攻屯戍，致伤善民。予非敢用兵，由是不得已，指挥诸将帅兵进讨，然山川险远，彼方草木茂盛，烟岚云雾蓊郁之气，吞吐呼吸，则人多疾疫。此行人众，各辞祖父母、父母、妻子，涉险远以靖边夷，以安天下。万冀神灵转达上帝，赐清凉之气，以消烟岚，早定诸夷，速归营垒，得奉祖父母、父母，眷属团圆，是其祷也。特遣人专香帛牲醴，先诣神所祭告。

（5）明永乐五年祝文

比者安南逆贼黎季犛反，子孙黎苍，逞凶肆暴，累坏边疆，侵夺思明府禄州等处地方。予加宽贷，不肯兴师问罪，但遣使谕彼还地。黎贼巧词支吾，所还地多非其旧;还地之后,复踞西平州,又侵宁远州,逼胁命吏,占管人民,劫掠赀财,杀掳男女,边境之民,受其残酷,安南人民,并被其害。诛求百端,老幼不宁,边城之地,屡年遭其劫掠。予数遣人告谕,冀其改过,而贼罔有悛心。予为天下主,视民涂炭,安忍不救? 乃命将出师,声罪致讨,志在吊民,岂敢用兵,实出于不得已。赖皇天后土眷佑,岳镇海渎效灵,将士奋志贾勇,悉扫荡其孽党,抚安其良善。尚念将士暴露于外,离其父母妻子,山川险阻,道路迢递,今天气炎热,恐岚瘴郁蒸,易于感疾,予夙夜念此,寝食不宁。万冀神灵,鉴予诚悃,闻于上帝,赐以鸿庥,潜消瘴疠,俾降清凉,使将士安宁,百疾不作。特遣人致香帛牲醴,先诣神所祭告。

(6)明成化十三年祝文

国家敬奉神明,聿严祠祀,所祈默运化机,庇佑民庶。乃近岁以来,或天时不顺,地道未宁,或雷震失常,雨晴爽候,或妖孽间作,疫疠交行,远近人民,频遭饥馑,流离困苦,痛何可言! 惕然于衷,罔知攸届。惟神奠镇一方,民所恃赖,睹兹灾沴,能不恫心? 是用特具香帛,遣官祭告,尚冀体上帝好生之德,鉴予忧悯元元之意,斡旋造化,宏阐威灵,捍患御灾,变祸为福,庶几民生未获遄,享报无穷。惟神鉴之。

(7)明正德六年祝文

去岁以来,宁夏作孽,命官致讨,逆党就擒,内变肃清,中外底定,匪承洪佑,曷克臻兹? 因循至今,未申告谢。属者四方多事,水旱相仍,饥殍载途,人民困苦,盗贼啸集,剿捕未平。循省咎由,实深兢惕。伏望神慈昭鉴,幽赞化机,灾沴潜消,休祥叶应,佑我国家,永庇生民。

(8)明嘉靖三十年祝文

朕奉天命,子育万民。惟冀岁稔时和,灾害不作。迩者各处地方,水旱兵荒,灾变异常,朕心忧惕。惟神上奉帝命,奠祭一方,谅垂矜悯。爰命洁士,赍捧香帛,特邀抚臣备仪,竭诚诣祠致祭。冀神明大彰灵应,潜斡化机。俾气序顺调,雨旸时若。弥解灾劫,溥兹丰泰。庶慰朕奉天子民之意,神亦享惠无穷矣。

(9)清康熙三十五年祝文

惟神位峙离宫,德隆炎服,昭融万类,涵育群灵。朕勤恤民依,永期殷阜。迩年以来,郡县旱涝间告,年谷欠登,宵夜孜孜,深切轸念,用是专官特祀,为民祈福,冀雨旸之时若,庶稼穑之屡丰,惟神鉴焉。

（9）清康熙四十八年祝文

惟神离宫毓德，炎服钟灵，万象昭融，群生煦育。朕仰荷天麻，抚临海宇，建立元良，历三十余载。不意忽见暴戾狂易之疾，深维祖宗洪业及万邦民生所系至重，不得已而有退废之举。嗣后渐次体验，当有此大事时，性生奸恶之徒，各庇邪党，借端构衅。朕觉其日后必成乱阶，随不时究察，穷极始末，因而确知病源，皆由镇压，巫为除治。幸赖上天鉴佑，平复如初。朕比因此事耗损精神，致成剧疾。皇太子晨夕左右，忧形于色，药饵必亲，寝膳必视，惟诚惟谨，历久不渝，令德益昭，丕基克荷。用是复正储位，永固国本，特遣专官，敬申殷荐。惟神鉴焉。

（10）清雍正元年祝文

惟神表正离宫，纲维南纪，灵镇屿嵝，秀挺祝融。朕缵承丕基，新承景命。窃念皇考膺图以来，百灵效顺，四海从风，坐享升平，六十余载。兹当嗣位之始，宜隆享祀之仪。特遣专官，虔申昭告，惟冀时和岁稔，特阜民安。淳风偏洽乎寰区，厚德长敷于率土。尚其歆格，鉴此精诚。

（11）清乾隆元年祭文

惟神德秉离宫，灵钟南服，昭融万象，长养宏功。朕缵承大统，仰绍前徽。伏念皇考临御以来，敬礼神明，肃将禋祀，灵祇孚应，昭受鸿麻，清宴奠安，茂臻上理。兹当嗣位之始，宜隆望秩之仪。特遣专官，虔申告祭。惟冀雨旸时若，年谷顺成。万方蒙乐育之麻，兆姓荷帡幪之德。尚其歆格，鉴此精诚。

（12）清乾隆五十五年祝文

惟神功彰荆镇，位直离宫。嘉符征宝露之祥，福地纪青坛之胜。名传屿嵝，护银编金简之文；峰卓芙蓉，秘风穴雷池之扢。兹以朕八旬展庆，万国胪欢，懋举崇仪，特申昭告。真形是仰，式昭郅治于衡平；景贶攸承，长协昌祺于山寿，神其来格，妥此精禋。

（13）清嘉庆二十五年祝文

惟神位列坤维，符启大钧之运；象征离照，名标天柱之尊。缵受丕基，新承景命。窃念皇考膺图以来，当阳受命，布化行权。位育极夫中和，润泽扬其丰美。兹当嗣位之始，宜隆遣祀之仪。特沛丝纶，用申圭币。惟冀真形奕耀，式昭斗北之枢衡；景贶灵长，允镇天南之寿岳。尚其歆格，鉴此精诚。

（14）清道光十六年祝文

惟神道翊离宫，位隆楚望。著秘文于玉牒，蕴精气于珠塵。风穴雷池，功用能参造化；露台月馆，古今备纪嘉祥。虞书次东后之巡，秩隆五月；周雅颂南山之寿，祉协九如。兹以慈寿延洪，愉胪中外，徽音晋奉，庆洽神人。灵川近挹潇湘，擅名区于丹水；列宿上联轸翼，绥福地于青坛。跂蓉峰而景况宏昭，申椒醑而虔诚冀展。神其鉴格，妥此精禋。

（15）清道光二十六年祝文

惟神作镇荆扬，崇勋楚望。岣嵝蕴泰元之荚，玑衡舒离照之辉。障启层云，识晴光于紫盖；祥征宝露，蔚佳气于青坛。雁峰瞻九面之灵，文传郦注；鹑络奠三湘之位，礼重虞巡。兹以慈寿延洪，愉胪中外，徽音晋奉，庆洽神人，并日月之升恒，登歌周雅，总乾坤之清淑，纪瑞轩符。发瑶缄而景贶宏宣，奠玉珑而馨香式荐。神其歆格，鉴此明禋。

（16）清咸丰十年祝文

惟神镇临炎服，位践离躔。星分鹑火之光，职领祝融之重。湘川萦带，九面望而行尊；江水回环，千里遥而教达。兹以朕三旬展庆，九有腾欢，懋举崇仪，特申昭告。锡蕃禧于兆庶，升香答率土之麻；延景福于京垓，衍庆咏如山之寿。神其来格，妥此精禋。

（17）清同治三年祝文

惟神德秉离躔，雄标坤轴。炎方列位，擅祝融天柱之奇；火德秉权，踞沅水湘江之胜。萃东南之淑气，佐亭育之宏施。兹以凯奏金陵，烽销玉垒。詠干戈而偃武，威慑长蛇；荐俎豆以告功，峰瞻回雁。祇修禋祀，虔冀鉴歆。

（18）清光绪元年祭文

惟神翼轸钟祥，处炎方而定位；荆扬筜秀，秉火德以乘权。朕续受丕基，新承洪祚。窃念穆宗毅皇帝御极以来，斟元布化，锡福诚民。陈繡币于青坛，胪苾芬于紫盖。兹当嗣位之始，宜修遣祀之仪。用荐馨香，特申昭告。惟冀云开石廪，共瞻离照之辉；风播瑶琴，永协升中之庆。尚其歆格，鉴此精诚。

（19）民国时期蒋介石祭南岳庙祝文

惟神专柄，作镇炎方。始舜南巡，民主运昌。天下为公，大道康庄。越四千年，总理继光。中正不才，承乏中央。恭偕僚属，定巡三湘。竭诚谒岳，礼荐馨香。云开九有，国泰民康。

2. 民间朝香歌选

民间百姓到南岳朝拜，主要目的是求福、求寿、消灾、祈愿等，形式多样，这在江南地区形成了一种习俗。但个人朝拜岳庙，不像官方朝拜时写有祭文、祈文或祝文，而是针对朝拜内容和目的的不同，唱着各种各样的朝香歌。现将民间朝香歌选介如下：

(1) 拜香起程经

我等今日始起程，起首先唱拜香经。字字句句要唱好，一心求神莫散心。手捧香凳便上路，朝拜南岳大天尊。

(2) 请香凳

一张香凳四角方，鲁班先师造成装。四方周围定香炷，上头焚起一炉香。香筒香袋皆齐备，哪怕山高与水长。双手举起香凳拜，香烟渺渺透云苍，得受香凳谢神恩，助我灵山去朝香。

(3) 拜辞合家

一家大小都拜请，老少人丁听分明：我今灵山去烧香，烧香唯尽一片心。惟愿老者添福寿，少者伶俐又聪明。男增百福女祯祥，并求众位都安平。拜辞合家动身去，即去灵山见天尊。

(4) 早夜安圣歌

今晚馨香安圣位，明早馨香奉圣神。一炷宝香通天界，众位神圣降来临。路途恐有言语错，请神赦罪莫咎情。南岳司天昭圣帝，安邦护国大天尊。

(5) 到南岳朝拜

志心虔诚皈命礼，朝拜南岳大天尊。位列三公隆祀典，权司火德镇离宫。天子五月南巡狩，黎民四季把香焚。圣帝坐在金銮殿，大显威灵到如今。圣公圣母归后殿，注生注禄保寿年。圣帝感应甘霖降，万民酬谢敬神灵。保佑父母增福寿，增福延寿得安宁。南岳司天昭圣帝，安邦护国大天尊。

(6) 正殿焚香

南岳司天昭圣帝，安邦护国大天尊。圣帝感应如旱雨，万民同沾乐升平。位列三公隆祀典，权司火德镇离宫。先朝崇祀加封帝，黎民四季把香焚。护国佑民真圣主，降福降祥显威灵，头戴金冠真巍巍，金吴二将两边分。六部丞相同辅佐，辖神注生添寿龄。下民千里来朝拜，欲报父母劬劳恩。生我养我鞠育我，杀身难报半毫分。父母年老身衰弱，子道未尽已亏心。在生不能行孝道,死后何须献汤羹?是以发心朝金阙,年年高唱拜香经,片香千里来呈进,伏祈鉴纳一点心。天尊圣恩普东土,广赐慈云佑民亲,民亲得蒙圣庇佑,福体康宁寿岁增,容如童颜六根健,精神健旺须发青。并求天尊广施惠,俾得九祖尽超升。威灵显应如此佑,刻苦铭记永在心。虔备馨香焚案下,五体投地拜天尊。

(7)上峰朝拜

一拜上峰报信岭,殿内诸佛佑我身。二拜福德神圣殿,土地山门镇乾坤。三拜山中半山亭,半山神圣显威灵。四拜洞内诸罗汉,罗汉菩萨佑凡民。五拜祝融飞来钟,降落此地显神灵。六拜前朝老圣殿,恳求诸神佑双亲。七拜拜到南天门,福德尊神展奇勋。八拜五岳五圣帝,五岳圣帝佑凡民。九拜接龙桥上仙,掌桥仙师镇乾坤。十拜天尊坐正殿,祈神鉴我一片心,满门蒙赐平安福,年年高唱拜香经。永感天尊恩德大,载福无涯不昧恩。

(8)拜众神

一炷清香炉内焚,虔拜灵山众神明;祈求风调并雨顺,免得众生受饥贫。再求天下干戈息,免得众生遭万兵。瘟疫灾难永消散,凶象化除现吉星。求得万民均安泰,长寿多福享太平。

(9)十愿歌

一愿父母登寿域,寿如彭祖八百春。二愿父母多福泽,福如东海宽无垠。三愿父母似松柏,松柏四季不凋零。四愿父母无灾厄,灾厄一切化烟尘。五愿父母容不老,容如冠玉令人钦。六愿父母双眼明,明如日月识纤尘。七愿父母双耳聪,耳如师旷辨五音。八愿父母手足健,身体灵巧如少年。九愿父母德望高,高如崇岳受人尊。十愿父母心宽舒,万事顺意乐陶陶。

(10)谢恩辞圣

宝香三炷殿前焚,拜辞圣帝转回程。来时不怕山川险,去时难忘景色新。紫竹千竿驱瘴气,白云一片送归程。回光返照满门福,家丰屋润人财兴。今日辞圣回家去,明年再来朝天尊。

第二节　古祠与祭祀贤哲

"祠"与庙相似,是人们祭祀祖先、贤哲和神灵的场所,是臣民用于供奉祖先牌位的建筑物。它分为宗祠、神祠、先贤祠等。宗祠是祭祀同宗族祖先的地方,即祠堂,由同宗族兴建而成的。神祠和名人先贤祠一部分是帝王主持或敕命修建的,而大部分则是由地方官或民间自发集资修建,其规模大小和等级差别较大,但在布局形制上自由多样。这类古祠出现于唐末五代十国时期,到了宋代,由于受到理学思想的影响,古祠迅速发展,祠祭活动也相当普及。南岳是中国古代先贤、良将、廉史和著名思想家、文学家等活动的重要场所之一,因而在宋元明清各代都建有名人贤哲祠,以供人们祭祀。今天,作为祭祀文化载体的著名先贤古祠大多已被毁,但它对于我们追思先贤,饮水思源,挖掘其中深含的义理都有重要的历史意义。

一、祭韩文公

韩文公即韩愈。南岳人祭祀他,原因有二:其一,韩愈是唐代著名的思想家、文学家。政治上,他反对安史之乱后的藩镇割据;思想上,他以儒家道统继承者自居,鼓吹先王之道,尊儒排佛;文学上,反对六朝以来盛行的辞藻华丽,内容空泛的骈文体,首倡古文运动。其文学成就卓著,被列为唐宋八大家之首;其二,韩愈曾游历南岳,留下了千古流传的"祷岳开云"的故事。时唐德宗贞元十九年(803),韩愈任监察御史,因反对朝廷横征暴敛而开罪李实,被贬为连州阳山(今广东省阳山县)县令。永贞元年(805),顺宗李诵登基后,大赦天下,韩愈调任湖北江陵府法曹参军,北上途中顺道游南岳。他先登岣嵝峰,寻禹碑未果。接着来到衡山脚下,时秋雨连绵,南岳为云雾所笼罩,心情郁闷,于是祈祷南岳神。次日云开雾散,秋日南岳的雄姿完全展现在他面前,他以为是自己祈祷南岳神的结果,于是立即去拜谢南岳神。当晚他宿于岳庙东廊客房,写了《谒衡岳庙遂宿岳寺题门楼》之诗。叙述了他祈岳云开之事,也抒发了自己前途未卜的不安心情。

在南岳,祭祀韩愈的场所有三处:一是韩昌黎祠,即开云楼。在衡山县城开云岭南岳行祠前。始建年代不详,清嘉庆十八年(1813)知县张富业重修。后废;二是韩公祠,位于南岳大庙前左侧,始建于明弘治(1488~1505)年间,名云开堂,系衡州府同知(知府副手)邓淮所建。崇祯五年(1632),衡州知府韩作祥重修。后废;三是集贤书院。集贤书院的祭祀是例行性的,较前两者正规。但在集贤书院,韩愈并非主享,而是作为李泌的配享而接受奉祀的。在官本位的社会中,韩愈的官阶比李泌要低。

二、祭李邺侯

李泌(721~789),字长源,本赵郡中山人,后因其先祖徙居京兆(今陕西西安市),是为京兆人。生于仕宦之家,自幼博涉经史,精于《易经》卦象,七岁能文。天宝(742~756)初年,学道于嵩山。《旧唐书·李泌传》载:"及长,博学,善治《易》,常游嵩、华、终南间,慕神仙不死术。"李泌喜欢神仙道术,一方面是由于他有这方面的爱好。史载:李泌为了学道,甚至拒绝吃酒肉、娶妻这样的俗人生活;另一方面,是因为当时唐王朝奸臣当道,内部斗争激烈。李泌借此淡泊名利,跳出权力倾轧的旋涡,避开祸害。李泌一生历四朝(玄、肃、代、德)、事三君(肃、代、德)。贞元三年(787)拜相,后二年卒,获赠"太子太傅",备极哀荣。其飘忽仕隐的一生,充满传奇色彩。

李泌于唐玄宗时入仕,但遭杨国忠谗害,被贬至蕲春郡,于是退隐颖阳。安史之乱爆发后,肃宗继位,但身边文武臣僚不足 30 人。在国家危难之际,李泌以国家兴亡为己任,出山跟随肃宗。肃宗也很赏识他,事无大小都咨询他。李泌献平叛之策:命李光弼从太原出井陉,郭子仪自冯翊(陕西大荔)入河东,使叛军史思明、张忠志不敢离范阳、常山,安守忠等不敢离长安。这样就牵制了叛军四将,使他们首尾不相顾,敌救首则击其尾,敌救尾则击其首。[①] 为平定安史之乱做出了重要贡献。所以《新唐书·李泌传》说:"两京复,泌谋居多,其功乃大于鲁连、范蠡。"收复长安后,李泌遭李辅国嫉恨,又归隐南岳衡山。

肃宗死后,代宗继位。大历三年(768),代宗从衡山征召李泌回京,并为他造书院,赐宅第,强迫他食肉结婚为俗人,代宗想重用他为相,李泌又谢绝。建中元年(780),德宗继位,又诏李泌回京为相,拜中书侍郎,同平章事。此时,唐朝国力衰微,朝政混乱,国内藩镇割据,周边少数民族乘机反叛唐朝中央政府,这时李泌再次临危受命。为了使唐朝摆脱四面楚歌的境地,他提出了"北和回纥、南通云南、西结大食、天竺"的策略,以孤立吐蕃,使其无力东侵。这一战略计划的实施,解除了唐朝边境的危机。对内,又平定叛乱的藩镇。同时,李泌改革内政,如复吏员,罢冗官,增俸禄等,铲除历年的积弊,肃政益民,提高了唐朝中央机构的行政效率,再次使唐王朝又一次转危为安。贞元五年(789)病死,封邺县侯,故名邺侯。

李泌超世脱俗,一生不求官,不求名利,既避免了权力斗争,保全了自己。也

---

① 沈世培. 李泌与平定藩镇割据[J]. 铁道师院学报,1998(2):82.

使得皇帝无所猜忌,在关键时刻施展了自己的治国才能。宋元之际的著名学者胡三省在《资治通鉴》卷232卷注中说:"自李泌为相,观其处置天下事,姚崇以来未之有也。"

李泌与南岳有着密切的关系。他曾受唐朝皇帝特许,带朝廷俸禄,在南岳隐居了12年之久。

李泌到南岳后,纵情山水,修身养性。除读书外,还与佛道两家关系密切。如随张太虚研习道教秘文,修炼气功。又与明瓒禅师(即懒残)交游,对衡山中院大律师希操毕恭毕敬。他还在大般若寺侧石壁上题刻了"极高明"三个字。李泌是南岳一位传奇性的人物,为儒、释、道三家所称颂。历代名人游南岳时,留下不少赞扬李泌的诗篇。如南宋张栻的《邺侯故居》诗云:"石壁巉岩路已荒,人言相国旧书堂。临机自古多遗恨,妙策当年取范阳。"清袁枚的《咏邺侯》曰:"调停骨肉同田叔,假托神仙学子房。一品衣披紫徽令,半生心在白云乡。"

对李邺侯的祭祀,始于明代嘉靖(1522～1566)间。当时,太常寺少卿夏胜良因直谏被贬至茶陵知州以后,于嘉靖十三年(1534)偕翰林院编修张治(时在茶陵老家休养)同游南岳。见位于集贤峰下始建于宋代的邺侯书院已经颓圮,便与衡山县令彭簪商议,各出俸银若干,就遗址进行修复。同时将李泌、韩愈、赵抃、周濂溪4位先贤的神位立于堂中,进行合祀,将书院易名为集贤书院。到了万历二十一年(1593),礼部侍郎、耒阳人曾凤仪游南岳,见集贤书院衰颓,与刑部员外郎、衡山人伍益斋首倡捐资重修书院,历时三年重修而成。曾凤仪又将朱熹、张栻两人的神位也请了进来。其实,朱、张二贤在方广寺旁已有"二贤祠",只因地处僻远,地方官员祭祀不便。据光绪《衡山县志》记载:对李邺侯的祭祀规定在每年春秋两季,由集贤书院山长致祭,前后行二跪六叩之礼。

三、祭忠靖王

忠靖王是唐代中期一名武官,姓张名抃,邓州南阳人。从小为人仗义,好打抱不平。"安史之乱"时,投张巡、许远提军守睢阳。其间与勇士南霁云同出睢阳,颁请贺兰进明发兵救援,但遭拒绝。他们返回后,各断一指发誓:"破贼必灭进明!"不久,睢阳城陷,张抃与36人慷慨赴死。从这时起,张抃就传得神乎其神了。传说张抃死后,向他家人托梦说:"我已得天帝许可,令辅助南岳司天王为司录事,出乘轻车,迅捷如飞,掌察人间善恶,有惩恶扬善之权。今后我就可以凭此诛杀不忠不孝不仁不义之徒了。"①此后,他常在衡、潭、邛、郴等地大显神通,保境安民。各处相继为他建祠立像,号"感应太保"。北宋政和五年(1115)为酬谢其在一次平傜战事中显灵,宋徽宗封他为灵佑侯,赐其祠额为"昭烈"。南宋建炎(1127~1130)初,赐封为忠靖王。至淳熙(1174~1189)初年,其封号已增至9个,叫作"忠靖威显灵佑英济王"。

为祭祀忠靖王,宋绍兴十三年(1143),在南岳庙西侧建有忠靖王祠。祠舍尚存,为南岳文物管理所住址,但祠内石刻和神像均毁于"文革"中。1997年经南岳佛教协会主持,将房屋落架重修,再塑神像于殿前,恢复忠靖王殿名。现在近旁另建有忠靖王殿。传宋代以来,农历七月二十五日(据说是张抃诞辰),当地人为报答其庇佑,远近老幼,感恩戴德者,均来朝拜。因此,南岳有句谚语说:"烧香不烧忠靖王,枉到南岳走一场。"直至今日,民间祭祀忠靖王的香火一直旺盛。

四、祭胡文定公

如前所述,南岳是湖湘学派的发源地。南宋时期胡安国、胡宏父子在南岳创办书院,著书立说,招徒讲学,成为湖湘学派的创始人。

胡安国于"靖康之难"后迁入湖南湘潭。绍兴三年(1133)于南岳紫云峰下买地筑室定居,定名为"碧泉书堂"。他在这里花10年时间著《春秋传》30卷。胡安国的第三子胡宏,曾在碧泉书堂讲学20余年,培养了南宋一批著名学者如张栻、赵棠、向浯、赵师孟、吴翌等人。胡宏还在碧泉书院后面建"春秋楼",辟"春秋塘"(遗址均在今岳云中学科技楼侧)。不久,碧泉书院更名为文定书院,以纪念胡安国。元代武宗至大元年(1308),朝廷命有司修葺书院,赐予旧额。明孝宗弘治七年(1495),监察御史郑惟恒会同衡州府同知邓淮重建书院,并在书院中设立神堂,塑胡安国、胡寅、胡宏父子像。每年分春、秋两季定期祭祀。另设讲堂,供讲学用。这便是文定书院和胡文定公祠的由来。至明中后期和清代,都对书院和祠庙进行修缮或重建。其间,自明崇祯五年(1632),衡山县令何仕橄召胡文定公17世孙胡来誉经办重修时始,宣布书院永属胡氏族人。至此,对胡文定公的祭祀也由官方祭祀改由胡氏族人祭祀。

---

① 旷顺年. 南岳祭祀文化大观[M]. 长沙:湖南出版社,1996:161-162.

五、祭朱、张二贤

朱熹、张栻系南宋著名的理学家,其中朱熹担任过监南岳庙祠官,张栻是湖湘学派的中坚人物。张栻年轻时在南岳求学,后在岳麓书院和城南书院讲学,并受聘担任岳麓书院山长。朱张二人系宋代鸿儒,交往密切,情感甚笃。宋隆兴二年(1164),张栻父张浚辞世后,张栻护丧归潭州(今长沙市),乘舟行至豫章(今江西南昌),朱熹登舟祭拜,并与张栻交谈三日,这是两位理学家的第二次会面。宋孝宗乾道三年(1167),朱熹携弟子林用中从福建崇安(今武夷山市)来到潭州(今长沙市),访谒张栻,在探求理学两个多月后,相约游南岳。十一月十一日抵南岳,历时 7 天,宿方广寺等处,三人盛赞莲花峰胜景,并赋诗 149 首,其中关于方广寺的诗达 50 首,后汇编成《南岳唱酬集》。莲花峰由此闻名于世。随后,高人雅士接踵而至。至明嘉靖十八年(1539)夏,进士出身的三十三岁翰林院编修尹台奉朝廷之命,来湖广各地册封藩王,完成公事后抽时间游南岳。

尹台(1506~1579),字崇基,号洞山,永新环浒(今江西省永新县石桥乡石桥村)人。是一位品德高尚的政治家,从不卑躬屈膝,以国家和民族利益为重。奸相严嵩想拉拢他,主动为自己的孙子向尹台的女儿求婚,被尹台拒绝。他的一生,在政治和文学上成就斐然。仕途几经起落,最后官至南京礼部尚书,有《思补轩集》和《洞麓堂集》传世。

尹台游南岳途中,夜宿方广寺一夜,想起朱、张二贤的才学与高风,于是向方广寺和尚要了一块地,自己出银子,令衡山县令章宣代劳,嘱他在这里建一座祠堂,纪念朱、张二先生。新祠落成之后,方广寺住持派徒弟前往南京找尹台写祠记,恰巧尹台请假回乡,未能相遇。嘉靖二十一年(1542)探花邹东廓、甘公亮来游,正式立朱、张二人的木牌神位于享堂,从此常年祭祀。一年后,曾任吏、礼、兵三部尚书且年过 80 岁的湛甘泉来游,他把二贤祠的中堂命名为"嘉会堂",并书匾挂于神位上方。再过一年,状元郎罗洪先率门人来游,他用漂亮的书法,把朱、张等人南岳诗文中的方广寺部分书刻于祠堂墙壁上,还写下《题二贤祠壁》。二贤祠建成二十年后,当年方广寺的小和尚千里风尘,再往南京。此时尹台已居礼部尚书,追忆当年南岳游程和捐建二贤祠之举,感慨万千,欣然提笔作《朱张二贤祠记》,表达了对朱、张先贤的仰慕和怀念,旨在让后人把朱、张的思想发扬光大。此后,二贤祠成为历代文人墨客的景仰之地,名篇佳作不断,成为南岳的又一个文化重地。

值得一提的是,自尹台建成朱张二贤祠后,远在江西永新的尹氏家族,便与衡山结下了不解之缘。三百多年来,对二贤祠殷勤护持,其事迹感人至深。

但由于方广寺较偏僻,祭祀朱、张二贤不便。至明万历二十一年(1593),曾凤仪重修集贤书院后,将朱、张的神位立于胡文定公祠后,一些官员也便于在集贤书院附祭或望祭朱、张二贤。该祠在康熙、咸丰时修葺,后来曾国藩、曾国荃兄弟又捐资重修,并置祠田40亩,供岁祭与维修之用。祀典于每年春、秋两季择吉日举行,由当地绅士入祠致祭,陈设、仪注均与祭祀李邺侯一样。另外在岳麓书院中,也立了朱张祠,亦称崇道祠,它始建于明代,内祀朱、张二贤。

六、祭白沙先生、甘泉先生

白沙先生即陈献章,字公甫,号石斋,祖籍在广东新会白沙里,故称白沙先生。是一位哲学家,教育家。一生对南岳情有独钟,但终生未游南岳。明嘉靖二十三年(1544),白沙先生的高足,明代著名理学家,曾任过吏、礼、兵三部尚书的湛若水(号甘泉)自广东罗浮来游南岳,在这里停留了两个月之久,他除了游历和祭拜先贤外,还建立了甘泉精舍(又名衡岳书堂),又在甘泉精舍上侧约30丈处建造了白沙书院,并在其中建了一座祠堂,即白沙先生祠,专门奉祀其师陈献章,回报其师在世时欲游南岳未竟之愿。十三年后,湛若水在92岁高龄时再次来南岳游历和讲学,并对白沙先生祠和甘泉书院做过一次大的修缮。后来人们也在甘泉书院建祠以祀甘泉先生。两处遗址均在今岳云中学校内。至于其祭祀的具体情况,史籍无记载。

七、祭宋代110位南岳庙监

在南岳紫盖峰下水帘洞侧,有监岳祠。它是清光绪八年(1882)由李元度修建。祠内供奉着南宋时由朝廷任命的朱熹等110位监南岳庙祠官的牌位。李元度撰有《监岳祠记》。但至于此后如何祭祀,已无法考证,且祠早已圮废,遗址不存。

八、祭辖神

在南岳大庙第九进右侧,有辖神祠,又名辖神殿。辖神本名阿尔思兰,蒙古族人,字忠显。元至正十年(1350),元顺帝下诏重修南岳大庙。由湘潭州负主责,衡山县给夫役。时任湘潭同知州事的阿尔思兰被委为监修。阿尔思兰缜密规划,勤于督促,廉洁奉公,仅一个多月便大功告成。他辞世后,邑人建立了一座祠庙,以纪念他。自建祠后至今,一直享受民间祭祀,香火不断。

九、祭关圣帝

关圣帝,即三国时期的关羽,字云长,民间习惯称为关公,是一位叱咤风云的勇将。在宋之前,关公在官方或民间的影响力都不是很大。但到宋代中叶之后,众多皇帝对关羽赐封有加,如宋哲宗封其为"显烈王",宋徽宗封之为"忠直公",明太祖封关公为侯,明神宗封其为"协天护国忠义帝"。清代顺治封其为"忠义神武灵佑仁勇威显护国保民精诚绥靖翊赞立德关圣大帝",这一封号将忠、孝、节、义与神结合起来,来教化百官和百姓。同时,佛、道两教都争相奉祀关公,把他作为本门的神祇,老百姓将他视为一位万能神。

在南岳,衡山县城的西外街建有奉祀关圣帝的"武庙"一处。分三进,进大门后,依次为戏台、正殿、后宫。民国建立前,每年春、秋两季县衙都要按照朝廷规定的仪注,择吉日良辰在这里举行隆重的祭祀典礼,和祭文庙一样,宰三牲,行五献大礼,奏八音,伴以歌舞。不同的是,祭文庙用文舞,祭武庙则用武舞。民国成立后,官方祭祀基本停止,但民间祭祀的香火仍旺盛。

南岳中心区的关帝庙则建在今南岳古镇北街中段,规模较衡山县城关圣帝"武庙"小些,但形制一样。这里主要以民间祭祀为主,官方祭祀未见载籍。另在祝圣寺的天王殿塑有关公神像。共和国成立后,衡山县城的关圣帝"武庙"被拆,改建为西街小学。南岳的关帝庙也被拆除。祝圣寺的关公像在"文革"中被毁,20世纪80年代后重塑神像,90年代中期,大庙西八寺旧址被南岳佛教协会收回后,在此处兴建了一座金碧辉煌的关公殿。凡来南岳旅游烧香的人,多来此朝拜。

十、祭诸葛武侯

诸葛武侯即诸葛亮,是中国历史上一位杰出的政治家。赤壁之战后,三分天下的态势日益明朗。刘备占据荆州时,诸葛亮曾驻临蒸(三国时,衡阳县称为临蒸),调集军饷以供军用。后来人们为纪念他,在衡州临蒸驿建诸葛忠武侯祠,亦称武侯祠,后移至石鼓山。该祠后来不断续建,香火不断。1944年,日军进攻衡阳时,毁于战火。2006年,衡阳市人民政府在重修石鼓书院时,把武侯祠移置于书院内。

十一、祭李芾、尹谷

李芾,字叔章,衡州人;尹谷,字耕叟,号务实,潭州人。南宋德祐元年(1275),元军攻入湖南。八月,李芾为湖南镇抚使,知潭州。李芾另荐尹谷知衡州。次年十月末,元军围困潭州、衡州。在弹尽粮绝之时,尹谷召家人会议,与妻子诀别,然后纵火自焚。李芾在潭州闻之,感慨不已,在与元兵浴血三个月后,是年除夕夜,李芾在祭奠尹谷后,"取酒饮其家人,尽醉,乃遍刃之。"李芾亦引颈自刎。衡州缙绅民众闻之,感李芾、尹谷忠节,在石鼓山建忠节祠,又名李忠节公祠。祠中供奉李芾、尹谷的牌位,以供老百姓祭祀。1944年,该祠毁于日军炮火,另长沙亦有李忠节公祠。2006年,衡阳市人民政府在重修石鼓书院时,置李公节祠于书院内。

十二、祭王船山

王船山是明末清初著名的思想家。后人为纪念他,在清光绪(1875~1908)年间,由邑人王之春筹建船山祠,地址在回雁峰下船山出生地衡阳城王衙坪,奉祀王船山。后来,船山祠改建船山书院后,里面也专设祭祀王船山的场所。但抗战时期被炸毁,新中国成立后改建为小学。此外,岳麓书院也建有船山祠,该祠建于道光十三年(1833),光绪元年(1875)始辟为船山祠。

综上所述,名人先贤祠所供奉的人物生前都与一些重要的历史事件要关,或者是他们在德才方面有着巨大的影响力。它反映了一个时代的价值观,起到了传承历史、教化民众的作用,可以说是一个历史时代的博物馆。

第三节 其他民间祭祀

民间的祭祀,来源于民心的指向,被祭祀的人或神来源于民间,或是散落于民间的超越现实的一种力量,它能凝聚民众的向心力,是民间自塑之神。民间祭祀是中华民族数千年来重要的文化现象之一,在传统的农业社会中有着深厚的群众基础,是非物质文化遗产的重要组成部分。

在南岳,有的神或先人是官方祭祀,民间祭祀也相当普遍,可谓全社会供祀,如山神、忠烈祠等;有一些是社会部分阶层有影响的人物来祭祀,如朱熹、张栻、胡安国、王船山等圣贤,佛教和道教中划时代的人物等;还有一些是纯粹的民间祭祀,即完全由普通百姓来祭祀。南岳的民间祭祀,内容也相当丰富,与全国其他地方相比,既有共性,如祭祀财神、土地神、火土神、七十二行祖师爷、祭祀祖先等;同时又有个性,如祀城隍、祭天符大帝、祭天求雨等,下面简要介绍民间祭祀的一些情况。

一、祭祀城隍

古代神话传说中的城隍职司广泛,大凡守护城池、保障治安、风调雨顺、吉凶祸福、惩恶除害,以及阴间城池、鬼神之事,全归城隍管理,有任何事情都可以求告城隍。因此,城隍神在我国古代的民间信仰中占着重要地位。

城隍被奉祀为神,始于三国时期吴国赤乌二年(239)的芜湖城隍,后来逐渐影响到全国。《北齐书》中记载:慕容俨在当时的郢城(今湖北江陵)建有城隍神祠,《隋书》中也记载有用烹牛祭城隍的活动。到了唐代,奉祀城隍就更普遍了,不少州、县都立庙祭城隍。宋朝,皇帝为城隍赐封加号,各府、州、县修建城隍庙的很多,把一向奉祀普遍的土地神挤出了城镇,还让土地神成了城隍的下属。

到了明代,城隍被抬到吓人的地步,成为官方民间普遍祭祀的神灵。明洪武二年(1369),朱元璋大封城隍。封京都城隍为"承天鉴国司民升福明灵王",开封城隍为"显圣王",临濠城隍为"贞佑王",太平城隍为"英烈王",和州城隍为"灵佑王",滁州城隍为"灵烈王",等等,官衔都在正一品。洪武三年(1370),朱元璋又下诏各府、州、县改建城隍庙,其规模比照府、州、县地方官的衙门款式,连公案桌都一样,京城里城隍则更是修得金碧辉煌。官服也按城隍的级别和明朝政府的规定配制。这样地方各级就有了"阴""阳"两个地方政府,而且阴间衙门的品级比阳衙门的品级高,阳间地方官要向阴间地方官行叩拜礼。

城隍庙一般正中为城隍塑像,两旁分列牛头、马面、黑白无常等鬼座,判官站在城隍神案旁边。有的地方城隍还加一些各路杂神,一起奉祀。历代封建王朝之所以这样做,是为了利用神权来巩固皇权,即利用人民对鬼神的畏惧心理来加强对人民的控制,并把皇权神化。朱元璋曾说:"朕立城隍神,使人知畏,人有所畏,则不敢妄为。"

但是,老百姓所奉祀的城隍与统治者所奉祀的并不一样。城隍是人民的精神寄托,具有公正无私,除暴安良的作用。因此一些生前受人民景仰的人物,死后往往被立为城隍。

在近代以前,南岳还不是县一级政府,但也立了城隍庙,其原因与南岳是南方的山镇有关。至于立城隍的确切年代已无法考证,大约是明朝初年,其庙址就在御街牌坊的右侧。庙的大门建在临街,进大门约15米处是戏台,过了戏台的前坪就是正殿,紧挨正殿的还有后宫。至今,庙的正殿和后殿仍然半存半废,两根石廊柱上的对联也还依稀可辨。

二、祀天符大帝

民间传说的天符大帝姓吕名岳,是一位专司降服和驱逐瘟鬼,保护百姓身体健康的神灵。祭祀天符大帝,就是祈求他收瘟驱魔,降福于人。

南岳在古代并没有供奉天符大帝的习俗。大约在清咸丰(1851～1861)年间,南岳发生一场大瘟疫,各方面束手无策。于是当地人出钱将衡山河东吴集(今衡东县吴集镇)地方供奉的天符大帝神像借来南岳显灵驱瘟。果然,天符神像一到,疫疾就被驱走。消除瘟疫后,准备将其送回吴集,但天符神像就是抬不动。于是求神问卦,说天符神像不肯回吴集去,要在南岳安身。这样当地人只好由"市有公"出钱,另塑一尊新神像归还吴集。同时将位于南岳大庙东便门侧的镇岳庙改为天符殿,奉安这位来了不肯走的天符大帝。殿庙建成后,大门两旁联曰:"天性不移,外则忠臣,内则孝子;符节若合,前有千古,后有万年。"殿内廊柱上还有柱联曰:"湖湘民共戴为天,声灵赫赫,扫除毒雾妖气,照临下土;与岳神并称曰帝,气象严严,呵护寿花福草,保障南邦。"

从这以后,每年一届的祭祀天符大帝的庙会就开始兴起。因为传每年农历五月十七日是天符大帝下凡收瘟的日子,所以庙会就定于农历五月初十至十七日。至于祭祀的具体情况,已在前面南岳庙会中有详述。

三、黑沙潭祷雨

黑沙潭俗称黑龙潭,在方广寺下莲花峰侧的双髻峰下。莲花、妙高、双髻诸峰涧水汇流至此,急流形成瀑布,高十余丈,下注成潭。秋冬水量不减,炎暑寒气袭人。潭上经常云封雾绕,稍遇晴霁,便有彩虹飞跨潭上,霞彩岚光,变幻多姿。当山雨欲来之时,电闪雷鸣,风拂林啸,顷刻间,天地笼罩在乌云黑雾之中。不久就大雨倾泻,潭内波涌浪翻,俗传这是黑龙在洗澡了。这时远在后山白果等地的乡民,也可见此情景。据距此潭不远处的龙潭寺以前的僧人说:黑龙每隔数年必"洗潭"一次,而且总是在夜间进行。第二天早上起来看时,寺坪里,树梢头上,到处都挂着黑龙潭里特有的水草。

据明清两朝的《衡山县志》载:在境内遇到持续的大旱灾时,衡州知府、衡山县令都曾率人到此求雨。据载:明代衡州知府李安仁、清代衡山知县德贵在求雨得雨之后还先后在悬崖峭壁上题写了"海南龙湫"和"云行雨施"的石刻。这两处题刻和明以前题刻的"黑沙潭"三个大字及清代湖南巡抚杨锡绂题刻的"雾雨"两个字至今犹存。据说,官员们每次来祈雨时,行动都很神秘。来之前,他们必须斋戒沐浴以示虔诚。来时,官员乘坐竹轿,跟随的民众都不敢声张。他们手拿香烛在盛暑烈日中行走,沿路默默祈祷。到了潭边,就砍下竹子编成小筏,上面坐着两个人,撑着筏子从潭石边峭壁上有处像门的石隙中进去。到了洞中深处,就用一根长绳系着一只瓦壶沉入潭底。当壶中水满,壶便自然浮出。如果发现壶中有小蛤蟆或鱼虾,及壶边有丝草悬挂,必然随后就有雨下。这时他们就赶紧携壶水往回走,走不上二十里就会阴云弥漫,暴风雨相随而至,这样大旱就解除了。

综上所述,南岳朝圣和其他民间祭祀活动,不但是一种文化现象,而且是一种显示历代中央政权在地方的存在和权威的表现,同时具有较强的社会教化和社会调节功能。在历史上,国家通过民间信仰方式,在政治上、思想上乃至经济上重新塑造国家与乡村社会的统治秩序。"'因神以聚民,因聚而观礼'的村社组织在神庙办公、村社首领通过主持修庙和祭祀获取神圣权威的支持,借助这种权威推行教化、实施控制,其权力及举措易被居民认可和接受"。① 衡岳地方社会通过祭祀南岳神和先贤的活动,在政治上顺理成章地把皇权延伸到乡村社会,形成了地方权力文化网络,对固化封建统治秩序具有重要的作用;在经济上,则形成以生产和经营为祭祀服务的祭品等经济形式;在思想文化上,南岳神成为衡岳人们精神生活的重要组成部分,对人们的价值取向具有重要的引领和示范作用。

第四节 忠烈祠与祭奠阵亡抗日将士

一、忠烈祠简介

1937 年 7 月 7 日,日军发动了全面侵华战争,全面抗战爆发。在这场抵御外侮的战争中,无数中华儿女为维护国家的独立和民族的尊严而英勇牺牲。但是,

---

① 王守恩. 社会史视野中的民间信仰与传统社会[J]. 史学理论研究,2009(3):89.

这些阵亡将士大多"暴尸疆场",不但对逝者不尊,也遭到敌军轻视。1938年11月,在南岳第一次军事会议上,出席会议的高级将领几乎都谈到这个痛心疾首的问题,蒋介石也认为这是一件悲哀的事情。会后,蒋介石令时任军事委员会政治部部长的陈诚和第九战区代司令长官兼湖南省主席薛岳在南岳修建烈士公墓。次年春,陈诚离岳赴渝后,该项任务就由薛岳承担。

第一次长沙会战结束后,国民政府公布了《抗敌殉难忠烈官民祠祀及建立坊碑办法大纲》和《忠烈祠设立及保管办法》。1940年4月,第六、九战区奉蒋介石之令联合召开了长沙会议,第九战区军务处提出了"建设南岳忠烈祠及烈士公墓"的提案,获得一致通过,并建议由"长官部商同湖南省政府办理"。接着经湖南省府常务会议研究,成立了"湖南省建筑南岳忠烈祠筹备委员会",由省参议会会长赵恒惕任主任委员,省建设厅厅长余籍传任副主任委员。筹委会下设工程处,由余籍传兼任处长。同年9月10日,第一期工程破土动工,次年10月完成;第二期工程于1941年11月5日开工,至1943年6月,除公墓区仅初具规模外,其余项目全部完成,总计耗资120余万法币。建设资金主要由湖南省政府筹措,次为第九战区、第六战区司令长官部等。

忠烈祠坐落于南岳72峰之一、海拔700米的香炉峰下罗家凹地段,占地面积约1.44万平方米,由祠宇与墓葬两大部分组成,依山而建,由东南向西北逐级升高,整个布局与规制恰似南京的中山陵。

南岳忠烈祠

(图片来自周学鹰主编:《南岳忠烈祠》,天津人民出版社2015年版)

祠宇部分从中轴线上分为五进，依次为前门牌坊、"七七"纪念塔、纪念堂、致敬亭和祭厅，主轴纵深长达240米，花岗石阶296级，各种通道和平台将整个建筑群连成一个整体。

第一进为花岗石砌成的三拱门式牌坊建筑，门各宽5米，顶盖琉璃瓦，中门上刻"南岳忠烈祠"几个大字，为薛岳亲书。进门后为一个视野开阔庭苑，正中耸立着"七七"纪念塔，为忠烈祠的第二进。塔座为正方形，边长为5.7米，塔的四周有四块青石碑，由汉白玉雕刻，正面及左右共有三块刻有"七七"二字嵌在碑上，寓指"七七"事变后，抗日战争全面爆发。后面一块刻有碑铭："寇犯芦沟，大波轩起，捐躯为国，忠勇将士；正气浩然，彪炳青史，汉族复兴，永湔国耻。"也由薛岳题写。塔身由五颗竖置的石雕炮弹组成，中间一颗大的直径为1.2米，周围四颗小的直径为0.8米，五颗炮弹石雕象征汉、满、蒙、回、藏等各族人民团结抗日。纪念塔四周栽种花卉松柏，以示对抗日阵亡烈士的深切缅怀。

纪念塔后为纪念堂，为忠烈祠的第三进，这是一个过道式厅堂。纪念堂为单檐歇山顶，花岗石墙，琉璃瓦，弧顶红漆花格门窗。上刻有木质鎏金堂额"纪念堂"三字，为时任国民政府主席林森所书。纪念堂长27.8米，宽13米。堂正中竖有高5.3米，宽2.65米的青石碑，上刻薛岳撰写的《忠烈祠记》全文。其两侧为展览室，四周墙壁上嵌有26块黑色石碑，上面刻着国民党军政要员的题词，书法苍劲，刻工精细。中华人民共和国建立后，被当作反动题刻，于1953年5月由湖南省文化事业管理局饬令南岳管理局派人全部凿毁。现在看到的石碑是1988年复刻的。

第四进为"致敬亭"。过纪念堂后，左右两旁共有两道平行10余米宽的石磴共276级，分段递登而上。石道中间为分段花圃，自上而下，每段一字，上书"民族忠烈千古"六个大字。石道两侧种满苍松翠柏。登上第三段后有一个宽敞的露天石台，一石碑上刻有"游人至此，脱帽致敬"八个字。正中为一座四方石亭，为"安亭战役纪念亭"，民间称之为"致敬亭"。

第五进为享堂，亦称"灵堂"。"致敬亭"后复有一段石级，直登忠烈祠最后一进——享堂，这是全祠的主建筑，是举行祭祀的场所。享堂犹如一座宫殿，单檐歇山顶，石墙碧瓦，飞檐翘角，气势宏伟。大门为双面浮雕三拱的花岗石结构。中间两柱上悬挂着长方形的油漆鎏金横书木匾，上题"忠烈祠"三个大字，款署为蒋中正。厅长19.65米，宽34.65米，享堂大厅可容纳500人。靠后墙正中是祭台，为白色大理石砌成的约两尺高的平台，台壁上嵌着享堂碑，碑文是："恭立忠烈祠，以祀忠烈神；我怀忠烈魂，誓为忠烈人。"为薛岳题写。台后竖立一块巨碑，竖刻"抗日阵亡将士总神位"，左右各有第一、三、九三大战区在抗战中 22 次著名战役中阵亡将士神位石碑。至于以个人身份入祀的将领，当时汇集有 10 本忠烈名册，但到 1947 年 7 月由南岳管理局接收后便不知去向。另据 1943 年 4 月 29 日《大公报》载：第一批获准入祀殉国或病殁的将领有张自忠、郝梦龄、佟麟阁、赵登禹、郑作民等 52 位。大厅两侧墙壁原嵌有白色碑 16 块，每块高 4.8 尺，宽 1.6 尺，分别刻有《国民党党员守则》《军人读训》和名家题刻。

祠宇周围为公墓区，占地逾 200 亩，共有 13 座烈士陵墓。公墓分为集体墓和个人墓两种。集体公墓有国民革命军陆军第 37 军第 60 师、第 74 军、第 54 军、第 104 师、第 53 师等抗战阵亡将士的部分遗骸。其中第 60 师在抗战中曾获"无敌师"的光荣称号，先后转战于淞沪、浙东、苏南、赣北、鄂南等地，击溃日军第 9、第 6 师团。在抗战的前五年中，该师官兵牺牲不下万余人，而合葬于南岳忠烈祠的烈士遗骸仅 2 128 具。墓联为："集百千骸以茔封，一寸山河，一腔血泪；振忆万年之国运，永怀壮烈，永奠精忠。"个人墓葬中，有陆军第 2 军中将副军长兼第 9 师师长郑作民将军墓。郑将军在 1940 年 2 月的桂南会战中，身先士卒，壮烈殉国。还有胡鹤云、罗启疆、赵绍宗、廖龄奇、章亮基、伍中衡、陈烈浩、陈炳炽、孙明瑾等 9 位将军墓。另陈石经将军墓在华严湖畔，彭士量将军墓在驾鹤峰头。这些公墓，一座座都是中华民族之魂，令后人万世景仰。

1943 年 7 月 7 日，南岳忠烈祠举行了落成典礼。蒋介石、林森、孔祥熙、李宗仁、白崇禧等国民党党政军各界高官和社会名流参加了典礼，第九战区司令长官兼湖南省政府主席薛岳将军主持了开幕式，对忠烈祠神位宣读了祭文，并宣布所有抗战阵亡将士一律入祀南岳忠烈祠，享受春秋二祭。薛岳还指着身后的总神位说："抗战还在进行，牺牲在所难免。这总神位，特为今后为国捐躯忠灵而设，千秋万代，血食无替。"

二、祭奠抗日阵亡将士

在忠烈祠的落成大典上，薛岳代表国民政府主祭，可谓是祭祀南岳忠烈祠的开始。从 1944 年 6 月至抗战结束时，南岳一度沦为敌手，忠烈祠由南岳管理局委托祝圣寺住持空也和尚负责看管，忠烈祠未受到大的破坏。1946 年 8 月，湖南省主席王东原在南岳召开行政会议时，也率百余名与会人员入祠祭祀。翌年 1 月，国民政府颁布《春秋二季致祭阵亡将士办法》，南岳管理局均按此办理。此外，每逢清明节和"七七"纪念日，还有一些零星的扫墓和祭祀活动。1949 年 3 月 29 日，南岳管理局局长叶保蘇率官员入祠举行春祭,这是国民政府最后一次祭祀南岳忠烈祠。

　　1952 年秋,湖南省有关部门指示南岳特区政府,立即清除南岳各地的"反动遗迹"。至 6 月上旬,忠烈祠的所有题刻被全部凿毁。十年动乱结束后,海内外要求修复忠烈祠的呼声与日俱增。1983 年 10 月,湖南省人民政府将忠烈祠列为省级重点文物保护单位,抢救恢复性工作逐渐展开。1984 年,时任中共中央总书记的胡耀邦莅祠参观时说:"这个建筑物搞得好,很有规范。"并说:"有的人为了国家,为民族生存而牺牲了,应该重视,应该纪念。"1992 年 6 月,忠烈祠开始全面修复工作,至 1995 年 7 月,值抗日战争暨世界反法西斯战争胜利 50 周年之际,祠宇部分修复一新,有的地方还胜过原貌。同年 7 月 7 日,中共南岳区委和区政府在这里举行了"忠烈祠祭祀仪式暨郑作民将军和 74 军烈士公墓修复揭幕典礼",时任区长万一恭读了祭文。1996 年 12 月 29 日,南岳忠烈祠被国务院核定为国家级重点文物保护单位,属于"近现代重要史迹及代表性建筑"一类。1999 年又被中央精神文明建设领导小组确定为全国爱国主义教育基地。

　　2005 年 8 月 18 日,为纪念中国人民抗日战争暨世界反法西斯战争胜利 60 周年,由民革湖南省委主办,民革衡阳市委、南岳区人民政府承办的"中华儿女公祭抗战民族忠烈大典"仪式在南岳忠烈祠隆重举行。上午 9 时 18 分,公祭大典开始,时任湖南省政协副主席、民革湖南省委主委刘晓主持仪式,来自社会各界的近万人参加公祭。时任全国政协副主席的周铁农作为主祭人宣读祭文,抗日阵亡将领罗芳珪烈士①之女罗本忠代表抗战忠烈后裔发言。随后声乐震天,土铳齐鸣,数千只和平鸽飞向蓝天。人们自发地步入享堂,祭拜民族忠魂。

　　2013 年 7 月 7 日,南岳忠烈祠隆重举行了中国远征军仁安羌大捷②阵亡 202 位将士灵位入祠仪式。他们的灵位将安放在忠烈祠的享堂之中,供世人永久瞻仰和祭奠。早在 2012 年冬,受仁安羌大捷指挥官刘放吾将军后人所托,中国远征军

---

① 罗芳珪(1907～1938),字建唐,湖南衡东人。黄埔军校四期毕业,参加过北伐战争。抗战中参加过南口战役,时任团长,后在台儿庄战役中壮烈殉国,周恩来称之为"民族复兴英雄",国民政府追赠其为陆军少将军衔。

② 仁安羌大捷:1942 年初,日军占领仰光后进攻仁安羌,英军陷于弹尽粮绝的境地,向中国远征军求援。其时中国远征军第 66 军新 38 师的主力刚到仁安羌。师长孙立人命刘放吾率领第 113 团发起突袭,击退日军,不过该团亦付出沉重代价,三营长张琦等 200 余名官兵战死。中国军队以不足千人的兵力,救出英缅军第 1 师和装甲第 7 旅官兵 7 000 多人,还救出了被日军俘去的美籍记者和传教士 500 余人,轰动全球。战后,英国向新 38 师师长孙立人和团长刘放吾多人授勋。

网工作人员与刘放吾将军之子刘伟民自当年新 38 师第 113 团发兵之地——缅甸旧都曼德勒为 202 位阵亡将士安制灵位,在他们昔日浴血奋战的仁安羌战场高地为英雄招魂,历经仰光、昆明艰辛辗转回到重庆、长沙、常德、衡阳,把 71 年前牺牲在异国土地上的 202 位烈士英魂迎回忠烈祠归位。

南岳忠烈祠是我国建筑最早,专门纪念抗日阵亡将士的大型烈士陵园。她将在抗战时期发生在全国正面战场 22 次较大战役和在大大小小 4 万次战斗中所有为抵御外侮而牺牲的英魂请入祠内,供国人祭祀。缅怀英烈,勿亡国耻,居安思危,强我中华。

附录一:南岳忠烈祠祭文与祭祀办法①

1.南岳忠烈祠落成大典时祭文

国步多艰,蛮夷猾夏。卫我河山,实惟健者。风云惨淡,龙战玄黄。杀敌致果,允为国殇。日月琨耀,天地寥廓。设位招魂,灵兮是托。报功崇德,生荣死哀。馨香俎豆,万古昭回。

2.“七七”纪念日通用祭文

惟灵抗敌效命,为国捐躯,武功彪炳,丽河岳而常新;大节昭垂,与日星而并耀。宜肃岁时之祀,用申崇报之诚。呜呼,黄封三锡,励六师忠义之心;碧血千年,立百世懦顽之志。载陈尊簋,来格几筵。尚飨。

3.民国 38 年春祭祭文

维中华民国三十八年三月廿九日,主祭官叶保稣谨以香花酒果豕羊肴馔诸仪致祭于忠烈阵亡将士之神前曰:

巍巍山岳,雄峙湘南。层峦叠嶂,云雾苍茫。七二峰高,蜿蜒护拥。五曲河流,譬如星拱。名山显著,虞舜南巡。碑留岣嵝,禹亦功成。汉武尊崇,秩星享祀。流传至今,历几千祀。倡导革命,策源粤疆。风行草偃,民气伸张。丛葬黄花,恸流碧血。取义成仁,缅怀先烈。民国肇建,卅有余年。干戈未息,心伤苶然。日寇侵凌,蓄谋已久。变起芦沟,甘为戎首。神谋独运,抗战誓师。前仆后继,喋血如斯。弹雨枪林,捐躯效命。捍卫国家,忠勇可敬。丹心贯日,赤胆参天。勋高麟阁,绩纪鸿篇。祠傍灵山,名垂千古,俎豆馨香,肃雍钟鼓。兹修春祀,敬献肴尊。

---

① 该部分附录一、附录二、附录三选自旷顺年等编著的《南岳祭祀文化大观》第三章,岳新出准字(2005)01 号。

伏祈灵爽,来格来歆。尚飨。

4.公元1995年"七七"纪念日祭文

惟公元一九九五年七月七日,抗日战争胜利五十周年,南岳忠烈祠落成五十二周年纪念之吉,南岳各界人民,谨具奠仪诣祠而祭曰:

昔维丁丑,日寇入侵。略我土地,戮我人民。铁蹄所至,血雨腥风。中华民族,优秀子孙,奋起御敌,众志成城。救亡图存,抗战军兴,白山黑水,北国南岭,同仇敌忾,气贯长虹。前仆后继,出死入生,喋血八载,鬼哭神惊。狂澜既挽,强寇扫清,壮哉王师,民族干城,浴血靡骨,功亘古今。生为人杰,死作鬼雄。可钦可敬,亦哀亦荣。

巍巍衡岳,浩浩洞庭。地维福地,久著文明。癸亥夏正,忠烈祠成,墓以安骨,祠以招魂。苍苍奇峰,郁郁佳城。花香草绿,水秀山青。永安毅魄,长慰英灵。岁时伏腊,以享以蒸。名山忠骨,天地同春。千秋辉耀,万古峥嵘。狼烟既扫,历五十春。山河巩固,世道倡明。用申祀典,宜献簋樽。昭告先烈,在天之灵。忠灵永驻,碧血常新。

5.公元2005年"南岳忠烈祠·中华儿女公祭抗战民族忠烈大典"祭文

公元二○○五年岁次乙酉孟秋中浣吉日,值此中国人民抗日战争暨世界人民反法西斯战争胜利六十周年纪念之际,时任全国政协副主席、民革中央常务副主席周铁农,专程由京诣岳,代表中华儿女,敬具酒肴时蔬花果之仪。

祭致于

南岳忠烈祠抗日阵亡将士之神位前而文曰:

惟我忠烈,民族精英。往事历历,可佩可钦。时逢艰辛,敌寇入侵。芦沟喋血,寰宇震惊。国共合作,万众一心。驰骋疆场,全民皆兵。浴血奋战,义愤填膺。舍生取义,保国安宁。狼烟尽扫,日月重明。一腔热血,化为辰星。巍巍衡岳,毓秀钟灵。卜葬名山,英烈长眠。忠魂永驻,万古长青。光阴荏苒,甲子重新。国家强盛,民族复兴。居安思危,图治励精。求精务实,与时俱进。社会小康,期盼和平。永怀壮烈,以慰英灵。馨香俎豆,来格来歆。尚飨。

附录二:国民政府颁布的春秋二季致祭阵亡将士办法

一、春秋二季致祭阵亡将士典礼,除中央在国都所在地举行外,全国各省、市、县应一律就地举行,以表崇敬。

二、兹定春祭时期为每年三月二十九日,秋祭日期为九月三日。

三、春秋二季致祭阵亡将士典礼参加人员,除中央举行的另有规定外,全国各省、市、县应由各地方首长领导各机关、法团、学校一律参加。

四、各省、市、县春秋二季致祭阵亡将士典礼地点,应就各地忠烈祠或其他适当地点举行。

五、各地致祭阵亡将士典礼时,同时致祭抗战殉难官民。

六、致祭仪式,依照国民政府二十六年六月二十二日公布之公祭礼节规定之。其仪式附后:

(一)祭礼开始

(二)全体肃立

(三)主祭者就位

(四)陪祭者就位

(五)与祭者全体就位

(六)奏哀乐

(七)上香

(八)献花

(九)恭读祭文

(十)行祭礼三鞠躬

(十一)主祭者报告致祭意义

(十二)演讲

(十三)奏哀乐

(十四)礼成

前项(五)(九)(十一)(十二)各款规定,得因致祭时实在情形酌量改赞或从略。

附录三:南岳忠烈祠纪念堂内碑铭文选

1.国民政府立法院院长孙科的铭文

崔巍衡岳,钟毓英灵。保艾邦家,神化丹青。功重民族,义炳日星。昭兹来叶,鉴此冥冥。

2.国民政府监察院院长于右任的铭文

大宇不宁,东夷首难。侵入神州,遂及江汉。实避虚诱,聚而歼焉。陷寇泥淖,湘泽之间。桓桓我师,力争国命。骨山血渊,胜基奠定。万众仰止,崇德报功。雄风正气,与岳无穷。

3.国民政府考试院院长戴传贤的铭文

湖南,楚之故地。其民坚贞沉毅,勤俭诚朴,勇敢善战。二千余年,未偿改也。近代海禁既开,欧风东渐。国人受物质文明之浸润,固有之道德修养,文化教育,日就衰退,而湖南之学风民气,依然保持固有之精神,虽山野之夫,亦隐然以国士自重。余主试政,秉铨衡者十余年,通观各省教育成绩,本国之文学、历史、地理诸科,以湖南为最优,而国民传统之道德思想,亦以湖南为最多。深敬佩之。以为匡辅之功,复兴之业,大有赖于湖湘士庶也。民国二十六年,逆倭入寇,一年之间,燕、鲁、晋、豫、苏、浙、皖、赣,均遭蹂躏;武昌、广州、岳州,旋为敌据。长沙、株、衡,为寇所必争。内外论兵者,皆为之危。然而,自二十八年至三十一年春,倭寇三次集中水、陆、空军,会攻长沙,每次使用兵力十余万人,其结也,倭寇三战三败。统计被歼于浏阳、捞刀、汨罗、新墙诸水,以及洞庭诸港汊间,十余万人。孙子曰:"先为不可胜,以待敌之可胜。"我湖湘战区之军,诚足称为不可胜之军矣!细究三次长沙会战致胜之原因,诚由于我统帅之谋划得宜,指挥若定,将士忠勇效命,视死如归。而人民爱国爱乡,协助国军作战,成仁取义之精诚,尤为至重大之要素。孙子论兵,以道为首,曰:"道者,令民与上同意,可与之死,可与之胜,而不畏危。"观长沙三次大捷,其军民战志,久而弥坚,益信教民治军之要道所在。民国三十二年,建立忠烈祠于南岳,以祀忠魂,司令长官薛上将岳,来请为文。因述所感,以为之记;且以告全国之司教育者。

4.国民政府司法院副院长覃振的铭文

巍巍南岳,为国之屏。正气磅礴,忠烈以兴。蠢尔岛夷,狼豕肆虐。尸遍原野,血满江河。三捷长沙,虏胆乃慑。东亚战云,为之变色。呜呼忠烈。□□□□。山岳之灵,民族之魂。

5.国民政府行政院副院长孔祥熙的铭文

湖南省政府,即衡山之麓为忠烈祠。崇山崔嵬,新庙鸟奕,享祀无忒,凭依有严。惟洞庭之南,人物卓荦,文武忠义,史书彪炳。今兹诸将士吏民,怵邦家多难,

戮力御侮,发扬先民之遗烈,雄挺尽节,光昭天壤,宜著于石,用重厥声。铭曰:

　　汩洪波兮海之东,祸襄襄兮无有同。铄我师兮振楚风,誓荡涤兮翦厥凶。志未竟兮寇则穷。先声树兮人景从,无反顾兮义发朦,水沅湘兮峰祝融,荐馨香兮祀事崇。灵矜赫兮诚感通。焕象曜兮廓氛雾,游八极兮乘飞虹,为民正兮无始终。

第四章

石刻　诗文

南岳自古就是封祀名山,历代的文人仕宦等社会名流,仰慕其优美的自然风光和人文之胜而纷至沓来,留下了许许多多传世的石刻和诗文名篇。这些石刻艺术和诗文名篇一方面承载着南岳悠久的历史文化,另一方面,把游人从山神崇拜中引向游览观赏、求知审美的新境界。

第一节　石　刻

石刻属于雕塑艺术,是运用雕刻的技法在石质材料上创造出具有实在体积的各类艺术品。南岳的石刻主要有碑刻、摩崖石刻和牌坊题刻等①,这里主要介绍前两种(后者在前面有散论)。其中碑刻有 103 块(实际上不止此数)。从时间上看,有汉碑 1 块,梁碑 3 块,隋碑 1 块,唐碑 17 块,宋碑 39 块,明碑 15 块,清碑 12 块,其余为民国以后的。共有 76 块留下碑文。这些碑刻经"文革"时期的大破坏,现只剩下 4 块(以上概指南岳中心区)。而更多的是历代摩崖石刻,目前已登记有 429 处,其中有名款、年款的 171 处,无名无款、款式不全或遭破坏的 258 处。从时间上看,唐以前 3 处,宋代 35 处,元代 6 处,明代 45 处,清代 41 处,民国 34 处,现代 57 处,无款识的 74 处。这些石刻是珍贵的文化遗产资源,具有很高的艺术价值和历史价值。本篇所收集的石刻,为现存的有价值的石刻。

---

① 本文的碑刻、摩崖石刻部分,主要选自湖南省地方志编撰委员会编:《南岳志》第三篇"石刻"部分,湖南出版社 1996 年版。

一、碑刻

1. 千古密码——《神禹碑》

《禹碑》又称《神禹碑》或《岣嵝碑》，相传为大禹治水成功之后，为铭志所刻书。古籍中有关禹碑的记载，最早是东汉学者赵晔所撰的《吴越春秋》。说大禹奉舜帝之命，继父业治水不顺，于是禹登南岳衡山，杀白马祭天，晚上又梦见苍水使者告知黄帝南巡时在岣嵝峰藏有一部治水诀——《金简玉书》。禹醒后按照苍水使者指引的路线来到岣嵝峰，果然找到了这本书。于是禹按此书治水，八年成功。后来禹将这本书归还原处，并在山上勒石刻碑，是为《神禹碑》。它是中国历史文化的瑰宝，也是南岳的镇山之宝。

从三国时期开始，有关《禹碑》的记载就频繁地现于史籍。三国张揖《广雅》载："衡州南岳有岣嵝峰，上有神禹碑"。晋罗含《湘中记》云："岣嵝山……上有神禹碑"。南朝宋徐灵期的《衡山记》载："云密峰有禹治水碑，皆蝌蚪文字，碑下有石坛……"这些是关于南岳《神禹碑》较早的记载。但禹碑究竟是在岣嵝峰，还是在云密峰，不得而知。不过在今衡阳县岣嵝峰上耸立的《禹碑》已不是历史上的原碑，而是清人翻刻的《岳麓禹碑》。

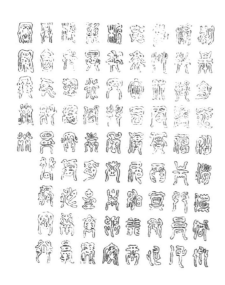

禹碑文

（图片来自清·李元度《南岳志》）

岣嵝"禹碑"图

对《禹碑》的探寻从魏晋时期开始,从未间断。南朝梁刘显《粹玑录》载:"萧齐高祖子铄,封桂阳王。时有山人成翳游衡岳,得禹碑,摹献之王。王宝之,爱采佳石翻刻,始见于世。"韩愈被贬广东北返途径衡阳时,曾游历南岳,亲自到岣嵝峰去寻找《禹碑》,却未能如愿。据史书记载,最早发现南岳山中《禹碑》的是南宋嘉定五年(1212),张世南在《游宦纪闻》中详细记述了何致游南岳,发现禹碑的经过。

四川人何致于1212年游南岳,他请南岳山中的樵夫做向导,"过隐真坪,复度一二小涧,攀萝扪葛,至禹碑所。为苔藓封,剥读之,得五十余,但难辨识。字高阔约五寸许。取随行市买历碑(一种粗纸)而模之。每模二,而墨浓淡不匀,体画却不甚模糊。归旅舍,方凑成本。何过长沙……何遂刻之岳麓书院后巨石。"①何致摹刻禹碑并留下后记,后书院摹刻为泥沙所埋。明嘉靖十二年(1533),长沙太守潘镒重修岳麓书院,发现了这块禹碑,于此引起世人关注。从明嘉靖(1522~1566)年间至清朝末年,宋人何致发现于南岳云密峰下而翻刻在岳麓书院之禹碑,经辗转翻刻,几遍全国。据1996年版《南岳志》载,除19种有刻者及年代、地点外,另还有多种版本。明嘉靖三十年(1551),太守张西铭建亭护碑。崇祯三年(1630)、康熙(1662~1722)年间先后重建碑亭,1935年,周翰重建碑亭,并刻"禹碑"额嵌于其上。

尽管史载众多人士见过《禹碑》,但在南岳至今未曾发现原碑。南岳现存《禹碑》即何致摹刻的岳麓碑。碑高1.84米,宽1.4米,共77个字,9行,每行9字,字径约5寸,字形古老,下端有"右帝禹刻……致……"等题款,为楷书。该碑发现后,释文者不断,现选列几种,以供参考②。

杨慎,字用修,号升庵,四川新都人,明代著名学者和文学家,明正德(1506~1521)廷试第一,授修撰,后任经筵讲官。明嘉靖(1522~1566)年间,杨慎有幸得到《禹碑》拓本,此后杨慎对它进行认真的考证和研究,注出了释文,并书写了《禹碑考证卷》(又称《禹碑歌卷》),该书既是《禹碑》研究的重要著作,也是一件著名的书法作品。

杨慎对《禹碑》的释文为:

"承帝曰,咨翼辅佐卿:洲渚与登鸟兽之门,参身洪流而明发尔兴。久旅

---

① 见南岳志编辑委员会《南岳志辑要》第408页。
② 以下几种释文均选自清·李元度撰写的《南岳志》卷二十三"金石一",岳麓书社2013年版,第732页。

忘家，宿岳麓庭。智营形折，心罔弗辰，往求平定。华岳泰衡，宗疏事衰。劳余伸裡，郁塞昏徒。南渎衍享衣制食备。万国其宁，窜舞永奔。"

杨慎的释文是自《禹碑》出现以后的第一次破译，后来流传甚广。

沈镒，明代人，生平不详。其释文为：

"承帝曰，咨翼辅佐卿水处，与登鸟兽之门，参身渔池而明发尔兴，从此忘家，宿岳麓庭，智营形折，心罔弗辰，往求（或作"来"，作者注）平定，华岳泰衡，宗疏事衰，劳余伸裡。赢塞昏徒，南暴昌言，衣制食备，万国其宁，窜舞蒸奔。"

杨时乔，字宜选，号止庵。明嘉靖（1522～1566）进士，万历（1573～1620）时官至吏部左侍郎。其释文为：

"承帝令：袭翼为援，弼钦涂陆，登岛泻端，乡邑仔麓，流船暗歇，迟眠即夙，迄冬次岳麓，屡陌裂岳，析踞罔堕缠，往求出窍，华恒泰衡嵩，陲事衰，献梓挺裡。郁浚垫徒，南暴幅员，节别界联，魑魅夔魈，窜舞蒸烨。"

明代之后，各家释文甚多，但都大同小异。至于何致发现的《禹碑》之真伪问题，成为古今一大学案，众说纷纭。该碑是大禹所刻写的吗？回答当然不是。众所周知，大禹生活在我国历史上第一个朝代——夏朝建立之前，那时中国还没有文字。中国最古老的文字出现在殷商时代，即甲骨文。而禹碑上的文字似鸟篆文，该文字始于周末，盛行于春秋战国时期的南方楚国、吴国、越国等地。如吴越出土的兵器，楚国出土的王子午鼎（1978年出土于河南淅川县下寺，楚墓中出土一套7件铜鼎中最大的一件。鼎高76厘米，口径66厘米。该鼎系楚庄王之子、曾任楚国令尹的王子午的器物），内腹与盖有铭文85字，为鸟篆体铭文，被誉为中国最早的艺术字。《禹碑》上的文字横成行，竖成列，大小一致，书写圆润，已成方块字，且整齐划一，讲究对称美观。殷商时的甲骨文，则大小不一，字形随意，并非都成方形，布局散乱。显然禹碑上的文字在甲骨文之后，故宋人何致发现的这块禹碑是伪禹碑。

但是，罗含的《湘中记》、赵晔的《吴越春秋》、北魏郦道元的《水经注》、徐灵期的《南岳记》、李冲昭的《南岳小录》及陈田夫的《南岳总胜集》等众多史籍都载峋嵝峰或云密峰有禹碑，这是传说，还是以讹传讹。但古代绝大多数学者认为是存在的。明代学者湛若水在《神禹碑序》中说:"由数说合《禹贡》而观之,则大禹由岷山导江历湖入海,过南岳登祭,而刻石此山,即此碑无可疑者。"①从这些记载来看,禹碑应该是存在的,可能是周代人将大禹治水的传说铭刻于碑上。这个公案的水落石水,还有待于考古学和文字学研究的新发现。但岳麓碑从宋代何致发现时算起,距今也有 800 年历史了,是我国珍贵的文化遗产之一。

2. 麓山寺碑

该碑是唐开元十八年(730)刻于古麓山寺,由著名文学家、书法家李邕赴贬途中撰文并书,江夏黄仙鹤(前人谓是李邕化名,《岳麓书院志》云:"仙鹤为邕托名"。其真伪无考)刻石。碑为青石,高 2.72 米,宽 1.33 米,圆顶。有阳文篆额"麓山寺碑"四字,碑文 28 行,每行 56 字,共 1 419 字。清光绪《湖南通志》云:"碑共 1 413 字,断裂漫漶者 271 字。"楷书字体。因年久碑面风化,部分断裂,现存千余字。碑文叙述自晋泰始(265~274)年间建寺至唐立碑时麓山寺的沿革及历代传教情况。碑文辞章华丽,笔力雄健,刻艺精湛。因文、书、刻工艺兼美,故有"三绝碑"之称。又因李邕曾任北海太守,故又称北海碑,又誉为"北海三绝碑"。被历代艺林、文豪推崇备至。北宋著名书法家、鉴赏家米芾(1051~1107)于元丰三年(1080)专程前来临习,并刻"襄阳米黻同广惠道人来,元丰庚申元日"16 字于碑阴。《麓山寺碑》碑文为②:

"夫天之道也,东仁而首,西义而成,故清泰所居,指于成事者已;地之德也,川浮而动,岳镇而安,故耆阇所临,取于安定者已。兹寺大枑,厥旨元同。是以回向度门,躔于廊右。仰止净域,列乎岩巅。宝堂岌嶪于太虚,道树森捎于曾渚。无风而林壑肃穆,不月而相事澄明。化城未真,梵天犹俗。名称殆绝,地位尝高者不其盛欤。

麓山寺者,晋太始四年之所立也。有若法崇禅师者,振锡江左,除结湖阴。尝与炎汉太宗长沙清庙栋宇接近,云雾晦冥,赤豹文狸,女罗薜带。山祇见于法眼,窦后依于佛光。至请旧居,特为新寺禅师,泪翌日宏聚谋,介众表之,明诏行矣。水泉有制,丘墟尽平。

太康二载,有若法导禅师,莫知何许人也。默受智印,深入证源。不坏外

① (清)李元度. 南岳志[M]. 长沙:岳麓书社,2013:756.
② (清)李元度. 南岳志:卷二十三"金石一"[M]. 长沙:岳麓书社,2013:766-769.

缘而见心本，无作真性而注福河。大起前功，重启灵应。神增银色，化身丈馀，指定全模，标建方面。法物增备，檀供益崇。广以凌云之台，疏以布金之地。

有若法愍禅师者，江夏人也。空慧双铨，寂用同辔。慈目相视，净心相续。综核万法，安住一归。注《大道经》，究上乘理。永托兹岭，克终厥生。

逮宋元徽中，尚书令湘州刺史王公讳僧虔，右军之孙也。信尚敬田，作为塔庙。追存宝相，加名宝山。效乎弓冶，笔精陶甄。意匠留书，藏石缄妙。俟时候法宇之倾伍，期珍价以兴葺。远虑将久，遗事未彰。

梁天监三年，刺史夏候公讳详，了义重元，别构正殿。

绍泰二年，刺史王公讳琳，律师法贤，或在家出家，或闻见眼见，建涅槃像，开甘露门。

长沙内史萧沇，振起法鼓，宏演梵言，继捷搥于景钟，纳贝叶于曾阁。陈司空、吴明彻、隋侍中、镇南晋安王、洛阳王，并佛性森然国祯秀者，壮回廊以云构，蔚悬居以天覆。

开皇九年，天台大禅师，守护法庭，澄清悲海，严幢标甓，智火融明。袭如来堂，坐法华定。四行乐而不取，三贤登而更迁。

有若昙捷法师者，伐林及树，染法与衣。不坠一滴之油，不沾大根之雨。

总管大将军齐郡公权，公讳武。福德庄严，喜慧方便，流写四部，镇重百城。

有若智谦法师者，愿广于天，心细于气，诵习山顶，创立花台。

有若摩诃衍禅师者，五力圆常，四无清净，以因因而入果，果以灭灭，而会如如。

有若首楞法师者，文史早通，道释后得，远涉吴会幽寻天台。法界图于刹中，真诀论于湘上。具究竟戒，敷解说筵，一法开无量之门，一音警无边之众。方等有以复悔，双林有以追远，并建场所，互为住持。

惟慧性禅师，迹其武，凭其高，超乎云门，绝波尘纲。深以为性有习，道有因，止于心，反于照。习也者坐乎树，居乎山，因也者固习，而无因则不住，因而无习则不证。是以沤和正觉，阿若冥搜，想息而精进甲坚，受除而烦恼谷散。百川到海，同味于咸。千叶在莲，比色于净。起定不离于平等，发慧但及于慈悲。故能闻者顺其风，觐者探其道。牧伯萃止，皇华洊臻。启焚香之上缘，托成佛之嘉愿。上座惠杲寺主惠亶都，维那兴哲等，皆静虑演成，妙轮转次,因差别而非法,随品类而得根,去二见而入流,率一心而办事,成以形胜之会如彼修行之迹。如此而丰碑未勒,盛业不书,安可默而已哉。将何以发挥颂声,披扬宿志者也。

司马西河窦公名彦澄,硕德高闻,绍贤远识,器守岳厚,检操冰清。属以师长,阅官摄行,随手以家而形于孝友,以己而广于诗书,以重而雅俗自兴,以明而至道丕若,且犹归心净土,膜拜佛乘。摧憍慢之外幢,兴开示之真语。建谋群吏,乃命下寮,顾蚊山之易疲,欢龙宫之难纪。其词曰:

天地有象,圣贤建极。宴坐中岩,成道西域。后代袭武,前良作则。安乐是依,灵鹫是式。一想冥契,三归愿塞。其一

金方置庙,衡麓开场。龙象拥锡,人天护香。鬼神赐土,灵化度堂。重镇牧伯,上游侯王。光昭法侣,大启禅房。其二

幽谷左豀,崇山右峙。瞰郭万家,带江千里。玉水布飞,石林云起。雷激庭际,月窥窗里。花台随足,天乐盈耳。其三

人与地灵,心将法灭。既往在此,比明齐哲。佛日环照,牛车结辙。连率顺风,驲骊钦烈。访道追胜,形驰目绝。其四

碑板莫建,轨物未宏。和合是请,佐贰是膺。政敷大郡,信发广乘。愿言有述,以访无能。惟石可久,与山不崩。其五

祖上计于京,不偶兹会。赞曰:英英披雾,其德允烁。卓立俊才,标举明略。雄辩纵横,神情照灼。备闻政理,深悟禅乐。

前陈州刺史李邕文并书。大唐开元十八年岁次庚午九月壬子朔十一月壬戌建。江夏黄仙鹤刻。"

麓山寺碑理应立在麓山寺中,但立于山麓的岳麓书院中,相去较远,何也? 岳麓书院创立之时,麓山寺已有700年的历史了,麓山寺碑也已竖立近300年之久。当时,书院的地盘归麓山寺所有。唐末至五代,战乱频繁,官学废弃,大批文化人涌入寺中读书,打乱了僧人的静修生活。寺中僧人干脆另盖了一幢庭院,供文化人专用,这座庭院就是岳麓书院的前身。北宋建立后,天下安定,统治者重视文化教育,文化人不愿再寄居寺院檐下,于是在已有庭院的基础上,营建新居,毁碑掠地,拆毁寺庙,这块地方就由书院占据所有,儒佛斗争日趋激烈。至于麓山寺碑,至明清时期,已夺归书院管理。

麓山寺碑坐落在岳麓书院的园林内,四周翠竹环绕,还有从麓山寺流下来的

清泉陪伴着。游人走进亭内,品味着碑上的文字和题刻手法,可见其笔力凝重雄健,气势纵横,如五岳之不可撼。运笔博采魏晋及北朝诸家之长,结构纵横相宜,笔法刚柔相济,章法参差错落,行云流水,有化柔为刚之美。北宋著名词人黄庭坚评价说:"字势豪逸,真复其崛,所恨功力太深耳。少令功拙相半,使子敬(指王羲之)复生,不过如此。"①此碑已列为湖南省文物保护对象。传世北宋拓本有故宫博物院藏本、赵声伯藏本、苏州博物馆藏本等。

3. 其他碑刻

宋碑

《祭衡岳文》 宋范纯仁撰,在南岳大庙之右碑林。1988 年重置,湘乡一中教师方坚书。碑高 7 尺,宽 3 尺。碑文 14 行,行楷书,字径 1 寸。

明碑

《心性图说》碑 明万历十四年(1587),新安詹濂为纪念明代理学家湛甘泉所刻之碑。今南岳湘南寺后贯道泉侧石上描刻有"新安詹濂"四字。詹濂,湛甘泉再传弟子,新安人。该碑上刻有湛甘泉像及其《心性图说》,碑石现存于岳云中学甘泉亭中。

《重修南岳庙记》 明代商辂撰,在南岳大庙之左碑亭。1988 年重置,方坚书。碑为青石,高 7 尺,宽 3 尺,碑文 20 行,楷书,字径半寸。

程子四箴碑 在岳麓书院内,"四箴"即宋代鸿儒程颐所撰视、听、言、劝四箴。明嘉靖九年(1530),岳麓书院得御制"敬一箴"及明世宗亲撰四箴注解,特建"敬一箴"亭保存。四箴碑现嵌于四箴亭壁内。碑分四块,四周雕有龙纹,正楷字体。是岳麓书院碑刻中价值仅次于麓山寺碑的重要文物。

《重修岳麓书院碑记》 明万历(1573～1620)、天启(1621～1627)年间,重修岳麓书院。时进士、湘潭人李腾芳从京回乡省亲,观书院兴复,遂为之记。清嘉庆元年(1796),新建崇圣祠时立此碑于祠前。后埋于废墟中。2003 年崇圣祠修复时,重现于世。现仍立于崇圣祠前。

清碑

《游岳记》碑 清康熙十二年(1673),川湘总督蔡毓荣撰,碑存上封寺。

《重修南岳庙碑记》 清康熙皇帝撰,在南岳大庙之御碑亭。清康熙四十七年(1708)置,立于巨型龟座上。1985 年重置,长沙史穆书。碑上有 100 厘米高的镂

---

① 胡健生.南岳旅游文化概论[M].长沙:岳麓书社,1999:157.

雕碑冠,书碑高约 366 厘米,宽 166 厘米,碑文 12 行,楷书,字径 3 寸。

《重修岳庙记》碑　嘉庆十年(1805),时任衡州知府的张凤枝撰。现存南岳大庙内。

《御藏丛林》碑　嵌山门内左墙上。碑高 90 厘米,宽 66.6 厘米。同治五年(1866)九月十六日立。碑文 18 字,行楷书,字径半寸。

《御香行台》碑　嵌山门右墙上,高 90 厘米,宽 66.6 厘米。同治六年(1867)十一月初七日立。碑文 13 行,行楷书,字径半寸。

《重修岳庙记》碑　清光绪八年(1882),湖南巡抚卞宝撰,该碑与张凤枝撰写的《重修岳庙记》碑为大庙碑林中在"文革"中幸存的两块碑。

石刻浮雕　为南岳大庙正殿四周石栏中的嵌板,汉白玉双面雕,共 144 块 288 幅石雕画。内容多为古代传说、神话及珍禽怪兽之类,其刻工精细。

五百罗汉石刻像残片　在祝圣寺内,清光绪(1875 ~ 1908)年间,寺僧心月所刻,共 250 块。后大部分毁于"文革"中,部分残片存南岳文物管理所。

望日台碑　碑嵌于望日台壁间,清光绪(1875 ~ 1908)年间湖南巡抚张煦题刻。碑文为"观日出处"四个大字,隶书,字径 5 寸。碑石为汉白玉。款署为小序文:"光绪庚寅(1899),余奉命阅兵。道径衡山,恭谒岳庙。夜宿祝融峰顶。次日寅刻观日出。维时从官衡山县知县景天相、拔贡知县陈吴萃、候补知县陈锟、候补府径徐本麟、候补县丞杜辉随同勒石。头品顶戴、兵部侍郎兼都察院右副都御史、湖南巡抚灵武张煦书。"

另在岳麓书院内,清代的碑刻较多。主要有《忠孝廉节》碑、《整齐严肃》碑、《示诸生诗》碑、《岳麓书院学规》碑、《岳麓书院文昌阁祭田碑记》与《文昌阁祭田契券》碑、《书整齐严肃四字因示诸生》碑等。这些碑刻对于窥管岳麓书院的教学、管理、书院教育经费和祭祀经费的来源、文学与艺术等具有重要的参考价值。

二、摩崖石刻①

1. 唐代以前石刻

还丹赋

该石刻位于南岳镇泗塘村四组,系水帘洞景区溪流上端,原弥陀寺遗址西南

---

① 该部分选自湖南省地方志编撰委员会编:《南岳志》之第三篇第二章,湖南出版社 1996 年版;胡健生:《南岳旅游文化概论》第十一章,岳麓书社 1999 年版。

约 400 米处一巨型花岗岩上。1988 年发现，以前有关南岳各种著述均无记载。《还丹赋》共 355 字（一说 353 字），石刻宽 300 厘米，高 700 厘米，共 24 行，每行 15 字，末行 5 字，隶书，字径 20 厘米见方。无款识，风化较严重。石刻全文如下：

"还丹为众药之宗，验己神通。盗日月运行之制，夺乾坤造化之功。变凡为圣，却老如童。九转初成，满黄金于室内；一九绕服，控白鹤于云中。

原夫体自虚无，全于妙有。黄芽为基，朱汞为首。炉法天地之覆载，药顺阴阳之匹偶。凡三百六十之准则，于十二门庭之固守。既无差于丙丁，遂安闲于卯酉。虎遇龙而龙不飞，龙遇虎而虎不走。轻取者万中无一，志求者十中得九。

杳杳冥冥，冲和之精。羽客授得，真铅炼成。其功莫测，大效难名，授于已死之尸，无魂不返；点在既枯之骨，是肉皆生。

其道弥彰，其功无量。承列圣之所秘，为群仙之所向。黄帝得金华之术，衣冠空葬于人间；淮王遇秘石之方，鸡犬尽归于天上。

下士大笑，上本无疑。青霞赞咏，玄灵受持。深藏于紫府青都，我未见也；既出于神方秘法，人必知之。

求学甚多，了悟犹鲜。非八石以能成，混五金而不显，有分者契合须史，无分者徒劳辗转。在圣智以难名，谅凡愚之岂见。

人后药化，药自人弘。何至于丹霄偃仰，白日飞腾。

美矣哉，好道之流，得不虔诚而志服？"

《还丹赋》刻于何时，现在难以考证。从石刻的内容来看，应为一道士所写。文中大赞道教神丹之功，记录了作者对道家所炼的"还丹"之功效。其中"鸡犬尽归于天上"之类的文字，表现了传统道家"一人得道，鸡犬升天"的观念。从魏晋南北朝至唐时，来南岳炼丹的名道众多，有可能就是刻于这一时期。

紧挨《还丹赋》左侧，有两处有确切年代的宋代题刻，一处为"道士唐从善出示学行道，入王祠，自所书还丹赋，因命工刻于南岳山洞灵源岩石之上。绍兴辛酉十二月二十七日□□杨临记。"另一处已模糊不清。

极高明

题刻无款识，石刻位于福严寺虎跑泉上。石刻整体尺寸为 120×330 厘米，字体尺寸是 100×70 厘米，楷书竖刻。据清李元度的《南岳志》载：该石刻为唐代宰相李泌隐居南岳时（757～768）所书。

南台寺

位于南台寺厨房后大石上,每字大 80 厘米见方,楷书横刻。款识为"梁天监(502~519)中沙门海印"。

朱陵后洞

位于石鼓山朱陵洞口。行书,字径 37 厘米。相传为唐代石刻。

2. 宋代石刻

镇岳飞天法轮　朱陵太虚洞天

该石刻位于水帘洞石浪亭后侧山壁,共 12 字,每字 80 厘米见方,楷体竖刻。为宋张孝祥题刻。张孝祥,字安国,号于湖居士,今安徽和县乌江镇人,南宋词人。宋乾道(1165~1173)年间任潭州(治所在今长沙)知府。乾道二年(1166)游南岳时题刻,收录于《于湖集》,该集入《四库全书》。石刻侧有题记云:"绍兴(1131~1162)间,故紫微张公,射策君门,居甲科之前列;逮尘乙览,则又嘉其字画之雄杰,擢升第一。于是飞笺点翰,为时所珍。岁丙戌秋,还自桂林,经衡岳,凡所游观,不留诗则留字。而大书之楷者二题:'镇岳飞天法轮''朱陵太虚洞天'是已。后十有九年,知铨德观道士万如寿,乃摹刻于洞天之侧,并讬诸不朽。淳熙甲辰(1184)二月之吉吴兴卢宜之谊伯书。"侧记为隶书。

寿

位于南台寺山门前坪下约 500 米处,原登山古游道边山壁上,有两处"寿"字石刻,楷体。整体尺寸约为 310×360 厘米。款署为"三山黄桂"。三山即福建的三山书院,黄桂为福建候官(今在福建福州市)人。宋嘉定元年(1208)探花。其中东侧的"寿"字左下角及部分笔画略有破损。

水帘洞

位于水帘洞瀑布石壁上,楷书竖刻,整体尺寸为 300×120 厘米,字体尺寸是100×100 厘米。款署:"淳熙(1174~1189)甲辰冬十二月金华潘畤书。会真观知观道士周延龄摹刻。"潘畤,淳熙年间曾任衡州知府,并在任期重修石鼓书院。

妙高峰　车辙亭

位于南岳拜殿乡天台寺遗址西南约 1 公里处的巨型石壁上,楷书竖刻。整体尺寸为 220×330 厘米,字体大小是 130×100 厘米。款署:留元圭。留元圭为宋代宝庆(1225~1227)年间的福建名宦。

朱虚

位于水帘洞大瀑布下砥柱上,楷书竖刻,每字 70 厘米见方。款署:"夷门谢中庸、赣阳赖充林、林外羽客郑居实、袁公与同游。绍兴甲寅(1134)十二月丙子凤岩滕牧题。"滕牧、谢中庸身世不祥。

南岳朱陵洞天

位于水帘洞大瀑布下砥柱上,篆书竖刻,每字50厘米见方。款署:治平四年(1064)二月丙申转运判官沈绅题。

羽客下棋处金龙曳尾处宝篆浮水处投金龙玉简处

位于水帘洞大瀑布右石壁上,共21字,楷书竖刻,每字23厘米见方。款署:宋政和丁酉七年(1117)六月仪真李亘通微书圣迹。

冲退醉石

位于水帘洞大瀑布下巨石上,字旁刻有诗二首。一曰:"水帘洞前一片石,留与仙人醉后眠。珍重何人书四字,风云重护鬼神岭。"另一首曰:"斯人胸次阔如海,石上留书便出尘。只恐清风明月夜,此间真有醉仙人。"诗作及石刻为何人不详。冲退为宋理学家章察别名。章察,成都人,晚年来南岳,坐卧于水帘洞瀑布下巨石上,呼为醉石。

南岳第一泉

位于水帘洞雪浪亭右侧石壁斜坡上,行书竖刻,每字约95×80厘米见方。款署:咸淳戊辰(1268)李义山书,会真观知观肖季湘、管辖住持王如璧上石。

朱陵瀑布

位于水帘洞雪浪亭侧斜坡巨石上,行书横刻,每字约50厘米见方。无款署,似宋石刻。

身健端须饱此心　向山临水极幽寻　待余书遍湘南寺　却向钟山老定陵

位于湘南寺右侧50米处石上,共28字,正楷竖刻,每字约20厘米见方。款署:大观戊子(1108)赵岏。赵岏,赵抃(宋神宗时以大学士加太子少保致仕)之子,官至提举常平,随父遍游名山,至衡山定居。

上封山头帝所宇　旁有雷池亘今古　去天五尺银河通　常遭龙公宰云雨我来正值欲雨时　再拜乞龙龙勿拒　使将此雨洗甲兵　免使中原困胡虏

位于高台寺到上封寺公路约百米处,共56字,隶书竖刻,每字约56厘米见方。款署:辛巳岁登雷池□会,陈从古希颜。陈从古为南宋人。明顾璘《游衡山记》中有"至高台寺,略知有李义山、陈从古等唐宋人石刻"的记载;石刻中有"免使中原困胡虏"句,意谓金军南下,占领中原大部分地区。

白云关

每字大 50 平方厘米,正楷横刻,无署名。因石刻与陈从古诗刻在同一石上,字体基本相同,后人疑为陈从古题刻。

寿岳

位于瑞应峰下皇帝崖石壁上,楷书横刻,每字大 150 厘米见方。题跋及款署:"寿岳二字,大气磅礴,相传为宋徽宗书。年湮代远,几不复辨。因重镌之,以饷游者。民国甲申(1944 年)春日,永绥石宏规题。邑人李一夔书。"石宏规,湖南花垣人,1934 ~ 1946 年间任南岳管理局局长。

济南朱翁庆继万　栝苍管湛定夫　江山柴宏休庆长　清江陈翰季海

位于南岳祝融澒水瀑布下石壁处,隶书竖刻,整体尺寸为 130 × 80 厘米,字体尺寸是 16 × 12 厘米。款署:绍熙(1190 ~ 1194)初元二月癸卯同游。

3. 元代石刻

元元贞年(1295 ~ 1297)记事题刻

"湘乡义汤王应雷,室王氏,男梦贤梦祥,孙才兼施钞四十定重立石硚记。丙申元贞二年(1296)九月日,幹缘何仲敬化缘,石硚寺主□守运"。该石刻位于南台寺下石崖上,楷书竖刻。整体尺寸为 150 × 100 厘米,字体尺寸是 10 × 10 厘米。此石刻证明了至少从元代开始,由南岳镇的白龙潭到赤帝峰,再到南台寺的古游道已经使用,并有人捐资修建。

至元甲申夏　奉圣旨修缮岳庙……

位于水帘洞瀑布石壁上,楷书竖刻,字体尺寸为 12 × 10 厘米,内容残缺。至元是元世祖忽必烈的第二个年号,即 1264 ~ 1294 年。故为元代早期石刻。

至元二十九年(1292)八月初四日资善大夫湖广行省左丞赵仁荣同前湖南道宣慰使中奉大夫赵淇来游住山洞泉法师费希升上石

位于水帘洞雪浪亭侧石壁上,行楷竖刻,整体尺寸为 300 × 100 厘米,字体尺寸是 30 × 20 厘米。

大元至正元年秋龚杏林重游

位于水帘洞雪浪亭下游路石壁处,楷体竖刻,整体尺寸为 40 × 100 厘米,字体尺寸是 12 × 12 厘米。龚杏林,生平事迹不详。

4. 明代石刻

天下第一泉

位于水帘洞瀑布石壁上,楷书竖刻,整体尺寸为 500 × 120 厘米,字体尺寸是

100×100 厘米。款署:大明正德戊寅(1518)岁衡郡知府柳州计宗道书,衡山知县临川邹岗上石。

涌几

位于南岳镇光明村大坳(茶亭子)路边石壁上,楷书竖刻,整体尺寸为 140×100 厘米,字体尺寸是 65×70 厘米。款署:圭祯畾王夫之题。即明崇祯(1628~1644)王夫之题。

眠云漱月

位于麻姑仙境兜率寺遗址处,楷书竖刻,两行。整体尺寸为 240×220 厘米,字体尺寸是 90×80 厘米。款署:万历甲戌(1574)秋九月蜀郡边维垣书。边维垣时任湖广按察司提学副使,与监察御史李栻同游南岳,并建开云祠于祝融峰上。

薜萝深处

位于麻姑仙境兜率寺遗址处,楷书竖刻,两行。整体尺寸为 120×100 厘米,字体尺寸是 50×35 厘米。款署:大明万历戊寅(1578)中秋后桂人理斋张孙振题。

崧高玄览

位于麻姑仙境兜率寺遗址处,楷书竖刻,两行。整体尺寸为 160×140 厘米,字体尺寸是 100×70 厘米。款署:万历庚寅(1600)岁武进吴之鹏题。

云梯

位于进山门票处稽查所后百步云梯石壁上,行书竖刻,整体尺寸为 240×130 厘米,字体尺寸是 90×80 厘米。款署:明隐熊令元题。人们猜测为明甲申之变后(指 1644 年清军入关,明朝灭亡)隐居南岳之熊开元题。

手招黄鹤来　脚踏金牛背　尘世无人知　白云久相待

位于南台寺下金牛迹凉亭后石壁上,正楷竖刻,四行。整体尺寸为 160×120 厘米,字体尺寸是 20×18 厘米。款署:正德十年(1515)癸卯秋夏良□题。无碍师刊。夏良□疑为夏良胜,江西南丰人,为官正直,两度游南岳。无碍,应指无碍和尚,河南信阳人,南岳名僧。

名山多胜概　幽谷最奇观　树色千林晓　泉声六月寒　仙桥通古刹　松径隐经坛　修竹池亭上,流觞忆懒残

位于麻姑仙境兜率寺遗址处,楷书竖刻。整幅尺寸为 130×60 厘米,字体尺寸是 12×10 厘米。款署:粤西张守约偕秦任庵夏后松二人舍共酌流杯亭与僧南洲共话日西乃去。张守约为明永乐(1403~1424)年间上海知县。

蓑云钓月

位于金简峰飞来船形大石壁上,正楷竖刻。整体尺寸为 200×110 厘米,字体尺寸是 40×30 厘米。款署:明谏垣愚隐熊开元题。

寿 福

位于麻姑仙境上兜率寺遗址处,楷书。两字的整体尺寸为 1800×1600 厘米,字体尺寸是 1800×1400 厘米。款署:嘉靖丙辰(1555)六月吉旦巡按广西监察御史李一经磐石书,衡山主簿□大纲、儒学署举人郭林、训导江厚立。

"福"字刻在距寿字不远的斜石上。一说是仿"寿"字刻的明刻。

独枕清泉

位于水帘洞瀑布石壁处,楷书竖刻。整体尺寸为 120×20 厘米,字体尺寸是 20×20 厘米。款署:明隆庆己巳(1579)郡人仁山刘稳题。刘稳,今湖南炎陵县人,明代理学家。

御史部光先代隆庆帝巡狩戊辰年(1568)正月元旦至于南岳

位于去会仙桥游路边石壁处,共 22 字,行楷竖刻。整体尺寸为 220×90 厘米,字体尺寸是 20×20 厘米。

天帝万年

位于湘南寺侧文殊洞石壁处,篆体竖刻。整体尺寸为 350×130 厘米,字体尺寸是 80×70 厘米。款署:"嘉靖七年(1528)岁次戊子春正月之吉湖广等处承布政使司衡州宣知府□□□□。"后面四字残缺。

上回雁峰

位于半山亭山坡巨石上,楷书横刻,每字 100 厘米见方。款署:甘泉(即明代理学家湛甘泉),王世表刻石。

高山流水

位于水帘洞瀑布壁石上,楷书横刻,每字约 30 厘米见方。款署:万历丁巳(1617)秋……。后面难以辨认。

七十二峰主者彭簪九年来游三度 吁嗟呼 一去将千百世

位于水帘洞溪水出山处右侧石壁上,楷书竖刻,每字 20 厘米见方。款署:嘉靖癸巳(1533)九日题。彭簪时为衡山县令。

石头路滑不可度 我来跨鹤御罡风 喷泉九月飞霜冷 举袖擎天晓日红

位于水帘洞雪浪亭侧斜坡石上,共 28 字,草书竖刻,每字约 24 厘米见方。款署:明嘉靖甲辰(1544)重九甘泉湛若水同乐昌骆尧知来观,王世表草书谨书。骆尧知为湛甘泉的弟子。

天下名山

位于百步云梯石墈大石上,楷书竖刻,每字约110厘米见方,其中"山"字已被毁。款署:万历丁未(1603)季明晋史学迁书。

贯道泉

位于湘南寺后,楷体竖刻,每字大约40厘米见方。侧有正楷竖刻,每字大20厘米见方,即:"万历癸巳(1593)重阳日,长子汪麟辑同友康时升、周廷参登峰憩此勒。"

过湘南寺观贯道泉　胜地涌灵泉　涓涓不计年　涌沅来天上　度石达山颠无心入禅室　任性达湘渊　道脉亦犹是　静观兴沛然

位于湘南寺后贯道泉侧石上,共48字,正楷竖刻,每字约15厘米见方。款署:粤西张守约。张时任道州判官,广西永福人。

维南有岳　亿代明禋　兴云沛泽　四海归仁

位于皇帝岩顶不平石上,楷书横刻,每字约65厘米见方。款署:皇明巡抚都御史顾璘赞。

石舟

位于金简峰原飞来船处石上,隶书竖刻,每字55厘米见方。款署:蒋向能书。1996年版的《南岳志》云:飞来船在清顺治十三年(1656)即在雷雨中断塌,"石舟"二字应刻在此前,故定为明刻。

凌空娱老

位于金简峰原飞来船石侧,正楷横刻,字大40厘米见方。款署:何隆枢。

差可共语

位于高台寺开云亭侧巨石上,正楷竖刻,字大40厘米见方。款署:崇祯壬午年(1642)周星题。周星,又名黄周星,湘潭人,崇祯时进士。后拒不仕清,康熙时自沉。

圆明洞

位于高台寺开云亭下墈石上,隶书竖刻,字大100厘米。款署:赐进士大夫赵善鸣为僧楚石题。楚石为明嘉靖(1522～1566)年间高台寺住持。

观音岩

位于高台寺侧观音岩悬石上,行书横刻,每字大35厘米见方。款署:大明天启癸亥年(1623)五月十三日部检封司郎中杨一鹏书。

天柱峰高挂玉虹　灵泉□□是源头　飞来化舫如龙驾　直上银河问玉皇

位于高台寺侧观音岩内石上,楷书竖刻,每字约 17 厘米见方。款署:明万历丙子(1576)春三月巡按湖广监察御史四明向程。

峭壁高台寺　禅关倚半天　幽岩耸琼阁　玄洞鸣琅泉　环嶂千山拱　名僧百世传　把樽共登眺　对景思超然

位于高台寺侧观音岩内石上,共 40 字,楷书竖刻,每字约 20 厘米见方。款署:前有僧楚石、马行,高寿而卒。时偕秦任庵、夏后松二上舍同住,皆邑人。粤西张守约。

朱陵洞天

位于高台寺侧观音岩边侧石上,行书竖刻,每字大 45 厘米见方。款署:万历甲申(1584)新淦刘正亨书,僧园宁刻,皇府承辇清苑张忠同立。园宁为楚石和尚弟子,时任高台寺住持。

如凤普陀

位于高台寺侧观音岩外侧石鼓上,楷书横刻,每字约 20 厘米见方。款署:崇祯三年(1630)正月上元吉旦。题刻人不详。

降龙岩

位于高台寺侧观音岩左石级边石上,草书横刻,每字大约 30 厘米见方。款署:皇明前进士周星题。

冠石

位于高台寺松下坪里石上,草书横刻,每字约 40 厘米见方。款署:嘉靖壬戌(1562)重阳日吴郡张勉发题。

大鹤行窝

位于高台寺松下坪里石上,行书横刻,每字约 40 厘米见方。款署:明嘉靖丁未(1546)重阳日赐进士吏部文选郎中大鹤山人高简书。

伏象朝真

位于高台寺侧念庵松下坪中,行书横刻,每字约 40 厘米见方。款署:隆庆戊辰(1568)提学颜琼题。

望月坛

在望月坛石上,楷书横刻,每字约 50 厘米见方。款署:明嘉靖丁巳(1557)九月宝庆知府郭学书。

会仙桥

在会仙桥侧大石上,楷书横刻,每字约 40 厘米见方。款署:蜀谪仙枢裕、崔官、宗岱嘉靖乙巳(1645)。崔官,时任衡州府通判。

南山一境

在会仙桥侧,楷书竖刻,每字约 12 厘米见方。款署:甲寅冬巴汪言臣、王三畏同游此。王三畏,明万历(1573~1620)间四川巴县举人,时任衡山知县。甲寅指1614 年。

不语挂锡

在不语岩石壁上,行书横刻,每字约 38 厘米见方。款署:万历甲寅(1614)岷藩禋黎。禋黎,指明代宗室朱禋黎,时封藩于四川。

风松在何处　云外影斑斑　隐现时无定　岩虚任往还

在隐松岩石上。行书竖刻,每字 20 厘米见方。款署:明壬申年潭州周赞春题。

福

在半云庵前田中巨石上,字高 420 厘米,宽 360 厘米,笔划宽约 16 厘米。款署:甲辰菊月邑人吴从心书于僧纲司胡心玉寺前。僧纲司,官名,明代设立,掌有关佛教徒事务。中央设僧录司,各省置僧纲司。清代沿用。"福"字石刻是明或清代石刻,待考证。

烟霞仙境

位于兜率寺遗址田边石上,每字 60 厘米见方。款署:阳和居士,时袁有时同游。阳和居士,为明张元忭,自号阳和居士,万历(1573~1620)间翰林院修撰。

慈航石

位于兜率寺遗址田边石上,楷书横刻,每字约 80 厘米见方。款署王宗沐志。王宗沐,明代理学家,万历九年(1581)曾在南岳兜率寺筑舍讲学。

石屋山人彭簪　吏隐衡山者七八年　每年游数度　每度辄连日　遂又号七十二峰主者自谓于名山有缘矣　缘满仍归故里

位于湘南寺侧,共 47 字,楷书竖刻,每字大 25 厘米见方。款署:嘉靖辛卯(1531)仲春题。

进道坡

位于南台寺下天生石磴上,行书竖刻,每字大 45 厘米见方。款署:明张元忭书。

190

　　宝地山环碧　珠林瀑落奇　一泓开宿海　三峡倒天地　丹鼎银为冶　龙头雪作维　从来谈洗衲　即此濯缨宜

　　位于方广寺右涧中大石上,共40字,隶书竖刻,每字约15厘米见方。款署:万历乙巳(1605)季春岭南李焘书。李焘,时任衡州知府。

啸台

　　位于方广寺前半里处石壁上,楷书竖刻,每字约35厘米见方。款署:南海张博题,长水岳和声书。张博,字无名,广东东莞人。明万历四十年(1612)时在南岳方广寺读书。

天幕连城

　　位于方广寺前半里许石壁上,行书竖刻,每字约50厘米见方。款署:谭元春书。谭元春,明代诗人。

南海龙湫

　　位于黑沙潭石壁上,行书横刻,每字约27厘米见方。款署:万历戊午(1618)□□府李安□□。

高山流水

　　位于水帘洞瀑布石上,楷书横刻,字径30厘米。款署:万历丁巳(1617)秋。其余不可辨认。

　　风松在何处　云外影斑斑　隐现无时定　岩虚任往返

　　位于隐松岩石上,行书竖刻,字大20厘米见方。款署:明壬申年潭州周赞春题。

5. 清代石刻

禹王城

　　在广济寺今茶园宿舍侧墈上,楷书竖刻,每字约45厘米见方。款署:龙山道人。龙山道人,系清顺治(1644~1661)末到康熙(1662~1722)初广济寺住持。

寿

　　位于广济寺到茶园桥边石上,楷书,字高180厘米,宽110厘米。款署:龙山。龙山系前所提到的龙山道人,即龙山和尚。

涧水逆流

　　位于广济寺到茶园桥边石上,楷书竖刻,每字约60厘米见方。款署:龙山。

小洞天

　　位于文殊庵对面石壁上,楷书,每字径约50厘米见方。款署:龙山。

擎天捧日

位于观音岩侧石上,正楷横刻,字径 30 厘米。无款署。清李元度在《南岳志》中认为是清顺治(1644~1661)初多慎郡王题刻。

何去何从

位于水帘洞瀑布大石壁上,楷书横刻,整体尺寸为 400×300 厘米,字体尺寸约 80×70 厘米。款署:康熙甲申(1704)吴□□□□。

不舍昼夜

位于水帘洞瀑布大石壁上,楷书横刻,整体尺寸为 200×80 厘米,字体尺寸约 70×50 厘米。款署:康熙甲申(1704)秋月衡山姜立广题。

活埋

位于皇帝岩东侧游路石壁上,隶书横刻,整体尺寸为 130×100 厘米,字体尺寸约 30×30 厘米。傍有题记,为一首看破红尘之诗作。款署:康熙戊子(1708)□□□□皇帝岩行诚水翁英书题。

山矗天止　云起峰流

位于祝融殿西侧石壁处,楷书竖刻,4 行。整体尺寸为 200×160 厘米,字体尺寸约 50×55 厘米。款署:康熙丁未(1667)仲冬白门郑旭题,许岳书。

看山一半

位于半云庵遗址前石壁上,行书横刻,整体尺寸为 135×100 厘米,字体尺寸约 34×24 厘米。下有题记云:"未写峰顶胜,山色恰平分。欲上南天路,还须出半云。"款署:雍正六年(1728)戊申春,寄广源楼释源傲题。

未穷峰顶胜　山色恰平分　欲上南天路　还须出半云

位于半云庵路边石上,行书横刻,每字径 25 厘米。款署:雍正六年(1728)戊申春寄云楼释源傲题。

谁不允首

位于半云庵前田边石上,楷书横刻,每字字径约 40 厘米。款署:雍正六年(1728)山阴沈祚远书并题。

衡山根祇西南生　叠嶂层峦次第呈　石廪东行飘紫盖　群峰络绎如衡平祝融首出青云表　俯仰人寰四卧明　日月昭回看睫迩　都从地纬得天经

位于山顶游路距会仙桥 400 米处石壁上,共 56 字,楷书竖刻,每字字径 8 厘米。款署:观风整俗使太原李徽元沧氏敬题,衡山令平乐陈杏村敬书。李徽,雍正七年(1729)任湖南观风俗使。陈杏村,又名陈齐芳,广西平乐举人,时任衡山知县。

中藏有素书

位于半云庵前桥边石上,每字字径40厘米。款署:雍正甲寅(1735)夏五月古歙许士谔题。

云行雨施

位于黑沙潭石壁上,行书横刻,字径28厘米。款署:邑令德贵谢雨题。德贵,乾隆(1736~1795)初年任衡山县令。

雾雨

位于黑沙潭石壁上,款署:抚湘使者杨锡绂题,乾隆辛未(1751)仲夏月。杨锡绂,江西清江人,时任湖南巡抚。

试看来人

位于百步云梯石上,楷书竖刻,每字字径60厘米。款署:乾隆四十九年(1784)孟冬月知衡山县方廷机刊。

望日台

在望日台台坪上,楷书竖刻,每字80厘米见方。款署:粤冯敏昌书。冯敏昌,广西人。乾隆(1736~1795)时任翰林院编修。乾隆末年辞官,遍游名山。"望日台"三字系乾隆辛亥年(1791)题刻。

南维拱寿

位于百步云梯石上,楷书横刻,每字字径10厘米,其中"寿"字被毁。款署:乾隆癸丑(1793)夏月释寄尘敬书。

半壁烟云

位于福严寺西侧游道边石壁上,楷书横刻,整体尺寸为280×150厘米,字体尺寸为70×50厘米。款署:同治十年(1861)辛未春偕海岸山僧游此,彭雪琴题。彭雪琴即彭玉麟,湖南衡阳县人,官至兵部尚书。

有本者

位于水帘洞雪浪亭侧坡上,行书竖刻,每字字径45厘米。款署:大清同治(1862~1874)陈符。

风磴吹阴雪　云门吼瀑泉

位于水帘洞雪浪亭侧坡石上,楷书竖刻,每字字径15厘米。款署:同治上元甲子(1864)午月端二日,海宁俞凤翰同僧破愚来游一度题此。

夏雪晴雷

位于水帘洞西侧石壁上,楷书竖刻,整体尺寸为 350×120 厘米,字体尺寸约 60×40 厘米。款署:光绪七年(1881)辛巳秋月平江李元度刻石。李元度,号次青,字笏庭。湖南平江人,官至云南布政使。清末重修南岳庙和祝圣寺,并编撰光绪《南岳志》26 卷。

醉眠观瀑

位于水帘洞瀑布下大竖石上,正楷横刻,字径 50 厘米。款署:次青做陶。次青即李元度。

俯瞰南天

位于大悲洞洞口,行书横刻,每字约 50 厘米。款署:光绪十有五年(1889)岁次巳丑端阳易肯五巳湘潭刘易焕、子霞氏敬题。

云程初上

位于百步云梯石上,行书横刻,字径 70 厘米。款署:光绪庚寅(1890)戴本法书。

龙潭应祷

位于南岳镇兴隆村舜溪瀑布中段石壁处,楷书横刻,整体尺寸为 250×60 厘米,字体尺寸约 50×40 厘米。款署:大清光绪丙申(1896)荔蒲张祖良题石。

南无阿弥陀佛

位于会仙桥至红旗电站游道边,楷书横刻,整体尺寸为 550×120 厘米,字体尺寸约 60×60 厘米。款署:光绪甲辰(1904)春念佛僧敬书。

奇泉异瀑

位于水帘洞雪浪亭侧坡石上,隶书竖刻,每字字径 24 厘米。款署:大清光绪癸卯岁(1903)三月祀岳礼成到此,广东黄建笁书陪余官衡山县知县盛纶随行到此,敬附。

听泉

位于水帘洞雪浪亭游路右侧石上,楷书横刻,字径 40 厘米。款署:清礼部侍郎北海莫申吉题,衡山王全家刻石。

6. 中华民国时期石刻

雍容大雅

位于开云亭登山游路东侧石壁上,楷书竖刻,字径 42 厘米。题跋为:"今春小住黄山顶,顷漫游九华匡卢而至南岳,觉竣奇秀美。诸山各有大观,而雍容大雅惟南岳足以当之。"款署:民国二十六年(1937)夏月邹鲁题。邹鲁,广东大埔人。1905年加入中国同盟会,国民党元老。历任国民党中央执行委员会常委、国防最高委员会常委等职。

诚真正平

位于开云亭侧石壁上,楷书横刻,字径35厘米。款署:戊寅(1938)孟秋宋哲元题。宋哲元,山东乐陵人。南京国民政府时期,历任第29军军长、察哈尔省主席等职。抗日战争爆发后,率部奋起抗战。

经之营之

位于穿岩诗林下,楷书横刻,字径30厘米。款署:民国二十九年(1940)秋浏阳陈熹。

众生无边誓愿度 烦恼无尽誓愿断 法门无量誓愿学 佛道无上誓愿成

位于高台寺登山游路石壁处,隶书竖刻,字径约25厘米。款署:民国甲戌(1934)夏讲经上封寺,刻此以广法化空也敬书弟子净性李仲飞刻。

舞狮

位于狮子岩石上,行楷横刻,字径70厘米。款署:庚辰(1940)初夏余因游衡岳,见此狮岩雄壮屹立,玲珑生动,故名曰舞狮。我国七七抗战,愈战愈强,世人视我国如睡狮之说不足信矣。赖贵山题萧星然跋。二十九年(1940)·六·十四。

南天柱石

位于天柱峰下游道边石壁上,楷书竖刻,整体尺寸为1700×600厘米,字体尺寸约500×450厘米。款署:癸酉(1933)秋月何键敬书。何键(1887—1956),字芸樵,湖南省醴陵县(今醴陵市)人,1929~1937年任湖南省政府主席。

起舞南天

位于狮子岩上,隶书横刻,每字径50厘米。款署:民国二十一年(1932)戊寅夏宁远阙汉骞题。

登峰造极

位于狮子岩上,行书横刻,每字径45厘米。款署:民国二十一年(1932)壬申暮春,吴奇伟、罗卓英、刘膺古、肖懋芝、王东原题。①

---

① 吴奇伟、罗卓英、刘膺古、肖懋芝、王东原均系国民党高级将领。其中王东原在抗战胜利后曾任湖南省主席。

秀出群峰

位于开云亭侧石壁上,款署:民国二十五年(1936)秋偕内子邓智仙游此,书作纪念。祁阳张伯英题。

重见天日

位于开云亭石壁上,楷书横刻,每字约 45×40 厘米。款署:抗战胜利智园书刊。

大好河山

位于开云亭石壁上,款署:中华民国二十八年(1939)黄光华、李培基。

万方多难此登临

位于开云亭石壁上,款署:民国二十八年(1939)四月,奔走抗战,便中游此。感而题此陈语,溆浦武思光。

乃登灵台

位于开云亭石壁侧路上,款署:民国二十一年(1932)十月壬申重九罗奠中、罗芳珪、周临之、郭振中、张震欧、刘朝应、王冠芸、王道平、雷观庄、谢栋云、李方午、李阵、张辉,登游极峰留记。

震萃风云

祝融峰顶亭上题额,楷书横刻,每字径 30 厘米。款署:宝生募建。宝生,? ~ 1942 年,时为上封寺方丈。

峻极

位于祝融峰望日坛侧大石壁上,款署:民国甲戌(1934)仲秋海城陈兴亚题,河南李纳、张康庆记。

虎跑泉

位于福严寺侧虎跑泉壁上,隶书横刻,每字约 40 厘米。下刻题记:"六朝陈光大(567~568)间,慧思祖师开辟道场。有猛虎攫岩哮阚,槛泉随出,故名。"题记每字径 10 厘米,隶书竖刻。款署:李鸣九。李鸣九,衡山人,20 世纪 20 年代曾任省政府秘书长。

拜经处

位于福严寺后高明台石壁上,楷书横刻,每字径 45 厘米。下刻楷书"众",高 1 米,宽 65 厘米。旁有联刻:"留拜经处,垂止观篇",每字径 40 厘米。款署:福严寺主持宝生敬刊。

江河渡虏家何为　　到此福严且放慵　　欲望京华与岱色　　更从天柱上芙蓉

位于一生岩石壁上,款署:民国二十八年(1939),河北李培基题。

杌陧萦怀

位于一生岩石壁上,楷书横刻。款署:民国二十七年(1938)重九日李烈钧。李烈钧,江西九江人。国民党元老,参加过辛亥革命和"二次革命"。

居敬穷理

位于一生岩石壁上,行书横刻。款署:民国二十八年(1939)八·一三肖敬宇。

卧虎

位于中庵下卧虎石上(今麻姑仙境小路右侧山上),楷书横刻,每字高2.6米,宽2米,笔划宽23厘米,深13厘米。款署:民国二十七年(1938)宋哲元题刻。

不息

位于今衡阳市老年病防治院侧东风桥下石上,楷书横刻,每字径约60厘米。款署:民国戊子(1948)。王东原题刻。

飞过烟云疑化石　　仙参星斗尚留坛

位于黄庭观侧飞仙石上,楷书,每字径20厘米。款署:民国二十九年(1940)秋平江吴楚撰,湘阴陈敏书。

壮观

位于水帘洞瀑布侧斜石上,楷书,每字径70厘米。款署:中华民国十三年(1924)甲子长沙冯琼常、吴家袭题。

观止

位于雪浪亭路边石上,楷书,字径60厘米。款署:中华民国六年(1917)中秋广东香山韦廷钧题。

有负南岳

位于半山亭路侧石上,楷书横刻,字径30厘米。款署:建国丙戌(1946)仲春永绥县石宏规刻。

佛

位于半山亭试剑石上,楷书,字体尺寸为200×250厘米,笔划宽50厘米,深10厘米。无款署,相传为1938年宋哲元题刻。

7. 中华人民共和国时期石刻

天下南岳

位于半山亭停车坪下,楷书竖刻,整体尺寸为 350×160 厘米,字体尺寸约 70×50 厘米。款署:赵朴初题。

镇岳石

位于南岳大庙正门左侧,正楷竖刻,字径 50 厘米。款署:王朝闻。

秀冠五岳

位于南岳大庙正门右侧镇岳石上,楷书竖刻,字体尺寸为 50×40 厘米。款署:王震。

一剑惊挥石竟开　黄巢何负此山材　老天若管人温饱　铁戟吴钩早自埋

位于半山亭索道站下公路旁,行草竖刻,整体尺寸为 250×170 厘米,字体尺寸约 15×18 厘米。款署:题黄巢试剑石,一九八三年岁末柳倩。

地沉星尽没　天跃日初熔

在穿岩诗林①,隶书竖刻,整体尺寸为 460×180 厘米,字体尺寸约 80×60 厘米。款署:谭嗣同句丁卯岁冬,欧云勇题。

气象万千

在穿岩诗林,篆书竖刻,整体尺寸为 180×180 厘米,字体尺寸 80×50 厘米。款署:苗子。

麻姑仙境

位于麻姑仙境入口处石上,仿童体书,竖刻,字径 50 厘米。为四川艺院院长李文信书。

穿岩诗林

位于穿岩处巨石上,草书横刻,每字径 50 厘米。款署:王学仲。

舒目

位于穿岩中,篆体横刻,字体尺寸为 50×40 厘米。款署:丁卯岁冬刘自椟。

应有人家住隔溪　绿荫庭午但闻鸡　松根当路龙筋瘦　竹笋漫山凤尾齐墨染浓云犹似瘴　丝来小雨不成泥　更无骑吹喧相逐　散诞闲身信马蹄

位于穿岩中,行书竖刻,每字径 20 厘米。款署:范成大《入衡山》,丁卯(1987)天津熊伯齐书。

---

① 穿岩诗林,1988 年建成。收有当代知名书法家书法、题刻 40 多幅。

雄踞南天第一山　峰峦魏魏碧云闲　潇湘沅澧都收入　画幅长留宇宙间

位于穿岩诗林中心部位,隶书竖刻,字径 25 厘米。款署:癸亥(1983)秋周昭怡书。

南岳千寻云万寻　丹青难写梦中心　人间铁笛无吹处　又向秋风寄此音

位于穿岩中,草书竖刻,每字径 25 厘米。款署:陈白沙《神游南岳》诗。丁卯(1987)仲冬张原书。

曾作关中客　尝窥百二疆　自言秦陇水　能断楚人肠　失意倦京国　羁愁成鬓霜　何如伴征雁　日日向衡阳

位于穿岩诗林中心地区,共 40 字,行书竖刻,每字径 26 厘米。款署:丁卯(1987)冬夏湘平敬书。

衡山苍苍入紫冥　下看南极老人星　回飚吹散五峰雪　往往飞花落洞庭

位于穿岩上端,草书竖刻,每字径 30 厘米。款署:李白《送陈郎将归南岳》句,柳倩七八初度。

冥然远近不知分　消尽闲游旧见闻　萝外松声时有点　鹿边花气自相薰田高野路过苍水　岳露旁峰破白云　渐觉驱车人物外　世间亭午即斜曛

位于穿岩上端石板游路下,共 56 字,草书竖刻,字径 20 厘米。款署:谭元春《岳路》丁卯(1987)蜀人刘云碧。

钟灵毓秀

位于穿岩中心处,篆体横刻,每字径 60 厘米。款署:丁卯(1987)冬李立篆。

平衡生态　协和万邦

位于穿岩上端,正楷竖刻,字体尺寸为 50×40 厘米。款署:一九八五年周谷城书。

鱼龙石

位于穿岩上部鱼龙石上,隶书横刻,每字径 50 厘米。款署:己巳(1989)黄养辉题。

悠悠依孤棹　却忆卧中林　江草行将远　湘山往独深　白云留不住　绿水去无心　衡岳千峰乱　禅房何处寻

位于穿岩上部鱼龙石右侧,每字径 30 厘米。款署:刘长卿《送道标上人归衡岳》,天津孙伯翔题刻。道标上人,即道标和尚,唐代僧人,曾云游南岳。

种石生云

位于穿岩诗林中心处,楷书横刻,字体尺寸为 45×10 厘米。款署:丁卯

(1987)冬日北京林岫书。

云开雪霁

位于穿岩诗林中心处,隶书横刻,字径 50 厘米。款署:丁卯(1987)冬日北京林岫书。

寒松

位于穿岩诗林中心处,篆书横刻,字径 70 厘米。款署:丁卯(1987)冬欧广勇。

照烂丹青

位于穿岩诗林中心处,篆书横刻,字径 40 厘米。款署:丁卯(1987)冬夏湘平书。

绛珠池

位于麻姑仙境绛珠池边石上,行书横刻,字体尺寸为 40×35 厘米。款署:白一题。

珠帘

位于灵芝泉石上,隶书横刻,字径 50 厘米。款署:长沙李立书。

烟霞台

位于麻姑仙境竹楼后进谷 150 米处,行书横刻,字径 50 厘米。款署:费新我左笔书。费新我,中国当代书法家。字刻于 1986 年前后。

思亲石

位于高台寺侧石壁上,隶书横刻,字径 50 厘米。款署:一九四五年九月吉旦平江方承荷敬铭立。长沙周昭怡书。此碑为 1988 年重立。

五岳独秀

位于半山亭下 200 米处公路旁,行书竖刻,字体尺寸为 50×40 厘米。款署:戊寅东岳赵幼如题。

回雁峰

在衡阳市雁峰公园门厅后石壁上,行书,字径约 60 厘米。款署:唐天际。唐天际(1904~1989),湖南安仁人,中华人民共和国开国将领,1955 年授予中将军衔。

塞下秋风景异　衡阳雁去无留意　四面边声连角起　千嶂里　长烟落日孤城闭　浊酒一杯家万里　燕然未勒归无计　羌管悠悠霜满地　人不寐　将军白发征夫泪

位于衡阳市雁峰寺后石碑廊上,①篆体,字径近 7 厘米。款署:乙丑(1985)春

---

① 碑廊建于 20 世纪 80 年代中期,刊有当代人书刻近 20 幅。

日,录范仲淹《渔家傲》多阕。听竹轩主人邓磐石。

衡阳城外有奇峰　雁群徘徊又一冬　声断平沙风雪后　影留远浦画图中春来重上青云路　夜半曾惊古寺钟　楚水燕山原旧识　人生何处不相逢

位于雁峰寺后碑廊上,隶书,字径近7厘米。款署:清朱佩莲《杂咏》十六首之一。乙丑(1985)振志书。

平沙落雁

地点同上,行书,字径30厘米。款署:一九八三年五月,周轻鼎八十七岁。

回雁湘中胜　千古独峥嵘　草木云岚积翠　图画眼前生　七十二峰居首舆地图经曾记　河岳远流声　过往人何限　登眺寄高情　烽燧起　寇凌我　东洋兵　好景全沦　劫火每念恨难平　今日公园展现　台榭池亭布置　仿佛侣天成　万象皆生意　兴废赖清明

地点同上,楷书,字径约5厘米。下有题记云:"回雁峰辟建公园,底成千古名胜。焕然新姿,欣喜无似,赋水调歌一阕,以志之。范仲淹《岳阳楼记》云:'政通人和,百废俱兴。'雁峰公园之建,亦我市近年来各种兴建之一。故末句记之。公元一九八五年王晨牧自书并记。"

万里衡阳雁　今年又北归　双双瞻客上　一一背人飞　云里相呼疾　沙边自宿稀　系书无浪语　愁寂故山薇

地点同上,隶书,字径近7厘米。款署:杜甫诗咏《归雁》一首,甲子(1984)春月欧伯达书。

名国故园久别离　今朝楚树发南枝　晴天归路好相逐　正是峰前回雁时

地点同上,篆书,字径约13厘米。款署:唐柳宗元诗《过衡山》。一千九百八十五年初春席志强书篆。

潇湘一夜雨　江海十年云　相见皆成老　重逢便作分　啼鹃春浩荡　回雁晓殷勤　江阔人方健　月明思对君

地点同上,隶书,字径约13厘米。款署:文天祥《湘江留别》诗一首。一九八五年二月杨宝琳书于回雁峰。

南来山不尽　北望意如何　恨煞衡阳雁　来时不带书

地点同上,行书,字径约16厘米。款署:元傅若金《衡阳驿》。甲子(1984年)岁冬蒋守愚。

青天七十二芙蓉　回雁南来第一峰　云破月生湘浦棹　鹭归雪点寺门松
峰前共羡人骑鹤　斗下谁看剑化龙　愁绝梅花千万树　相思共听隔江钟

地点同上,楷书,字径 10 厘米。款署:明陈宗契《登回雁峰怀赵扬州》,乙丑年(1985)春节欧阳执中书。

淡烟十里锁江楼　湘水南来抱廓流　回雁峰头声断处　青杉翠竹是衡州

地点同上,行书,字径约 13 厘米。款署:清王桱《过衡州》。陈文质书。

江上青峰宿雨开　江头归使日南来　登高欲访平安字　二月衡阳雁已回

地点同上,行书,字径 10 厘米。款署:元傅若金《回雁峰》诗。钱进书之。

山到衡阳尽　峰回雁影稀　更怜归路远　不忍更南飞

地点同上,草书,字径 10 厘米。款署:清毛会建《回雁峰》。一九八五年二月周济书。

此外,在南岳,尚有大量无款署或已风化不全的石刻。在遍山石刻中,可以领略到南岳旅游历史的悠久和深厚的文化内涵。

第二节　历代诗文选

如果说,南岳的钟灵毓秀的自然景观给人一种赏心悦目、令人心旷神怡的美感。那么,无数文化名流所撰写的诗文则成为名山的"文化名片",是南岳的山魂。她把南岳壮丽风光、名胜古迹、云海雪景、奇花异木、磅礴日出、清光明月、如林的古刹和名观、树人的书院寄托在诗情画意之中,使旅游者徜徉于名山自然风光的同时,领略到南岳博大精深的文化。

从古至今,文化人在南岳留下来的诗词、赋、游记不可胜数。据初步统计,从汉代以来,历代咏岳诗词约有 24 000 多首,可谓蔚为大观。本书选取其中部分脍炙人口的名篇佳作,以飨读者①。

---

① 本文的"历代诗文选",其中的"诗词、赋、游记"部分主要选自谭岳生主编的《南岳衡山古今诗词集成》(上中下册),湖南文艺出版社 2001 年版;湖南省地方志编撰委员会编:《南岳志》,湖南出版社 1996 年版,第十一编"艺文";"佛学禅文选"部分选自北宋道原著,顾宏义译注:《景德传灯录译注》(五),上海书店出版社 2010 年版。

一、诗词

登南岳

东汉·刘桢

凤凰集南岳,徘徊孤竹根。

于心有不厌,奋翅凌紫氛。

岂不常勤苦,羞与黄雀群。

何时当来仪,将须圣明君。

咏南岳

西晋·陆云

南衡维岳,峻极昊苍。

瞻彼江湘,惟水泱泱。

清和有合,俊乂以藏。

天保定尔,茂以琼光。

景秀濛汜,颖逸扶桑。

我之怀矣,休音峻扬。

望衡岳

东晋·庚阐

北眺衡山首,南睨五岭末。

寂坐挹虚恬,运目情四豁。

凤翮凌九霄,陆鳞困濡沫。

既体江湖幽,安识南溟阔。

咏岩下翁

南朝宋·谢灵运

衡山采药人,路迷粮亦绝。

偶息岩下坐,正见相对说。

一老四五少,仙隐不可别。
其书非世教,其人必贤哲。

望南岳

南朝梁·吴均

重波沦且直,连山纠复纷。
鸟飞不复见,风声犹可闻。
胧胧树里月,飘飘水上云。
长安远如此,无缘得报君。

望　日

隋·康盂

金乌升晓气,玉槛漾晨晞。
先泛扶桑海,返照若华池。
洛浦全开镜,衡山半隐现。
相欢承爱景,共惜寸阴移。

岳竹

唐·陈子昂

龙种生南岳,孤翠郁亭亭。峰顶上崇崒,烟雨下微冥。
夜闻鼯鼠叫,昼聜泉壑声。春风正淡荡,白露已清冷。
哀乡激金奏,密色滋玉英。岁寒霜雪苦,含彩独青青。
岂不厌凝冽,羞比春木荣。春木有荣歇,此节无凋零。
始愿与金石,终古保坚贞。不意伶伦子,吹之学凤鸣。
遂偶云和瑟,张乐奏天庭。妙曲方千变,箫韶亦九成。
信蒙雕斫美,常愿事仙灵。驱驰翠蚪驾,伊郁紫鸾笙。
结交赢台女,吟弄升天行。携手登白日,远游戏赤城。
低昂玄鹤舞,断续彩云生。永随众仙逝,三山游玉京。

南岳寻道观

唐·王勃

芝廛光分野,蓬阆盛规模。碧坛清桂阈,丹洞肃松枢。
玉笈三山记,金箱五岳图。苍虬不可得,空望白云衢。

同崔兴宗送衡岳瑗公南归

唐·王维

言从石菌阁,新下穆陵关。独向池阳去,白云留故山。
绽衣秋日里,洗钵古松间。一施传心法,唯将戒定还。

送薛天师往南岳

唐·李隆基

洞府修真客,衡阳念旧居。将成金阙要,愿奉玉清书。
云路三天近,松溪万籁虚。犹期传秘诀,来往候仙舆。

登南岳事毕谒司马道士

唐·张九龄

将命祈灵岳,回策诣真士。绝迹寻一径,异香闻数里。
分庭八桂树,肃容两童子。入室希把袖,登床愿启齿。
诱我弃智诀,迨兹长生理。吸精返自然,炼药求不死。
斯言眇霄汉,顾余婴纷滓。相去九牛毛,惭叹知何已。

送陈郎将归衡阳

唐·李白

衡山苍苍入紫冥,下看南极老人星。
回飚吹散五峰雪,往往飞花落洞庭。
气清岳秀有如此,郎将一家拖金紫。
门前食客乱浮云,世人皆比孟尝君。
江上送行无白璧,临歧惆怅若为分。

江上送女道士褚三清游南岳

唐·李白

吴江女道士,头戴莲花巾。霓衣不湿雨,特异阳台云。
足下远游履,凌波生素尘。寻仙向南岳,应见魏夫人。

方广寺

唐·李白

圣寺闲栖睡眼醒,此时何处最幽清。
满窗明月天风静,玉磬时闻一两声。

望 岳

唐·杜甫

南岳配朱鸟,秩礼自百王。欻吸领地灵,鸿洞半炎方。
邦家用祀典,在德非馨香。巡狩何寂寥,有虞今则亡。
洎吾隘世网,行迈越潇湘。渴日绝壁出,漾舟清光旁。
祝融五峰尊,峰峰次低昂。紫盖独不朝,争长嶪相望。
恭闻魏夫人,群仙挟翱翔。有时五峰气,散风如飞霜。
牵迫限修途,未暇杖崇冈。归来觊命驾,沐浴休玉堂。
三叹问府主,曷以赞我皇。牲璧忍衰俗,神其思降祥。

过南岳入洞庭湖

唐·杜甫

洪波忽争道,岸转异江湖。鄂渚分云树,衡山引舳舻。
翠牙穿漥桨,碧节上寒蒲。病渴身何去,春生力更无。
壤童犁雨雪,渔屋架泥涂。欹侧风帆满,微冥水驿孤。
悠悠回赤壁,浩浩略苍梧。帝子留遗恨,曹公屈壮图。
圣朝光御极,残孽驻艰虞。才淑随厮养,名贤隐锻炉。
邵平元入汉,张翰后归吴。莫怪啼痕数,危樯逐夜乌。

赠祝融峰般若禅师

唐·刘长卿

般若公,般若公,负钵何时下祝融。
归路却看飞鸟外,禅房空掩白云中。
桂花寥寥闲自落,流水无心西复东。

石囷峰

唐·刘长卿

前山带秋色,独往秋江晚。叠嶂入云多,孤峰去人远。
夤缘不可到,苍翠空在眼。渡口问渔家,桃源路深浅。

送道标上人归南岳

唐·刘长卿

悠悠倚孤棹,却忆卧中林。江草将归远,湘山独往深。
白云留不住,渌水去无心。衡岳千峰乱,禅房何处寻?

谒衡岳庙遂宿岳寺题门楼

唐·韩愈

五岳祭秩皆三公,四方环镇嵩当中。火维地荒足妖怪,天假神柄专其雄。
喷云泄雾藏半腹,虽有绝顶谁能穷。我来正逢秋雨节,阴气晦昧无清风。
潜心默祷若有应,岂非正直能感通。须臾静扫众峰出,仰见突兀撑青空。
紫盖连延接天柱,石廪腾掷堆祝融。森然魄动下马拜,松柏一迳趋灵宫。
粉墙丹柱动光彩,鬼物图画填青红。升阶伛偻荐脯酒,欲以菲薄明其衷。
庙令老人识神意,睢盱侦伺能鞠躬。手持杯珓导我掷,云此最吉余难同。
窜逐蛮荒幸不死,衣食才足甘长终。侯王将相望久绝,神纵欲福难为功。
夜投佛寺上高阁,星月掩映云朦胧。猿鸣钟动不知曙,杲杲寒日生于东。

岣嵝山

唐·韩愈

岣嵝山尖神禹碑,字青石赤形模奇。

蝌蚪拳身薤倒披,鸾飘凤泊拿虎螭。

事严迹秘鬼莫窥,道人独上偶见之。

我来咨嗟涕涟洏,

千搜万索何处有,森森绿树猿猱悲。

祝融峰

唐·韩愈

祝融万丈拔地起,欲见不见轻烟里。山翁爱山不肯归,爱山醉眠山根底。

山童寻着不敢惊,沉吟为怕山翁嗔。梦回抖擞下山去,一迳萝月松风清。

合江亭

唐·韩愈

红亭枕湘江,蒸水汇其左。瞰临眇空阔,绿净不可唾。

维昔经营初,邦君实王佐。翦林迁神祠,买地费家货。

梁栋宏可爱,结构丽匪过。伊人去轩腾,兹宇遂颓挫。

老郎来何暮,高唱久乃和。树兰盈九畹,栽竹逾万个。

长绠汲沧溟,幽蹊下坎坷。波涛夜俯听,云树朝对卧。

初如遗宦情,终乃最郡课。人生诚无几,事往悲岂奈。

萧条绵岁时,契阔继庸懦。胜事复谁论,丑声日已播。

中丞黜凶邪,天子悯穷饿。君侯至之初,闾里自相贺。

淹滞乐闲旷,勤苦劝慵惰。为余扫尘阶,命乐醉众坐。

穷秋感平分,新月怜半破。愿书岩上石,勿使尘泥涴。

怀南岳隐士

唐·孟郊

见说祝融峰,擎天势似腾。藏千寻布水,出十八高僧。

古路无人迹,新霞吐石棱。终居将尔叟,一一共余登。

过衡山见新花开却寄弟

唐·柳宗元

故国名园久别离,今朝楚树发南枝。

晴天归路好相逐,正是峰前回雁时。

望衡山

唐·刘禹锡

东南倚盖卑,维岳资柱石。前当祝融居,上拂朱鸟翮。

青冥结精气,磅礴宣地脉。还闻肤寸阴,能致弥天泽。

寄南岳灵澈上人

唐·刘禹锡

释子道成神气闲,住持曾上清凉山。晴空礼拜见真像,金毛玉髻卿云间。

西游长安隶僧籍,本寺门前曲江碧。松间白月照宝书,竹下香泉洒瑶席。

前时学得经纶成,奔驰象马开禅扃。高筵谈柄一麈拂,讲下门徒如醉醒。

旧闻南方多禅老,次第来入金门道。荆州本自重诸天,南朝塔庙犹依然。

宴坐东阳枯树下,经行居止故台边。忽忆遗民社中客,为我衡阳驻飞锡。

讲罢同寻相鹤经,闲来共蜡登山屐。一旦扬眉望沃州,自言王谢许同游。

凭将杂拟三十首,寄与江南汤慧休。

奉敕祭南岳

唐·吕温

皇家礼赤帝,谬获司风域。致斋紫盖下,宿设祝融侧。

鸣涧惊宵寐,清猿递时刻。澡洁事夙兴,簪佩思尽饰。

危坛象岳趾,秘殿翘翚翼。登拜不遑愿,酌献皆累息。

赞道仪匪繁,祝史词甚直。忽觉心魂悸,如有精灵逼。

漠漠云气生,森森杉柏黑。风吹虚箫韵,露洗寒玉色。

寂寞有至公,馨香在明德。礼成谢邑吏,驾言归郡职。

憩桑访蚕事,遵畛课农力。所愿风雨时,回首瞻南极。

送僧游南岳

唐·贾岛

心知衡岳路,不怕去人稀。船里犹鸣磐,溪头自曝衣。

有家从小别,无寺不言归。料得逢寒住,当禅雪满扉。

和赵嘏题岳寺

唐·温庭筠

疏钟细响乱鸣泉,客省高临似水天。岚翠暗来空觉润,涧茶余爽不成眠。

越僧寒立孤灯外,岳月秋当万木前。张邴宦情何太薄,远公窗外有池莲。

送友人游南岳

唐·张乔

所投非旧知,亦似有前期。路向长江上,帆扬细雨时。

春生南岳早,日转大荒迟。尽采潇湘句,重来会近期。

寄南岳客乞灵茙香

唐·陆龟蒙

闻说融峰下,灵香似反魂。

春来正堪采,试为斫云根。

送友归衡山

唐·杜荀鹤

家枕三湘岸,门前即钓矶。渔竿壮岁别,鹤发乱时归。

岳静无猿叫,江春有燕飞。平生书剑在,莫便学忘机。

兜率寺

唐·裴说

一片无尘地,高连梦泽南。僧居跨鸟道,佛影照鱼潭。

朽栟云斜映,平芜日半涵。行行不得住,回首望烟岚。

寄贯休

唐·裴说

忆昔与吾师,山中静论时。总无方是法,难得始为诗。

冻犬眠乾叶,饥禽啄病梨。他年白莲社,犹许重相期。

放歌

唐·懒残

世事悠悠,不如山丘。青松蔽日,碧涧长流。

山云当幕,夜月为钩。卧藤萝下,枕石块头。

不奉天子,岂羡王侯。生死无虑,更复何忧。

寄衡岳僧

唐·怀素

祝融高坐对寒峰,云水昭邱几万重。

五月衲衣犹近火,起来白鹤冷青松。

登祝融峰

唐·齐己

猿鸟共不到,我来身欲浮。四边空碧落,绝顶正清秋。

宇宙知何极,华夷见细流。坛西独立久,白日转神州。

送姜道士归南岳

唐·贯休

松品落落,雪格索索。眼有三角,头峭五岳。若不居岳,此处难著。药童貌蛮名鄙彼,葫芦酒满担劣起。万里长风啸一声,九真须拍黄金几。落叶萧萧去已杳,送师言了意未了。他时为我,致取一部音声鸟。

解印归衡山

五代·廖凝

五斗徒劳谩折腰,三年两鬓为谁憔。

今朝官满重归去,还挈来时旧酒瓢。

过衡山赠廖处士

五代·张观

未向漆园为傲吏,定应明代作征君。
传家奕世无金玉,乐道经年有典坟。
带雨小舟横别涧,隔花幽犬吠深云。
到头终为苍生起,休恋耕烟楚水渍。

禹碑

宋·毕田

治水功成王业兴,嘉谟垂世坦然明。
琰刊蝌蚪犹难识,况在深云隐不呈。

朱陵洞水帘

宋·毕田

洞门千尺挂飞流,玉碎珠帘冷喷秋。
今古不知谁卷得,绿萝为带月为钩。

送廖八归衡山

宋·欧阳修

曾作关中客,尝窥百二疆。
自言秦陇水,能断楚人肠。
失意倦京国,羁愁成鬓霜。
何如伴征雁,日日向衡阳。

祝融峰

宋·黄庭坚

万丈祝融插紫霄,路当穷处驾仙桥。上观碧落星辰近,下视红尘世界遥。
螺簇山低青霭霭,线拖水远绿迢迢。当门老桧枝难长,绝顶寒松叶不凋。
才到秋初霜已降,每逢春尽雪方消。偎岩老衲针常把,度夏禅僧扇懒摇。
龙向池边施雨泽,鸟于窗外奏箫韶。游人未必常居此,暂借禅房宿一宵。

题上封寺

宋·胡宏

我家巫山十二峰,浮江直过巴陵东。潇湘水与苍梧通,环绕衡岳青冥中。
扁舟白云不可度,杖藜蜡屐乘春风。山光浮动可揽结,云舒霞卷飞烟虹。
深岩大壑翠巍巍,足力已到心无穷。群峰迤逦势不竞,上尽祝融五千仞。
祝融峰高天更高,太空人世如牛毛。风云万变一瞬息,红尘奔走真徒劳。

游上峰

宋·胡寅

祝融峰似在城天,万古江山在目前。
须信此心原不死,夜来明月又重圆。

衡山值雨

宋·杨万里

稍喜归途已半程,犹愁泥潦未知晴。
雨来也不怜行客,风过何须作许声。

寄衡山福严长老

宋·梅尧臣

衡山几千里,闻在湘川侧。云霞不可到,峰壑无由识。
方丈开其间,青松隐寒色。飞鸿尚莫过,况寄双凫翼。

题朱陵洞白云堂

宋·陈田夫

我爱潇湘境,朱陵后洞天。白云堂里客,青草渡头眠。
小艇牵红鲤,幽池种碧莲。颐真堪此地,风月两依然。

临城道中

宋·苏轼

逐客何曾著眼看,太行千里送征鞍。

未应愚谷能留柳,可独衡山解识韩。

重游南岳

宋·范成大

舍舟得马如驭气,步入青松三十里。我从蛮岭瘴烟来,不怕云雨埋岳址。

忆昔南征款朝庭,往来无恙神所祉。当时已有归田愿,帝临此心如白水。

煌煌南征馆于东,手握八觚温玉玺。骏奔灊霍左右辅,好生不杀扶炎纪。

崇禋竣事晓坛空,跻攀小试青鞋底。不知云磴几千丈,但见漫山白龙尾。

石头招我上南台,瑞应栏杆天半倚。福严钟声过桥来,彷佛三生如梦里。

堂中尊者已先去,台锁岩扉何日启。竹嫌硗确老逾瘦,松畏高寒蟠不起。

癃儒尚病怕登临,幽讨未穷行且止。我评七十二高峰,郁律穹窿少观美。

俨然可瞻不可玩,往往雄尊如负扆。乃知岳镇盖深厚,不与他山争秀伟。

区区献状眩儿童,乳洞淡岩真戏耳。

谒南岳

宋·刘克庄

中原昔分裂,五岳仅存一。嗟予生东南,有眼乃未觌。

清晨犯寒栗,马上亲历历。怪云何处来,对面失嶵崒。

午投胜业寺,僧讶余不怿。茗余因献嘲,君定非韩匹。

彼来既轩露,君至若封蠛。余谓僧无躁,兹可以理诘。

止僧坐悦亭,霾翳忽冰释。石廪先呈身,岣嵝俄见脊。

须臾天柱开,最后祝融出。高峰七十二,固已得仿佛。

邺侯何尝死,懒残原非寂。恍疑在山中,明当往寻觅。

咄哉三尺雪,孤此一双屐。驾言款灵琐,栖堞晃丹赤。

柏深不见人,画妙如新笔。珠栊千娉婷,弹棋抚瑶瑟。

茫茫鬼神事,荒幻难究悉。吾师太史公,江淮遍浪迹。

兹焉又浮湘,汗漫恣游陟。虽然乏豪端,亦颇增目力。

规模五字体,蟠屈万丈碧。诗成投褚中,何必题庙壁。

谒南岳

宋·戴复古

南云缥缈连苍穹,七十二峰朝祝融。

凌空栋宇赤帝宅,修廊翼翼生寒风。

朝家遣使严祀典,御香当殿开宸封。

愿四海,扶九重,干戈永息年屡丰。

五岳今唯见南岳,北望乾坤双泪流。

登祝融峰

宋·朱熹

我来万里驾长空,绝壑层云许荡胸。

浊酒三杯豪气发,朗吟飞下祝融峰。

莲花峰次敬夫韵

宋·朱熹

月晓风清堕白莲,世间无物敢争妍。

何如今夜峰头雪,撩得新诗读旧篇。

中夜祝融观月

宋·张栻

披衣懔中夜,起步祝融巅。何许冰雪轮,皎皎飞上天。

清光正在手,空明浩无边。群峰俨环列,玉树生琼田。

白云起我旁,两腋风翩翩。举酒发浩歌,万籁为寂然。

寄言平生友,诵我山中篇。

题南台寺

宋·张栻

相望几兰若,胜处是南台。阁回规模稳,门空昼夜开。

回风时浩荡,高岭更崔嵬。漫说石头滑,支筇得往来。

宿方广寺

宋·张栻

俗尘无回隔,景物自天成。山近四围碧,泉鸣永夜清。
月华侵户冷,秋气与云横。晓起寻归路,题诗寄此情。

游岳

宋·姜夔

昔游衡山下,看水入朱陵。半空扫积雪,万万玉花凝。
或如生绡挂,或作薄雾横。纷纷虎豹吼,往往蛟龙惊。
人语不相闻,溅霅漂风缨。有鱼缘峭壁,上上终不停。
此中有神物,雷雨周八纮。

吊魏公道葬南岳

宋·陆游

河亭挈手共徘徊,万事宁非有数哉。
黄阁相君三黜去,青云万事一麾来。
中原故老知谁在?南岳新丘共此哀。
火冷夜窗听急雪,相思时取近书开。

合江亭

宋·文天祥

天上名鹨尾,人间说虎头。春风千万岫,合水两三洲。
客晚惊黄叶,官闲笑白鸥。双江日东下,我欲赋扁舟。

般若寺

元·张翥

般若南朝寺,思公第一传。拓开方丈地,坐断再生禅。
贝叶收经夹,昙花散法筵。山神应夜夜,来礼佛灯前。

登祝融峰赠星上人

元·揭傒斯

洞庭南,桂岭北,衡山连延潇湘黑。中有祝融如髻鬟,嵯峨七十二峰间。祝融不自知,千山万山自回环。回环面面芙蓉起,祝融正在芙蓉里。俨如天仙朝紫皇,千官百辟遥相望。半夜每瞻东海日,六月常飞满树霜。龙拿凤攫熊虎掷。云生雾灭何时极。我来正值太平时,况有山僧似畴昔。凭高一览四海空,草间培塿安足雄。盘盘罗汉台,翕翕炎帝宫。复恐九天上,视我犹井中。朔风日夜相腾蹙,谷老岩坚松柏秃。古来铁瓦尽飘扬,山上至今犹板屋。山僧劝我歌,我歌徒自伤。天下五岳嵩中央,此山与我俱南疆。我今三十始一见,北望中原天更长。

半山亭

元·胡长孺

万叠岚光冷滴衣,清泉白日锁烟扉。半山落日樵相语,一径寒松僧独归。叶堕误惊幽鸟去,林空不碍断云飞。层岩峭壁疑无路,辄有钟声出翠微。

代祀南岳登祝融峰

元·吴善

天风吹我蹑云根,一览群山蚁垤纷。瀛海波翻初日上,石坛人语半空闻。炎荒作镇荆吴远,元气浮形天地分。何日束书煨芋室,孤峰绝顶看浮云。

游南岳

明·张三丰

今日完全五岳游,身骑黄鹤驻峰头。

曾于北镇先寻访,直到南衡始罢休。

游芙蓉峰

明·林鸿

密竹不知路,渡溪微有踪。悬知石上约,定向松间逢。物候变黄鸟,菖蒲花蒙茸。相望不可即,袅袅霜天钟。

衡山

明·魏观

七十余峰紫翠间,四时风雨隔尘寰。

苍苍杰出维天柱,笋立云霄第一班。

过衡山

明·解缙

欲上衡山看洞庭,往来无限不胜情。

秋霄跨鹤抟云下,归路犹堪借月明。

漫笔

明·陈白沙

浩笑江门点旧诗,诗中几度见承箕。

他日携书南岳住,却话山楼浩笑时。

朱张祠书怀示同游

明·王守仁

林闲憩白石,好风一时来。春阳熙百物,欣然得予怀。

缅思两夫子,此地相徘徊。当年麋童冠,旷代登崇阶。

高情讵今昔,物色遗吾侪。顾谓二三子,取瑟为我谐。

我弹尔为歌,尔舞我兴阶。吾道有至乐,富贵真浮埃。

夜宿祝融峰

明·湛甘泉

我年跻八十,强半怀衡山。于兹惬所愿,谁能不为欢。

雾行衣抉湿,云卧衿枕寒。清高万籁寂,神明中夜存。

一声闻天鸡,红日跃海门。

得邻文定书院

明·湛甘泉

旷世有相感,感亦何所缘。人为天地心,一气象浑然。
兰桂远芳馨,德盛必有邻。神明匪待玩,息息而存存。
古今儒释辨,惟有具眼人。

登岣嵝峰

明·湛甘泉

吾闻岣嵝峰,峻绝韩公悲。我欲乘云去,放脚一登之。
孤嶂峻于天,两泉汇为池。治之子祝子,吾亦有铭诗。
秉烛以往观,摩挲磨崖碑。

登回雁峰

明·湛甘泉

人言此峰高,高可使回雁。雁回自知时,安用谩谩诞。
而我来登之,不觉毛骨变。变化随阳乌,彷佛云中见。
冥冥在天际,弋人亦何羡。

游方广寺

明·湛甘泉

鸡鸣起肃装,凌晨即长道。惟此道长险,所以凌晨度。
白云锁重岩,方广在何处。义方与仁广,平平若大路。
世有仁义徒,神境可立造。

访黄庭观

明·湛甘泉

上上万松冈,一迳对白云。入门见神像,头戴莲花巾。
问之何为者,云是魏夫人。坐石尚遗迹,乘云昼升天。
金泉有神女,名曰谢自然。事虽同不经,睹记可异然。
彼一女子耳,食庙垂千年。矧伊大丈夫,身腐草木前,见此不汗颜。

登衡岳诸峰作

明·袁奂

八月天高岳气通,诸峰罗列出云中。轻舆缓度盘山路,短鬓斜当落木风。
不见黄旗围辇宿,空思紫盖照离宫。谁家禋祀方柴望,独秉玄圭告祝融。

谒岳庙

明·顾璘

九成台殿神宫迥,百里松杉石路赊。海内名山惟五岳,天南星汉此孤槎。
聊随使节修禋祀,总为威灵保帝家。喜报皇储新定位,千秋万岁乐无涯。

湛甘泉司马以诗招游衡山奉答

明·文征明

家世衡阳有钓台,江湖流浪未能回。政怀桑梓千年计,忽枉封题万里来。
月满罗浮劳我梦,云埋岳麓待公开。追攀见说襟怀壮,倘许春风仗屡陪。

经湘南寺

明·严嵩

半岭遥闻深迳钟,石堂萝薜护青松。
草堂邀客供僧茗,此是云中第几峰。

水帘洞

明·严嵩

此是朱陵第二游,恍疑云水闷仙邱。磴磐鸟道萝烟暝,潭隐龙宫雨气浮。
闻有高人眠醉石,拟将俗耳洗寒流。摩岩细认题名字,苔色苍苍万古秋。

胡文定故居

明·严嵩

文定祠堂衡岳下,岳云祠旁映崔嵬。
千年弦诵余岩室,长遣山灵护绿苔。

雁峰寺宴集

明·尹台

衡阳七十二峰开,雁入南天向此回。吴楚山盘朱鸟出,蒸湘水蹴白龙来。
僧车自演昙花宇,佛座长尊法树台。五岳尚牵婚嫁在,暂将豪兴托深杯。

衡山道上

明·祝允明

渺渺青山日欲晡,冥冥短棹宿黄芦。断桥流水无人渡,野店松醪有客沽。
泽国暮烟连海带,戍楼寒火隔云孤。诗成纵目江天外,风景依稀一画图。

登衡山祝融峰

明·罗洪先

我今登祝融,高高几万丈。赤乌海底来,忽在飞云上。
人世正冥濛,阴崖走罔象。圣人知其然,昧爽发昭旷。
岂不怀宴安,精神各有向。一念不自拔,万窍生疑障。
安得日新人,惺惺无得丧。

祝融绝顶

明·管大勋

岩嵲本秀特,攀跻益崄巇。峰头悬翼轸,壑底蟠蛟螭。
松岩削青莲,石涧流缘漪。赤玉缒重冈,红花散四垂。
香风起天末,万籁当空吹。顿令六尺躯,飘飘欲何之。
洞庭盈一掬,苍烟失九嶷。灵异杳然对,浩渺浑无涯。
漫游舒青襟,兼得探元奇。倦来卧白石,饥将餐紫芝。
冥心恋景光,眺望复多时。嚣尘自兹隔,动静还有期。
终归南山隐,劳劳竟何为。

过半山亭

明·管大勋

始向平岩立,苍茫气色分。胜游偏霁雪,灵眷自开云。
回雁遥空度,鸣泉绝壑闻。此中堪大隐,猿鹤即为群。

舟望南岳

明·谭元春

缓缆过众妙,湾转约青葱。回思数日舟,如行晴月中。
安卑审群情,秀色皆瞳矇。五峰不气势,端然为五峰。
澹澹后云存,肃肃分天空。大哉古今色,安敢置苍红。
我去争飞猱,策杖事无穷。

水帘洞

明·张居正

误疑瀛海翻琼浪,莫拟银河落碧泉。
自是湘妃深隐处,水晶帘挂五云头。

祝融峰

明·张居正

祝融群峰表,崒嵂万古雄。采虹挂丹壁,邈若升苍穹。
举手扪太微,天关洞开通。璀灿南斗星,垂珠当我胸。
俯瞰六合内,洸漾烟云重。浩如太始初,二气涵冲融。
须臾涌阳景,倒挂扶桑东。瀛海不复辨,三山安可穷。
寄谢泠风子,吾将游混蒙。

谒岳庙

明·张居正

炎州标灵岳,岿然奠南极。兴云翊帝工,荫峰直轸域。
千秋严庙貌,邦典祀有秩。我来叩幽秘,跻云屡登陟。
斋心肃永夜,胁寀如可即。仿佛遘真侣,排空假羽翼。
授我玉拌药,光耀有五色。瑶草吐云英,金书启石室。
顾惭尘土躯,恐负心所忆。愿言藉神休,精诚倘能值。

222

怀曾舜征衡山

明·汤显祖

年少相逢在何所,山东道上风尘语。零落相思今一时,美人悠悠隔江楚。
一上春官垂廿年,满目无人私自怜。此生薄相自应尔,似子通材那复然。
长安有怀未倾泻,回雁峰前音不下。忽传南岳金简文,来振西方白莲社。
云门酬唱老生涯,衡庐真作往来家。有情身中无尽藏,与子同开心肺花。

念奴娇·南岳怀古

明·王船山

井络西来,历坤维,万叠丹丘战垒。万折千回留不住,夭矫骧凤起。云海无
涯,岚光孤峙,绾住潇湘水。何人能问,问天块磊何似?

南望虞帝峰前,绿云寄恨,衹为多情死!雁字不酬湘竹泪,何况衡阳声止!山
鬼迷离,东皇缥缈,烟锁藤花紫。云璈无据,翠屏万片空倚。

西冈望南岳

明·王船山

山行迳云遥,遥山隐绝巘。巘绝群岫分,旷览得平善。
云阴逐参差,鸟没迷近远。微睇望已盈,延观秀自衍。
登陟俨昔游,契阔仍今展。今昔无合离,流峙终缱绻。
长毂轨不迁,贞观阅已万。天宇信若兹,予怀何歆羡。

祝融峰

明·王船山

斗气玉衡分,擎空几片云。湘流随隐见,海色接氤氲。
细草孤根缀,危亭湿雾熏。下方烟一缕,钟磬未全闻。

泊舟七十二峰下

明·周圣楷

身与岳相习,渐知岚气好。风涛壮孤舟,多峰前后绕。
十年忧患余,幸不废冥讨。清湘去来便,寄宿同鱼鸟。
但见白云生,悠然得怀抱。买山愧古人,有田即堪老。

江上望南岳

清·屈大钧

五峰雪作九江水,回雁晴连岳麓云。

未到朱陵仙洞口,钟声已隔碧湘闻。

经南岳

清·屈大钧

朱鸟天边配五峰,湖湘倒映翠芙蓉。白云冉冉香炉出,古洞阴阴玉简封。

一气衡阳生帝子,十年南极见飞龙。遗宫缥缈无寻处,日暮空闻紫盖钟。

观南岳云海

清·文悝

天地气合凝,森森封虚碧。群峰互沉浮,万壑岛屿易。

飚风吹天衣,波涛吞大泽。狂生疑涉海,拟入冯夷宅。

提灯上祝融

清·明哲

可笑韩昌黎,昔登大华岭。置身万仞岩,几将生死并。

窃幸邑令贤,万计获侥幸。今以古揆之,游各有本领。

我更不知时,三更兴若猛。银河星斗踈,人静溪声冷。

才上半山亭,彷佛铁佛景。竹犬吠如豹,莹光飞断缏。

小憩南天门,便觉有深省。路近烛犹长,辉煌直到顶。

邺侯书院怀古

清·彭仕商

吊古愁浇酒一杯,未能出俗枉徘徊。十年富贵真尘土,万轴牙签亦劫灰。

那得曲江操物色,更无老懒问根荄。名山愧杀支离客,学道读书总不才。

廷瓒承命致祭衡岳

清·张瑛

手持丹诏历闲关,乘传真成昼锦还。

木落洞庭秋色好,计程明日到衡山。

辞岳

清·潘耒

一、

远游心事岳灵知,几载峰峦入梦思。纵览不嫌寒日短,穷探休恨到来迟。

雪凝雪霁看皆好,云合云开态总奇。难见可能容易别,殷勤回望下山时。

二、

十岳终当次第游,南衡夙愿略教酬。荷衣肯许朝衫换,灵药谁容肉食求。

混迹高流深莫测,藏山古简秘难搜。重来休作匆匆计,结隐何妨卜一丘。

邺侯故居

清·袁枚

枕罢君王膝已凉,衡门暂筑小茅堂。调停骨肉同田叔,假托神仙学子房。

一品衣披紫微令,半生心在白云乡。浑疑蔓草荒烟处,尚插牙签万万行。

登祝融峰观日出

清·袁枚

轸宿开南戒,天神号祝融。名能尊五岳,秩早视三公。

列岫规模大,明禋典礼隆。皮悬牲玉磬,象教冕旒崇。

苍水来仙使,元圭佐禹功。碑刊岣嵝字,盆施楚王宫。

岂止司民寿,兼宜祝岁丰。雌雄雷肃肃,文武露戎戎。

石磴攀援上,天门呼吸通。流泉迎耳奏,飞鸟向人冲。

缭绕溪成带,弯环路似弓。万重山在下,一座殿当空。

未祷云先散,初生日倍红。金轮桑影外,玉镜海光中。

浴罢还疑湿,吹高似有风。黔天霞作彩,权火气成虹。
紫盖朝从北,黄人捧向东。沃焦虽止沸,赤堇未消镕。
笑我来迁次,倾葵慰素衷。鸡鸣先束带,僧引共携筇。
绝好朱明洞,登临白发翁。晖虽含六瓣,芒不射双瞳。
官久离青锁,仙常饵紫茸。九千七百丈,来去愧匆匆。

魏夫人飞仙石

清·毕沅

岩危涧复深,巨石凌空际。元君修道成,欲谢人间世。
一旦乘青鸾,飘然从此逝。我来访遗踪,想像频遥睇。
秋山镇无人,松涛弄幽翠。尝云惟神仙,自古寡情思。
一去二千年,旧居曾返未。海月尚无知,夜夜来相迟。

朱张二贤祠

清·毕沅

地已因人重,时方值景清。日高山鸟散,木落石堂明。
以我寻秋意,知公踏雪情。唱酬佳句在,未敢更题名。

过南岳得雨

清·阮元

三湘水郁蒸,衡山降云雨。直将岳顶寒,下洗人间暑。
罡风激底雷,凉气落平楚。余电熵残夜,晓烟沍前浦。
天北暂放睛,明霞半轩举。时于金碧中,恍惚觅岣嵝。
岣嵝不可见,朱陵秘灵府。昔登祝融峰,纤云掩秋宇。
今来苦炎热,秋阴盖天柱。或云或不云,各如所愿与。

衡岳吟

清·魏源

恒山如行,岱山如坐,华山如立,常山如卧。惟有南岳独如飞,朱鸟展翅垂云大。四旁各展百十里,环侍主峰如辅佐。遍巡辅佐陟主峰,坐受众朝如受贺。旷莫旷于祝融之上峰,剖元气兮参鸿濛。云外之足万尘世,云中之身万顷胸。奥莫奥于莲峰左右之涧谷,四围无见,但见蔽日苍岩森古木,瀑雷日夕鸣哀玉。岳所瀹发为泉石,一草一木仙灵肃。窈窕奇丽不可名,光气所醉非耳目。或疑三苗何足烦,南巡九嶷苍梧事杳冥。岂知中原四岳各千里,楚地五千曷独一岳镇其坤。古称潜霍元白岳,并此而五如弟昆。始知南条别自有五岳,气敌岱华嵩岍恒。大断大起大回转,屹然祝融天柱尊。回顾九嶷如负扆,贺郴庚桂皆藩屏。北戎南戎岳各五,衡则五岭盟主人。至今风雨月明夜,群真杂沓纷云軿。灵均湘灵光怪气,皆是此山万古魂。杜韩游山太草草,谁与经纬穷九能。请一挥斥扩万古,凿破浑沌惊山灵。安得以此镌岳顶,远塆峋嵝文赤青。

游南岳

清·彭玉麟

一、

踏残七十二峰巅,信与山灵大有缘。海日高台熔赤冶,禹碑篆古起苍烟。
东西寒暖同三月,上下阴晴有一天。瑶草琪花春烂漫,山居即此是神仙。

二、

郴侯故里少人家,洞壑幽深一径斜。芳草绿迷千涧竹,樱桃红放万山花。
南台风雨东湖月,西岭烟云北苑霞。身到祝融天尺五,不知尘世有繁华。

晚至南台

清·郭嵩焘

岭上松声处处闻,南台曙色近秋分。高崖放溜千年雪,古寺藏山四壁云。
塔院晓岚钟暗度,石林晴日草微薰。药岩辞涧非吾分,且欲南寻峋嵝文。

题谭荔仙溥梦游衡岳图

清·李元度

一、

今夕是何夕,南衡忽纵游。天风几千里,吹我上峰头。
绝顶一回首,长空如此秋。洞庭咫尺了,烟外正盃浮。

二、

七十二芙蓉,层云迤此胸。平生几两屐,天外数声钟。
我亦结遐想,灵山莽万重。诗魂今夜月,同上最高峰。

望岳

清·罗泽南

嵯峨凌万壑,突兀近三台。阁向层霄出,人从上界来。
岩前霞欲堕,天半雁初回。待蹑青云去,临风望眼开。

望衡山

清·王先谦

古祀尊五岳,雄长惟南衡。岿然镇吾楚,配此大国名。
地脉厚蟠结,人文泄其精。真宰虽苍茫,柄专力得营。
纷吾缠世蔓,遵路复上征。觊封面目真,所愧非精诚。
溟濛迤云海,乾坤气回荣。向背了不辨,五峰隐峥嵘。
欲效李卫公,焚祝达余情。词哀未敢写,坐恐百灵惊。
群凶啸炎徼,杀气吹沅荆。流血川原间,实羞明德馨。
浮生非天意,欲福惧不胜。太息视乔岳,几时寰宇清。

送王吉来归衡山

清·皮锡瑞

我梦衡山好,芙蓉七二峰。晨霜石路屐,夜月寺门钟。
李相今何在,残僧傥再逢。君归更吟眺,烟雨满长松。

衡山图

清·曾纪泽

祝融峰麓是吾庐,开户晴岚绿浸裾。
蹑屐定知何岁月,披图喜识旧乡闾。
西天苍葍含苞日,东海蓬莱返棹初。
汗漫之游今倦矣,山灵闻我赋归欤。

登祝融

清·谭嗣同

一、

身高殊不觉,四顾乃无峰。但有浮云渡,时时一荡胸。

地沉星尽没,天跃日初镕。半勺洞庭水,秋寒欲起龙。

二、

白帝高寻后,三年得此游。芒鞋能几两,踏破万山秋。

独立乾坤迥,坐观江海流。朱陵有遗洞,怀古一搜求。

方广寺至黑沙潭作

清·王闿运

屈曲五峰间,盘桓一径通。出入迷往来,翠壁萝蒙茸。

条薛万古绿,安知夏与冬! 峡溪惟一源,滩瀑百不穷。

琪花润鲜芳,仙药秀青红。樵童不解采,覆荫三潭龙。

萧深十里寒,荒翳千年踪。寄言青云客,翔栖谁与同。

咏南岳麻姑桥

民国·丁文江

红黄树草争秋色,碧绿琉璃照晓晴。

为语麻姑桥下水,在山要比出山清。

祝融峰观日出

民国·太虚

冲寒直上祝融巅,犹是霞绯月落前。

劈破冥濛红日出,苍茫眼底豁山川。

春日归磨镜台

民国·天然

静中人不识,每怀旧游历。日出登南山,尘襟若一涤。

未涉三国峰,岚雾生丰壁。雨从远嶂来,爽气满袖入。
磴道缘灵空,亭憩生横石。云收见青天,行行忽欲夕。
寒重蛙不鸣,春深树绽碧。夹路阙偶出,遇之随所摘。
松风遥相呼,岩泉欻而潩。入门惊荼放,数枝浓带湿。
入道几日开,游赏更无极。

南岳方广道中寄内作

民国·朱自清

勒住群峰一径分,乍行幽谷忽干云。
刚肠也学青峰样,百折千回却忆君。

望岳

民国·马一浮

南岳诸峰紫盖尊,峰峰云气散空村。五湖秋水黏天阔,六月扶摇白昼昏。
楚客至今夸剑佩,仙人于此闷精魂。湘流到处随帆转,终古衡山九面存。

过小西岭题壁

民国·唐群英

何处山僧响午钟,深林未入复重重。云封岳顶迷归雁,日澈湘流锁卧龙。
小憩得闲心更静,兴酣索句意偏浓。谁知阿弟曾题壁,愈惹诗情到上峰。

西禅寺

民国·谭延闿

城外西禅寺,知名二十年。写忧还命驾,阅世绝随缘。
僧若聊行乞,碑横更不镌。王翁安可见,怀旧一凄然。

赠南岳佛道救难协会

民国·田汉

锦衣不著著缁衣,又向人间惹是非。
独惜潇湘春又暮,花前趺坐竟忘归。

祝融峰谒炎帝庙

民国·程潜

炎德炳中天,文明正当阳。品物畅丰亨,坤维启鸿荒。
坎离垂天纬,日月耿昭光。惟帝德始配,非神道莫章。
仰瞻穆无垠,俯视茫无疆。天工如此见,人事有何常。
浑沦自古今,代谢演凶祥。始知宇宙大,缅彼弥悚惶。
诚感如可通,微忱敢自将。下土时雨化,上方景云扬。

郫侯书院

民国·郭沫若

中原龙战血玄黄,必胜必成恃自强。
暂把豪情寄山水,权将余力写肝肠。
云横万里长缨展,日照千峰铁骑骧。
犹有郫侯遗迹在,寇平重上读书堂。

题二贤祠

民国·冯友兰

一、

二贤祠里拜朱张,一会千秋嘉会堂。
公所可游南岳耳,江山半壁太凄凉。

二、

洛阳文物一尘灰,汴水纷华又草莱。
非只怀古伤往迹,亲知南渡事堪哀。

登祝融峰

民国·叶剑英

四顾渺无际,天风吹我衣。
听涛起雄心,誓荡扶桑儿。

登南岳祝融峰绝顶并题画

民国·张大千

竹杖穿云蜡屐轻,南风扶我趁新晴。上方钟磬松杉合,绝顶晨昏日月明。
中岁渐知输道路,十年何处问升平。高僧识得真形未,破碎河山画不成。

登衡山祝融峰

共和国时期·陶铸

名山南峙此登临,绝顶融峰敢摘星。眼底奔流湘水碧,峦颠追逐白云深。
我歌红日经天丽,谁遣豪情仗剑行。莫道两洋风浪阔,乘风飞去搏长鲸。

登祝融峰

共和国时期·肖克

我乘飞云上祝融,扶摇翻动遨太空。
正是潇湘宜人日,九州处处拂新风。

题衡岳

共和国时期·肖萐父

衡岳钟灵岂二贤,邺侯书卷石头禅。
翩翩年少订行社,冲破鸿濛别有天。

二、赋

笛赋

战国·宋玉

余尝观于衡山之阳,见奇篠异干,罕节间枝之丛生也。其处磅磄千仞,绝溪凌阜,隆崛万丈,盘石双起。丹水涌其左,醴泉流其右。其阴则积雪凝霜,雾露生焉;其东则朱天皓日,素朝明焉;其南则盛夏清沏,春阳荣焉;其西则凉风游旋,吸逮存焉。

芙蓉峰赋

唐·王棨

叠翠重重数千仞兮,峭若芙蓉。非华岳之高掌,是衡山之一峰。朝日耀而增鲜岚光欲拆,秋风击而不落秀色。长浓懿乎,嶷若削成端然。杰起虽千寻之直上,犹一朵之孤峙。耸碧空而出水无别,倚斜汉而凌波酷似吐荣。发秀非因沼沚之中,固蒂深根已在乾坤之里。徒观夫壁立茎直,霞临彩鲜上下逦迤。而九嶷失翠,旁侧参差。而五岭迷烟,秋夜弥高。宛在金波之侧,晴光半露。遥当玉叶之前,似吐江南。如开空际高低,门紫盖之色向背。异香炉之势剑,虽合质匪三尺之微茫。石纵同规,殊一拳之璨细。况乎高列五岳,光留四时,名芳熊耳,影秀峨眉。然而只可登也,诚难采之几处。楼中送目,有池塘之景。谁家林表,凝情忘草树之姿。帐号既同,冠形无异。对夏云而竞峭,映花严而增媚。遂使娥皇,晓望潜怜覆水之规;虞帝南巡,暗起涉江之思。由是楚泽阴远,湘流影孤。挺烟萝之葱翠,写菡萏之形模。本不崩而不骞,谁人欲拔;若无冬而无夏,何代能枯。余赏迥野,遥分晴天远望,见国风隰有之体,嘉离骚木末之状。乃曰:亦可以献君王之寿,助山河之壮。夸蛾二子,胡不移来与莲峰而相向。

祝融观日赋

明·顾璘

维南衡之崇岳,标祝融之危峰。下蟠据乎厚地,上峻极于苍穹。匪丈引之可计度,尽他山之难比。隆睇四极,而无蔽又何限乎。寰中观其嵚崎,崒崔直上莫止。扪历参井靡高,弗至摄浮履霄帝居。或指足跳汗,慓不敢俯视,何其高也。若乃斗柄既仄,启明未升,漏刻已尽。荒鸡甫鸣,天苍苍其一色,泯万动犹无声,谓日出其可睹。乃跂望于高亭,尔其游氛。且凝灏气,欲豁万里。乍起沕沕穆穆,睒彼阳轮尚尔。渊汩冥迷,辽漠恍不可度。少焉光景,上烛高汉,舒白如火将炎。大暗微晰,群望方勤,目不移盼。积霭倏裂,闪烁惊电。骇指失叫。乍见一线,漂沉摇曳,涌出波面。烛龙外赤,凫卵中黄。上殷下暗,半吐半藏。依微溟漾,如觇海色,水火交争,良久乃脱。于是金乌高举,若木影离。羲和叱驭八表,驰晖所可疑者,视扶桑于咫尺,东溟望而无穷,日迟天于一度。何寰周之莫,同参浑仪与宣,夜犹想像其若梦。大哉! 天之为天也,固致诘而难终。

南岳七十二峰赋

清·易贞吉

维南有岳,九面潇湘。星分长沙之轸宿,度应玉衡之瑶光。为炎方之巨镇,实南纪之重防。七十二峰之罗列,八百余里之延长。泰华无其耸秀,嵩恒逊其修张。先王巡狩之地,宋儒讲学之堂。固非同空山之丹岩青壁,虚庭之月榭星房也。则有湘南野史,世外遗民,有济胜之雅具,极步履之追寻。既峰峰之游遍,可一一而指陈。尔乃登祝融之绝顶,为衡岳之主山。高则九千余丈之峻极,路则三十余里之曲蟠。迎暄而望朝日之暑,品水而酌太阳之泉。风洞之雌雄各异,雷池之雨电无边,以及天柱竞秀于霄汉,烟霞缥缈于云端。紫盖回翔于东北,石廪高矗于西南。芙蓉当风而秀发,莲花过雨而朝含。碧云之翠黛如染,巾紫之春花若丹。惠日明月之照耀,白云晓霞之清鲜。采霞喜阳之光彩,红花碧萝之芊研。伏象含朱之石,青玉石壁之坛。皆足动藤筇之胜赏,任蜡屐之幽探者也。别如凤凰翔舞,狮子狰狞。驾鹤之骖乘不返,灵禽之指爪疑存。云龙隐约而不见,白马弛骋而高腾。青岑与白石并丽,香炉同华盖长擎。祥光之祥光如见,崱屴之崱屴堪惊。云居之金牛留迹,双石之猛虎皆驯。屏障有仙鸡报晓,岣嵝则响石应声。验石囷而知丰俭,瞻吐雾而上雨晴。翠鹫不同灵隐,天台宁有刘晨?亦可为清宵之谈助,动骚客之咏吟者矣。他如潜圣妙高之护方广,永和碧岫之应黄庭。弥陀文殊之示现,会仙降真之欺人。夸采掇于良药,侈修炼于栖真。雷祖岂作威福,九女谁见飞升。鄙水参之耆阇,笑掷钵之观音,灵应瑞应之幻诞,天堂仙顶之不经。何必斥为荒谬,亦可柄为笑翠。于是出入朱陵之洞,徘徊赤帝之宫。游神瑰霄之上。曝背日华之东。赏千年之翠竹,抚万年之拳松。云狮雨虎为细胗,黄精紫芝为清供。作仙岩之云隐,为朱明之山翁。诗得张说江山之助,文资马迁登涉之雄。至于黄帝之岩嶵嶊,大禹之溪澄泓。郪侯煨芋之地,泰伯采药之岑。云密溯金简玉字之秘,安上钦舜溪舜洞之神。集贤则缅朱张之道脉,紫云则思胡湛之专精。濂溪之流风不远,安定之遗徽犹新。察地文坤布之象,启勤行入德之门,契私淑于性命,进学业于身心。至于首踏回雁之顶,足遍丘麓之踪。历泰岱之五十八盘,尽嵩高之三十六峰。华岳呼问天之李白,恒山访得道之昌容。向平之愿已了,方朔之遨无穷。岂徒赏此圣灯之烛阴晦,云海之荡心胸哉。

三、游记

骖鸾录

宋·范成大

二月七日,宿衡山县。西望岳山,岩嵘半空。湘中山既皆冈阜迤逦,至岳山乃独雄尊特起,若众山逊其高寒者。

八日,入南岳,半道憩食。夹路古松,三十里,至岳市,宿衡岳寺。岳市者,半皆市区,江浙川广众货之所聚,生人所须无不有。既幢幢往来,则污秽喧杂,盗贼亡命,多隐其间,或期会结约于此。官置巡检司焉。

九日,上谒南岳庙。四阿各有角楼,两庑土偶仗卫,皆取则帝所。正殿独一神座,监庙与礼直官日上香火。后殿乃与后并处。湖南马氏所植古松满庭。殿后东西北三廊壁画,后宫武洞清所作。绍兴二十五年(1155),火发殿上,烧后廊,壁本不圮,官不时覆护,渐为风雨所坏,帅司亟遣众工模拓。新庙成,用模本更画,虽不复武氏笔法,然位置意象,十存七八,自宴乐、优戏、琴弈、图书、弋钓、纫织,下至捣练、汲井,凡宫中四时行乐作务,粲然毕陈。良工运思苦心,有如此者。朵殿又画嫔御上直焚香籫衣之事,尤为精妍。庙吏常谳后宫门,非命官盛服,毋得入。前廊及中门所画文武官班、旌旗戈甲之属,则常笔也。衡岳寺在门西集贤峰下,有善果尊者铁锡存焉。孟氏有蜀,特来施此寺藏经,其帘帙则蜀人户部侍郎欧阳彬所施,织文妙绝。胜业寺在庙前,登御书阁以望岳,晚晴,众山云尽卷,石廪、紫盖、岣嵝诸峰毕见,惟祝融在云气中。岳庙正直紫盖峰下,一小山曰赤帝峰,南台寺在瑞应峰上,登山之最近者。胜业寺有隋柏,盘踞于地,几一亩,甚怪奇。柳子厚《般舟和尚碑》,子厚自书,亦有楷法。余病寒,不能风雨中登山,遂还。

十日,行舟数里,即再见南岳峰。崛敦可尊而仰。带江别有小山一重,山民幽居点缀,上桃李花方发,望之如临皋道中。卢同诗“湘江两岸花木深”,至此方有句中意。

十三日、十四日泊衡州。谒石鼓书院,实州治也。始,诸郡未命教时,天下有书院四:徂徕、金山、岳麓、石鼓,山名也。州北行,冈陇将尽,忽山右一峰起,如大矶浸江中。蒸水自邵阳来,绕其左;潇湘自桂、零陵来,绕其右,而皆会于合江亭之前,并为一水以东去。石鼓雄踞要会,大略如春秋霸王号令诸侯勤王,蒸湘如兄弟国奔命来会,禀命载书,乃同轨以朝宗。盖其形胜如此。合江亭见韩文公诗,今名绿净阁,亦取文公诗中"绿净不可唾"之句。退之贬潮阳时,盖自此横绝取路以入广东,故衡阳之南皆无诗焉。西廊外石磴缘山,谓之西溪,有"洼尊"及唐李吉甫、齐映诸人题刻。书院之前,有诸葛武侯新庙,家兄至先为常平使者时所立。

十五日,舍舟从陆登回雁峰,郡南一小山也。世传阳鸟不过衡山,至此而回。然闻桂林尚有雁声。又云此峰预南岳七十二峰之数,然相去已远矣。

南岳游山后记

宋·朱熹

南岳唱酬,讫于庚辰。敬夫既序其所以然者而藏之矣。癸未发胜业,伯崇亦别其群从昆弟而来。始闻水帘之胜,将往一睹,以雨不果。而赵醇叟、胡广仲、伯逢、季立、甘可大来饯云峰寺。酒五行,剧论所疑而别。丙戌,至楮州,熹、伯崇,择之取道东归,而敬夫自此西还长沙矣。自癸未至丙戌凡四日,自岳宫至楮(株)州凡百有八十里。其间山川林野,风烟景物,视向所见,无非诗者。而前日既有约矣。然亦念夫别日之迫,而前日所讲,盖有既开其端而未竟者,方且相与思绎讲论,以毕其说,则其诗固有所不暇者焉。丙戌之暮,熹谂于众曰:"诗之作,本非有不善也。而吾人之所以深惩而痛绝之者,惧其流而生患耳,初亦岂有咎于诗哉。然今远别之期,近在朝夕,非言则无以写难喻之怀。然则前日一时矫枉过甚之约念,亦可以罢矣"。皆应曰:"诺"。既而敬夫以诗赠,吾三人亦各答赋以见意。熹则又进而言曰:"前日之约已过矣,然其戒惧警省之意则不可忘也。何则?诗本言志,则宜其宣畅湮郁,优游平中,而其流乃几至于丧志。群居有辅仁之益,则宜其义精理得。动中伦虑,而犹或不免于流。况乎离群索居之后,事物之变无穷,几微之间,毫忽之际,其可以荧惑耳目,感移心意者,又将何以御之哉?故前日戒惧警省之意,虽曰小过,然亦所当遏也。由是扩充之,庶几其寡过矣。"敬夫曰:"子之言善,其遂书之,以诏毋怠。"于是尽录赠处诸诗于篇,而记其说如此。自今暇日,时出而观焉,其亦足以当盘盂几杖之戒也夫。

游衡岳记

明·顾璘

嘉靖丁酉(1537年),姑苏顾璘以都察院右副都御史建节抚楚。维十有一月,巡方问俗,自长沙赴衡,期谒南岳,属雨雪沍寒,弥旬弗解。至安仁始见日,入衡乃霁照若春半。念七日厥明,同按察副使姜君仪谒奠于庙,讫事,乘笋舆由中岭登山。过集贤峰麓,望胡文定书院,不及谒。访郇侯宅,皆无知者。沿络丝潭逶迤以上,水声潺然盈耳。左右望天柱、紫盖诸峰,揭在云表,诸崔岘峻嶒如他方名山者,支分叠出,不可指数,即所谓七十二峰也。问从行道士,多莫举其名。从者持旌戟前后列行,续续如行蚁。渐陟霄汉,人不自觉。午,至半山亭饭,问所谓祝融峰,尚不可望。再历崱屴峰,益峻绝。夹径多竹,积雪,披压拨塞,履者危。凡几陟降,乃见祝融两尖,犹未即至。盘旋半岩,度飞来船石,观宋徽宗"寿岳"大书。再经观音岩,则宠炭崱嵪奇峭之状,盖山之胜处在是也。晡时,至绝顶,见石上唐宋人刻名甚多,略知李义山、陈从古诸公,余不悉记。踏雪寻太阳泉,冰冻不流。下循石壁,题名。过会仙桥,立悬岩小饮而返。宿上封寺。劲风终夜,震撼户牖。僧云四时长然,虽盛夏亦拥衾,当昼无汗。岂所谓罡风者乎?其高可想。翌日黎明,被貉裘,登望日台,观日出如火轮,涌起水底,迟回摇曳。渐上高汉,奇莫能状。凡此皆以晴霁得尽其胜。至二十九日,出方广,归城,中途而雨,是后遂阴晦,雪霰连集矣。或曰:使此行前后一二日,皆若此,不获遂,亦可谓甚幸矣哉!

祝融峰观云海记

清·李郁

昔铁脚道人登祝融峰,仰天大叫曰:"云海荡吾心胸。伟哉,云观也!"后人震于观日出,长歌短赋,备极瑰丽,于云独略焉。郁近庐峰下,三次观日出,不获遇,亦缘之悭已。庚辰六月,复偕郑子虞琴登峰,宿上封寺。晓起,陟望日台,跌坐久之。俯视东极,红云一缕,似作捧日状。不半晷,云气弥漫,酿成天海,横风吹来,一白无际。初犹片片纸素,以次加叠蓬勃,似釜上蒸,一瞬间,布满山腰,似絮犹轻,似绵又重。因风徒荡莽,从头上飞过,又旋拥脚底。稍定,则一片汪洋,波涛平静,不知身之在霄汉也,直觉乘仙槎泛大海中。四望,蓬莱、方壶、圆峤,莫辨所向,胸次固泠泠然。群峰幂云下,若紫盖、芙蓉、天柱、岣嵝,崇俯不一致,弥望之如砥平,似可驾一叶轻帆,径行飞渡。时群籁寝息,惟隐闻半山亭寺鸡犬声。郑子曰:"此所谓云中鸡犬者欤?"计日高当数丈,云犹冉冉横被。忽风从西南来,劈云痕一线,乌轮闪烁,照耀山城,湘浦行舟,近在履舄下。山光、水光、日光、云光,金碧交映,上下一色。乃方凝注,而云合焉,则又似海市蜃楼,弹指一现,令人心目顿炫。且顾且行,拨云寻来径,抵寺门,襟履尽湿。归坐禅榻,云往来窗牖间,如织几席并成混漾之区。饭定,云始散,日上阶已八砖。夫泰山之云,触石而起,肤寸而合。曩昔驱车匆过,未尝谛观也。至史称如布、如牛、如日、如车轮、如马犬、如鼠、如美人、如绛衣、如龙头、如囷仓,亦未足观云之大,大哉其惟吾衡云乎?郁归读岳志,自昌黎韩子开云后,云若重为衡累,称云知己者,千古一铁脚道人也。即景状之,山之灵,其许我哉!书贻郑子,郑子曰:"善!"

岳市游记

清·储大文

秋八月五日,舟发衡阳,七日抵岳市。岳市者,南岳庙市。四山还合,西少夷,而东南特敞朗,可容十万人。平冈可驰,涧可涉,高山可控险,可间道,可出奇设伏,此古战场。而吾郡宋兵部侍郎、湖南制置副使、知潭州向公士璧,尝遣将扼之,以败兀良哈台者也。昔者韩信木罂渡河而魏亡,邓艾缒阴平而蜀亡。元太祖之将终也,告其臣以金人百战,异时若假道于宋,出武休,越汉江,乃可攻金之背,而金卒用是以败于三峰,而汴蔡讫亡。何则?此兵法所谓出其不意,攻其所不守,而乘骇乱而击之,其决胜无疑也。兀良哈台以百战宿将,下大理,入交趾,然后蹂躏邕桂,而顺湘流以趋潭,其势如风雨之骤至,此武休之故智也。鄂黄宿重兵,与北师血战者数十年。而潭素不设备,前门拒虎,后门进狼,则袁、吉、饶池,且继临江而下,饶池下,其去独松、余杭无几耳。然则熊湘之祸,岂俟德佑二年(1276年)正月朔?而宋之亡,岂在景定、咸淳后哉?公既解潭之围,功名显著,而权奸贾似道深忌之。卒以守城时所用金谷,傅致公死。由是激刘整之判,以讫于吕文焕、程鹏飞、陈奕诸将相继降元,而宋亡矣,然则宋之所以延十八年之祚,及公以功死,而宋事讫不可为者,皆在岳市一战。而衡志不详,岳志不及。予独行黄庭、集贤之间,感咽者久之。乃以十四日返衡阳。当公遣战时,将为王辅佑,监军为易正大,尝率五百人以往会兵者,为刘雄飞。而附似道陷公死者,幕属方元善也。

四、佛学文选

参同契

南岳石头希迁大师

竺土大仙心,东西密相付。人根有利钝,道无南北祖。灵源明皎洁,枝派暗流注。执事元是迷,契理亦非悟。门门一切境,回互不回互。回而更相涉,不尔依位住。色本殊质象,声元异乐苦。暗合上中言,明明清浊句。四大性自复,如子得其母:火热风动摇,水湿地坚固。眼色耳音声,鼻香舌咸醋。然依一一法,依根叶分布。本末须归宗,尊卑用其语:当明中有暗,勿以暗相遇。当暗中有明,勿以明相睹。明暗各相对,比如前后步。万物自有功,当言用其处。事存函盖合,理应箭锋拄。承言须会宗,勿自立规矩。触目不会道,运足焉知路?进步非近远,迷隔山河固。谨白参玄人,光阴莫虚度。

草庵歌

南岳石头希迁大师

吾结草庵无宝贝,饭了从容图睡快。成时初见茅草新,破后还将茅草盖。住庵人,镇常在,不属中间与内外。世人住处我不住,世人爱处我不爱。庵虽小,含法界,方丈老人相体解。上乘菩萨信无疑,中下闻之必生怪。问此庵,坏不坏?坏与不坏主元在。不居南北与东西,基上坚牢以为最。青松下,明窗内,玉殿朱楼未为对。衲帔幪头万事休,此时山僧都不会。住此庵,休作解,谁夸铺席图人买?回光返照便归来,廓达灵根非向背。遇祖师,亲训诲,结草为庵莫生退。百年抛却任纵横,摆手便行且无罪。千种言,万般解,只要交(通"教")君长不昧。欲识庵中不死人,岂离而今遮皮袋!

南岳懒瓒和尚①歌

兀然无事无改换,无事何须论一段?直心无散乱,他事不须断。过去已过去,未来犹莫算。兀然无事坐,何曾有人唤?向外觅功夫,总是痴顽汉。粮不畜一粒,逢饭但知嗎。世间多事人,相趁浑不及。我不乐生天,亦不爱福田。饥来吃饭,困来即眠。愚人笑我,智乃知焉。不是痴钝,本体如然。要去即去,要住即住,身披一破衲,脚著娘生袴。多言复多语,由来反相误。若欲度众生,无过且自度。莫谩求真佛,真佛不可见。妙性及灵台,何曾受熏炼?心是无事心,面是娘生面。劫石可移动,个中无改变。无事本无事,何须读文字?削除人我本,冥合个中意。种种劳筋骨,不如林下睡兀兀。举头见日高,乞饭从头律。将功用功,展转冥蒙。取即不得,不取自通。吾有一言,绝虑亡缘。巧说不得,只用心传。更有一语,无过真

① 懒瓒和尚,本名明瓒,其俗姓和籍贯不详。为北宋嵩山普寂禅师的弟子,因其行为举止脱拔不拘,性懒,常食众僧残汤剩饭,故人称"懒瓒",也称"懒残"。居南岳衡山为众僧执役,纵然被诋诃,亦无愧耻,但时出言语,皆契佛理;并屡现奇迹。卒后,敕谥曰大明禅师。此歌为其传世之作,阐发了他的禅法思想。参见(宋)道宣著,顾宏义译注:《景德传灯录译注》(五),上海书店出版社 2010 年版,第 2438—2440 页。

与。细如豪末,大无方所。本自圆成,不劳机杼。世事悠悠,不如山丘。青松蔽日,碧涧长流。山云当幕,夜月为钩。卧藤萝下,块石枕头。不朝天子,岂羡王侯!生死无虑,更复何忧? 水月无形,我常只宁。万法皆尔,本自无生。兀然无事坐,春来草自青。

参考书目

1. 山海经[M]. 太原:山西古籍出版,2007.

2. 四部丛刊初编经部. 尔雅[M]. 上海:上海书店,1989.

3. 四部丛刊初编经部. 尚书[M]. 上海:上海书店,1989.

4. 礼记[M]. 乌鲁木齐:新疆人民出版社,2002.

5. 林尹,译. 周礼今注今译·职方氏[M]. 北京:书目文献出版社,1985.

6. 司马迁. 史记[M]. 北京:中华书局,1982.

7. 班固. 汉书[M]. 北京:中华书局,1962.

8. (北魏)郦道元著,陈桥驿等译注. 水经注全译(下册)[M]. 贵阳:贵州人民出版,1996.

9. (唐)李冲昭. 南岳小录(外四种)[M]. 上海:上海古籍出版社,1993.

10. (宋)陈田夫. 南岳总胜集(1~2册),古籍网复印本(www.bookinlife.net);

11. (清)康熙. 衡州府志[M]. 北京:书目文献出版社,1998.

12. 嘉庆重修一统志[M]. 上海:上海书店,1984.

13. (明)王士性. 五岳游草/广志绎[M]. 北京:中华书局,2006.

14. (英)威廉·埃德加·盖洛. 赤色的南岳衡山[M]. 济南:山东画报出版社,2006.

15. 嘉靖衡州府志[M]. 上海:上海古籍书店,1963.

16. 乾隆. 衡州府志(1~2册)[M]. 长沙:岳麓书社,2008.

17. 光绪. 湖南通志[M]. 北京:商务印书馆,1934.

18. 光绪. 衡州府志[M]. 光绪初元补刊、三学公局藏板。

19. (清)李元度. 南岳志[M]. 长沙:岳麓书社,2013.

20. 湖南省地方志编纂委员会. 南岳志[M]. 长沙:湖南出版社,1996.

21. 尹继隆. 贾太傅祠志·定王台志·南岳二贤志[M]. 长沙:岳麓书

社,2008.

22. 衡山县志编纂委员会编. 衡山县志. [M]. 长沙:岳麓书社,1994.

23. 衡阳县志编纂委员会编. 衡阳县志. [M]. 合肥:黄山书社,1994.

24. 南岳区地方志编纂委员会. 南岳区志[M]. 长沙:岳麓书社,2000.

25. 南岳志编纂委员会编. 南岳志辑要. 湘衡准(1990)71 号;

26. 谭岳生. 南岳衡山古今诗词集成(全 3 册)[M]. 长沙:湖南文艺出版社,2001.

27. 胡健生,南岳旅游文化概论[M]. 长沙:岳麓书社,2000.

28. 湖南道教文化研究中心. 道教与南岳[M]. 长沙:岳麓书社,2003.

29. 旷顺年. 南岳祭祀文化大观[M]. 岳新出准字(2005)01 号.

30. 旷顺年. 南岳文化志[M]. 香港:香港天马图书有限公司,2004.

31. 万春生. 寿岳衡山(全 5 册)[M]. 北京:中国社会出版社,2004.

32. 廖和平. 天下南岳(全 3 册)[M]. 海口:海南出版社,2006.

33. 谭岳生. 南岳大庙[M]. 海口:海南出版社,1995.

34. 唐未之,旷顺年. 忠烈祠[M]. 海口:海南出版社,1995.

35. 赵自龙. 历代名人与南岳[M]. 海口:海南出版社,1995.

36. 谭合林. 南岳传奇[M]. 海口:海南出版社,1995.

37. 任继愈. 佛教大辞典[M]. 南京:江苏古籍出版社,2002.

38. 方立天. 中国佛教简史[M]. 北京:宗教文化出版社2001.

39. 杨曾文. 中国佛教基础知识[M]. 北京:宗教文化出版社,2005.

40. 潘桂明,吴忠伟. 中国天台宗通史(上下册)[M]. 南京:凤凰出版社,2008.

41. 杜继文,魏道儒. 中国禅宗通史[M]. 南京:凤凰出版社,2008.

42. 陈扬炯. 中国净土宗通史[M]. 南京:凤凰出版社,2008.

43. 王建光. 中国律宗通史[M]. 南京:凤凰出版社,2008.

44. 魏道儒. 中国华严宗通史[M]. 南京:凤凰出版社,2008.

45. 杨曾文. 唐五代禅宗史[M]. 北京:中国社会科学出版社,1995.

46. 杨曾文. 宋元禅宗史[M]. 北京:中国社会科学出版社,2006.

47. 王兴国. 石头希迁与曹洞禅[M]. 长沙:岳麓书社,1997.

48. 任继愈. 中国道教史[M]. 上海:上海人民出版社,1990.

49. 卿希泰. 道教史[M]. 南京:江苏人民出版社,2006.

50. 黄钊. 道家思想史纲[M]. 长沙:湖南师范大学出版社,1991.

51. 廖静仁. 湖南宗教文化艺术四库图志[M]. 深圳:中华图书出版社,2006.

52. 张弓. 汉唐佛寺文化史(上下册)[M]. 北京:中国社会科学出版社,1997.

53. 段启明,戴晨京等. 中国佛寺道观[M]. 北京:中共中央党校出版社,1993.

54. 薛林平. 中国道教建筑之旅[M]. 北京:中国建筑工业出版社,2007.

55. 王卡. 中国道教基础知识[M]. 北京:宗教文化出版社,2005.

56. 乌丙安. 中国民间信仰[M]. 长春:长春出版社,2014.

57. 朱汉民. 岳麓书院[M]. 北京:湖南大学出版社,2005. ;

58. 朱汉民. 湖湘学派史论[M]. 长沙:湖南大学出版社,2004.

59. 冯象钦,刘欣森. 湖南教育史第1卷(远古—1840年)[M]. 长沙:岳麓书社,2002.

60. (明)李安仁,(清)李扬华. 石鼓书院志[M]. 长沙:岳麓书社,2009.

61. 高有鹏. 庙会与中国文化[M]. 北京:人民出版社,2008.

后 记

　　本书是"聚落文化遗产数字化技术与应用"湖南省重点实验室2013～2014年度开放基金立项项目,按规定应在2015年完成,但因作者身体不适和工作忙碌等原因,导致该课题研究延迟,直到2016年底才完成初稿,此后又进行了几次修改,时至今日才最终定稿。

　　本书的写作完成,首先要感谢以刘沛林教授为首席专家的"聚落文化遗产数字化技术与应用"湖南省重点实验室为该课题研究立项,并为本书的写作提供帮助和指导;其次要感谢南岳区政协副主席旷顺年同志,为本书的写作提出了有益的见解,并把自己多年来关于南岳研究的相关成果和资料提供给我们。同时要感谢为本书出版付出辛勤劳动的文化出版界人士。

　　目前有关南岳研究的文章和论文不少,本书在吸收相关专家学者在南岳文化研究成果的基础上,力求有所突破。第一,本书的写作重点放在"文化"上面,在深度上有所突破,这主要表现在儒释道文化方面,对其中一些文化精英和重要的文化景观进行了重点分析;第二,在史料方面,本书对一些相关文章和著作所引史料的真实性、准确性进行了梳爬整理;第三,在写作风格上,力求做到学术性和通俗性的统一,在不妨碍史料的真实性和学术性的前提下,尽可能注意写法上的通俗性。当然,尽管我们希望写好这本书,但由于水平有限,还有些资料难以找齐,因此,本书的缺点和错误在所难免,期待各位专家学者和广大读者斧正,在此表示衷心感谢!

作 者

2017 年 9 月 30 日